用觀念讀懂世界歷史

上古至地理大發現

學習歷史知識，培養歷史批判性思考的能力，掌握基礎觀念，建立歷史詮釋和反省的觀點！

吳青樺、王健安——著

編輯說明

一、各章均分為兩個單元：

【歷史這樣說】陳述歷史上重要事件的發展，知道「發生哪些事」。

【歷史這樣看】了解歷史大事「為什麼發生」，在前一單元講述的脈絡下，提出重要歷史觀念、前因後果、觀察角度等。引導讀者理解為什麼某個歷史事件或某位人物特別重要，而其影響與現代世界的形成有什麼關聯。

二、運用史料、證據、解釋等核心元素，建立探究歷史的概念，掌握文明變遷的脈絡。

三、含括上古文明、希臘與羅馬文明、中古世紀、文藝復興、宗教改革與天主教改革、地理大發現等主題，依據年代順序，分為七章，每章前有一總說。

四、目次依事件年代詳列個別歷史事件敘述標題，共列有一百三十餘條。

目　錄

第二章 古典時代：希臘與羅馬文明……035

【歷史這樣說】

【歷史這樣看】

第三章

中古世紀前期：基督教、日耳曼與伊斯蘭文化的交輝……095

第四章 中古盛期：擴張中的歐洲文明……133

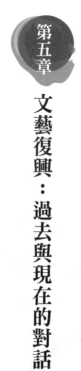

目錄

第六章 宗教改革與天主教改革：基督教世界的第二次大分裂

第七章 地理大發現：全球化網路成形……237

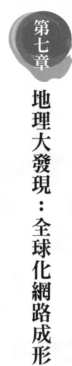

第一章

世界文明的開端：上古文明的發展

以往對歷史的了解，主要是依據文字的記載，但也不是所有的文字記載都會被認定是可信的史料。大約十八世紀開始，由於西方社會對上古文明的好奇以及對古文物的渴望，於是興起了考古的活動，這個風潮在十九世紀時到達了頂峰。考古遺跡的出土也改變了以文字為憑的看法。因此，上古文明透過文字紀錄與考古遺址的雙重佐證下，重現在我們眼前。

普遍認為古文明都是誕生在大河流經的地方，如西亞的兩河流域文明、北非尼羅河的古埃及文明、亞洲中國的黃河、長江文明以及印度次大陸的印度河河谷文明。但近來考古發現除了上述的大河文明外，尚有中南美洲的奧爾梅克、瑪雅等叢林文明的存在。

這些文明雖然有各自不同的特色，仍有幾個共通點。生活方式從四處遊走的捕獵採集型態，過渡成定居的農耕生活並懂得豢養牲畜。在糧食穩定生產，不必擔心匱乏的情形下，人們開始將心力投入其他器物的生產，將生產的產品彼此交換，於是出現商業活動，漸漸地促使人口聚集，於是城市就誕生了。為了爭奪資源，因此也產生了戰爭，進而導致國家毀滅，更甚者是文明的消失。

當時的人們靠著自己的力量開創一個嶄新的局面，但對大自然這未知的神祕力量仍存有一份敬畏的心，認為那是在人類之上，那只要虔誠地祀奉神明，就可以得到農作的豐收、戰爭的勝利。那時的宗教信仰多是自然崇拜，諸如太陽、月亮，或者是動植物等，而且各個城市有各自的守護神。

總之，有些上古文化或許在今日來看似乎有點荒謬、不可思議，卻也有許多技術是今日高科技的時代未必能辦到的。上古時期雖然已經離我們很遙遠，但先人們留下來的文化至今仍深深地影響著我們。

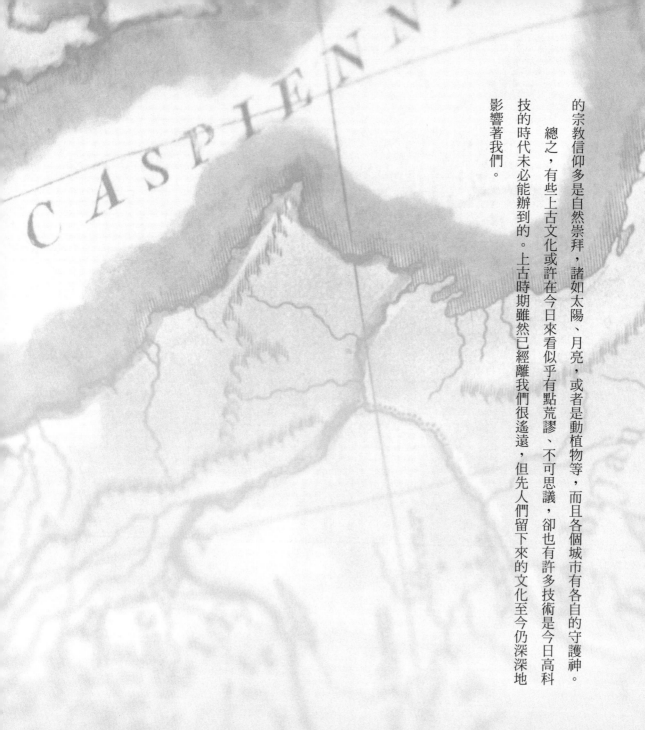

兩河流域文明（上）：從蘇美城邦國家到阿卡德王國

兩河流域是指底格里斯河（Tigris）及幼發拉底河（Euphrates）經過的地區，又一稱呼為美索不達米亞（Mesopotamia），源於古希臘語，意思為「河流之間的地區」，相當於今日的伊拉克境內。該文明存在的時間大約為西元前三五〇〇年至西元前二〇〇〇年間。居住在兩河流域平原一帶的居民，因為缺少自然環境作為抵禦敵人的屏障，經常受到其他族群的入侵，也造成該處文明頻繁更迭。

兩河流域曾出現過許多文明，其中最早的是蘇美（Sumer），也是目前人類歷史上最早的文明。他們使用的楔形文字（Cuneiform），是世界史上最早的文字，主要是在烤過的泥板上書寫。曆法是使用陰曆。蘇美人居住於兩河流域下游，在語言與民族方面，他們與周圍的民族不同，至於蘇美人從何而來？由於缺乏史料的佐證，目前尚未可知。

蘇美人以農業生活為主，但兩河流域下游水分較不充沛，為了有效率地使用水資源開發農業，於是興建灌溉設施。這樣的水利工程需要細密的分工，專業的職務，密集的人口，因此漸漸發展出城市，並且以泥磚作為城牆，保護居民的生命財產安全。從考古發掘可以得知蘇美文明有著相當高度的商業文化。由於商業的需求，蘇美人已知使用六十進位，如一個圓型為三百六十度，其數學方面的成就對後來的巴比倫人有很大的影響。蘇美主要是以各自獨立的城邦為主，有各自的統治者以及神祇，其中著名的有烏爾（Ur）、烏魯克（Uruk）與拉格什（Lagash）。

西元前二三三四年，蘇美人被來自於蘇美北方的阿卡德（Akkad）的薩爾貢一世（Sargon I）征服，建立了阿卡德王國，是一個專制政權。阿卡德人是閃族，屬於閃米語系，建都在阿加德。在統一蘇美後，他們開始使用蘇美人的楔形文字書寫。薩爾貢一世建立的王國，從波斯灣北方的埃蘭（Elam）至部分的阿拉伯半島。薩爾貢一世的孫子納拉姆辛（Naram-Sin）也頗有建樹，他在位期間仍不停地擴張王國版圖，並且是信史上第一個將自己封為神的君王。約西元前二二〇〇年後阿卡德王國亡於來自兩河流域山區的遊牧民族古提人（Gutians）。在阿卡德王國覆亡後，蘇美人短暫復興，建立了烏爾第三王朝（Ur III）。

蘇美人的衰落歸因於土壤鹽鹼化。土地鹽度逐漸增高，使得農產品的生產逐漸減少，經濟隨著衰落，無法提供祭司、軍人所需，國防也隨之減弱，無法禦敵，也因此在經濟上必須依賴資源相對充沛的北部國家。

兩河流域文明（下）：從巴比倫王國到新巴比倫王國

巴比倫王國是由來自敘利亞的遊牧民族阿摩利人（Amorite）建立，他們屬於閃族。因為建立巴比倫王國，又稱作為巴比倫人。約西元前兩千年，阿摩利人遷徙至兩河流域地區，並攻打其他王國，於西元前一八九四年建立了自己的王國。到了西元前十八世紀，著名的巴比倫國王漢摩拉比（Hammurabi）統一了整個兩河流域的城邦，成為帝國。他還頒布了世界上第一部有系統的法典：《漢摩拉比法典》（*Code of Hammurabi*），這部法典的重要原則是「以牙還牙，以眼還眼」，相當具有報復性，或許在現代的社會，會認為這個原則很不文明，但當時立法的用意主要是希望透過這樣的手段抑制犯罪。此外，犯罪的懲處會依據身分階級而有不同的裁罰。在漢摩拉比之後，巴比倫王國國勢日衰，不僅國內動盪不安，外有異族入侵，再加上戰備的落後，於是在西元前一五九五年被來自小亞細亞的西臺人會滅。

巴比倫王國滅亡後，兩河流域又回到各自為政的局面，直到亞述人四處征戰，才令兩河流域再次出現強權。亞述人早在西元前三〇〇〇年就在底格里斯河北部建立一個小王國。但在西元前一三〇〇年之前，亞述王國時而強時而弱，尚未成為獨霸一方的勢力。在西元前一三〇〇年之後，亞述人得到製造戰車的技術，使得他們可以征服兩河流域北部地區。西元前一二二五年占領了巴比倫城。西元前九〇〇年亞述開始向敘利亞以及小亞細亞擴張。從西元前七二六至六七二年間，是亞述王國最鼎盛的時期，版圖甚至擴張到埃及。亞述人雖然以好戰、凶殘出名，但是他們也很注重文化，在首都尼尼微的宮殿中，可以看見許多從巴比倫與蘇美地區收集來的文獻、典籍。由於亞述人對被征服者向來毫不留情，反而激起被征服者的反叛。最終在西元前六一二年龐大的亞述帝國被米底亞人（Medes）以及加爾底亞人（Chaldeans）聯手毀滅。而西元二〇一五年初，曾經輝煌的亞述帝國遺留下來的古物，慘遭激進主義的伊斯蘭國（ISIS）摧毀，所幸有些僅是複製品，但仍有原件難逃無情的破壞，令人相當遺憾。

新巴比倫王國是由加爾底亞人建立而成。加爾底亞人也是閃族人，約西元前一千年左右定居在兩河流域南部，在亞述統治期間經常反叛。西元前六二六年，趁著亞述人指派他們駐防巴比倫城時革命，佔據巴比倫城建立王國。帝國強盛時期是尼布加尼撒二世（Nebuchadnezzar II）在位期間。尼布加尼撒二世利用政治聯姻拉攏米底亞王國，減低威脅。之後致力巴勒斯坦一帶與埃及的角力，最後因為埃及內亂，使尼布加尼撒二世得以征服巴勒斯坦，並消滅猶大王國，將猶太人監禁在巴比倫，稱為「巴比倫之囚」（Babylonian captivity）。新巴比倫王國的國祚相當短，在西元前五三九年被波斯帝國的國王居魯士二世（Cyrus II）擊敗，巴比倫成為波斯帝國的一個省。自此以後，兩河流域就未再有強權出現。

尼羅河的贈禮：古埃及文明

古埃及的文明約在西元前四千年誕生，主要是依靠尼羅河孕育而成。因為領土周圍受到海洋與沙漠的保護，較少外在的侵擾，因此社會較兩河流域穩定，也更有機會發展自己的文明。此外，尼羅河相對兩河流域而言氾濫時間較為固定，讓古埃及人認為自然的變動是可以掌握的，也因此這民族生性樂觀。這種樂觀的態度也反應在宗教方面，他們不畏懼死亡，相信人死後會在另一個世界繼續生活。

古埃及原先分為上埃及與下埃及，約在西元前三一八八年由法老美尼斯（Menes）統一上下埃及，是埃及第一王朝的開始。西元前二六八六年到西元前二一八一年是埃及的古王國時期，這段時間確立了古埃及的政治制度，成為以法老為主的專制政體，建立文官制度，並由法老指派各地方行政首長。這時候的古埃及尚未建立國家軍隊，而是在各地組織民兵，他們只求國內安定，尚未發動對外侵略，聞名於世的金字塔就是在這時期所建造。下一時期是第一中間期，約西元前二一八一年至西元前二〇四〇年，由於投入許多財力人力建造金字塔，導致財政沉重的負擔，再加上連年歉收，國內貴族與地方長官紛紛脫離法老的掌控，據地各自為王，王國呈現分裂狀態。

西元前二〇六〇年，古埃及進入了第二個政治統一時期，即中王國時期，這一時期一直持續到西元前一七八五年，領土較前面的時期更加擴張，對外商業活動也相當活絡，甚至在腓尼基建立殖民地從事貿易。但到了西元前十八世紀中葉時，來自西亞的遊牧民族西克索人（Hyksos）以優越的戰力——戰車與殺傷力強大的弓箭——攻入埃及，是為第二中間期，埃及陷入異族統治。

在學習了西克索人的軍事技術後，古埃及人趕走這外來統治者，進入文明最後的光輝時期，也就是新西元前一五六七年到西元前一〇八五年的王國時期。領土不但更加擴張，並數次掌控巴勒斯坦與敘利亞，將兩河流域與小亞細亞等強國的勢力從這兩個地區逐出。但從西元前十一世紀末以降，天神就不再眷顧埃及了，人類文明朝鐵器時代發展，而埃及領土內不產鐵礦，要進口鐵礦也相當困難，使得埃及逐漸退出與他國的爭霸，而後更成為其他帝國的行省。

古埃及人使用的是埃及象形文字（Egyptian Hieroglyphics），又稱為聖書體，會雕刻在石塊、獸骨上，也會書寫在蘆葦製成的紙草上，這象形文字還發展出不同的字體，具有不同的功用，有刻在紀念碑、廟宇的石牆上的聖書體，有官方用的是象形文體，以及一般日常用的通俗文體。古埃及文在西元一八二二年被一位法國學者商博良（Jean François Champollion）破解。商博良透過出土的「羅塞塔石碑」上記載的聖書體、世俗體與古希臘文的對照，解讀出古埃及文。這對古埃及文明的探索極具意義，埃及學也由於古埃及文的破解而誕生。

古埃及的文化成就相當高，主要歸因於安定的社會。在科學方面，從現今遺留的金字塔，可想見古埃及人的計算能力相當卓越，他們也懂得分數的計算，並知道一年有三六五又四分之一天，曆法上使用太陽曆與陰曆。醫學方面，古埃及人的醫學有專門的科別，從木乃伊的製作可看出精密的外科技術。工藝方面也有不凡成就，從神殿、壁畫等處便可見一斑，細膩的工藝技術甚至外傳到愛琴海世界。

從哈拉帕到吠陀文化：古印度文明

以往對古印度文明多停留在印歐民族的雅利安人（Aryan）入侵後的世界。但在近代經過考古發掘後才發現，原來雅利安人入侵前，印度河流域已經有高度的文明。考古團隊在印度河流域挖掘出兩個城市，一個是位於上游的哈拉帕（Harappa），另一個則是在下游的摩亨佐達羅（Mohenjo-daro），這兩座遺跡被統稱為哈拉帕文明，或印度河谷文明，時間大約在西元前四千至西元前一五〇〇年間。據聞這兩座城市是由古達羅毗荼人（Dravidian）建造。從遺跡可以看出，當時不僅農業富足，商業也相當蓬勃，人們製作精美的手工物件以及需要加工的金屬藝品，並將這些藝品與周遭族群貿易，其中一個貿易對象即是蘇美人。最令人讚嘆的是這兩座城市的公共衛生設備。城市中家家戶戶都有衛浴設施，並設有公共以及私人的水井，用水相當便利，也設有地下排水系統，地底下甚至設有專門排放垃圾的通道。這與同時間的其他文明相比相當罕見。約在西元前一五〇〇年，這個高度發展的文明突然消失，有一說是被雅利安人入侵而毀滅，另一說是因為天然災害導致文明消失。哈拉帕文明遺留下的文字，至今也查無可以比對的語言，對於這個神祕的文明，無從進一步窺探。

隨著雅利安人的入侵，開啟了古印度的另一扉頁，稱為「吠陀時期」（Vedic Period）。雅利安人運用優異的武力——戰車與鐵器——掃蕩敵人，並將勢力由印度河推向恆河流域，佔領印度次大陸的北方，把原住民達羅毗茶人趕往南方。這時候的雅利安人並未建立一個統一的政權，而是四處林立的王國。當時留下的《吠陀》（Vedas）經典，是現在探究吠陀時期文化的依據，由梵文寫成。雅利安人為了區別統治與被統治者，制定出種姓制度，將人民分為四類：婆羅門（Brahmins）是神職人員，剎帝利（Kshatriyas）則為軍人與貴族等，吠舍（Vaishyas）是農夫、牧人與商人，首陀羅（Shudras）是沒有人身自由的奴隸。原先種姓制度是根據膚色分類，後來因為社會分工，才漸漸以階級畫分。這些階級是世襲制，很難轉變。除了這四個階級外，還有賤民（Pariahs），是古印度社會最底層的階級，其他四個種姓是不許與他們有任何碰觸的。

靠著製鐵而強盛的國家：西臺帝國

西臺帝國與同一時間的存在的兩河流域文明和古埃及等國家相比，雖然沒有留下值得讚嘆的文明，且土地也較後兩者貧瘠，但西臺卻能與之抗衡，這為上古史留下驚鴻一瞥。

西臺帝國（Hittite）位於安那托利亞（Anatolia），又稱為小亞細亞（Asia Minor），國都為哈圖薩（Hattusa）。西臺人屬於印歐語系，他們有自己的語言，卻沒有自己的文字，而是使用楔形文字書寫。約在西元前兩千年後從裏海東邊的草原遷徙到安那托利亞，至西元前十七世紀晚期時建立帝國，並且四處征戰。西元前一六〇〇年後，安那托利亞大部分的土地為帝國領土。西元前一五九五年揮軍摧毀巴比倫城，使得古巴比倫王國滅亡，間接造成兩河流域文明長達三個世紀的「黑暗時代」。但在消滅古巴比倫王國後，西臺帝國未再向兩河流域下游地區擴張領土。

西元前十四世紀時，另一個強大國家埃及的法老易克納頓（Akhenaten）正忙於國內的宗教改革，無暇顧及國外事務，蘇庇路里烏瑪一世（Suppiluliuma I）趁著這個機會佔有埃及在敘利亞的領地，並且將兩河流域北邊的國家作為西臺的附屬國，也因此展開了與埃及一百多年的交戰。直到西元前一二七四年哈圖西利斯三世（Hattusili III）與法老拉美西斯二世（Ramsses II）締結同盟，雙方維持和平關係，如一方出兵，另一方要派軍隊支援等等。此次協定被認為是最早的和平協議，也是現今最古老的書面條約。西臺帝國約在西元前十二世紀初被「海上民族」摧毀。

從帝國的第二位國王哈圖西利斯一世（Hattusili I）開始，因為王位的繼承尚未形成制度，王室內部經常互相爭鬥，使得政局動盪不安。直到西元前一六〇〇晚期國王泰利皮努斯鐵列平（Telipinu）的改革，確立了王位的繼承制度，才平息宮廷內的惡鬥。泰利皮努斯訂立的王位繼承準則是父死子繼：長子優先繼承，其次是次子；沒有王子可以繼承，就由長女的夫婿接任國王。如此的改革也削弱了議會對王位繼承人的干預，使得君權更加強大。

西臺帝國在征戰中無往不利，可歸因於兩方面，第一點是戰車技術的改良。他們使用馬匹牽引的輕型戰車，可以迅速突破敵軍的防線，進而擊潰敵人。第二個原因則是鐵器的持有。早先學界認為，西臺的冶鐵技術是獨門功夫，不為外人所知，用堅硬的鐵器可以輕易破壞青銅製成的武器，因此能經常獲勝。事實上，西臺人確實比其他族群較早製造並使用鐵器，但其他族群也陸續開始生產鐵器，鐵器的製造不能說是西臺人獨有的，而且僅靠鐵器也不能保證可以長時間維持帝國的強盛。西臺國內較其他地方擁有豐富的銀、銅與鐵等礦產，並且憑藉著精良的冶鐵技術，將這些原料加工成金屬製品，並與其他地區貿易，獲得大量的財富，這才是西臺擁有鐵的優勢所在。

海島上的風采：愛琴海文明

愛琴海文明包含米諾斯文明（Minoan civilization）與邁錫尼文明（Mycenaean civilization）兩個部分。前者是發源於地中海地區的克里特島，後者則是以伯羅奔尼撒半島的邁錫尼城而命名。提到古代愛琴海地區的歷史，一般會聯想到荷馬史詩《伊里亞德》（Iliad）與《奧德賽》（Odyssey）這兩部遠古的著作。以往對於這兩部著作多是以文學的角度解讀，並未以史學的角度認真看待，直到一八七〇年代，德國商人海因里希‧謝利曼（Heinrich Schliemann）根據荷馬史詩的記載挖掘出特洛伊遺址，使得人們對未有文字紀錄之前的歷史才有新的了解。

約西元前五千年，一群小亞細亞的居民來到克里特島定居，西元前二六〇〇年左右米諾斯文明開展。克里特島上的居民擅長生產陶器與青銅器，他們將產品與周圍的族群交易，其中的貿易對象有伯羅奔尼撒半島、敘利亞以及埃及等。從諾索斯（Knossos）挖掘的古代宮殿可見到不同功用的房間，如會議室、工作室、儲物間等，而且留有精美的藝術品。此外，克里特島因為是海島地形，不容易受到外來的侵擾，也因此從考古遺跡中未發現城牆、碉堡之類的防禦設備。

米諾斯文明深受埃及文化的影響。在工藝方面，處處可見埃及工藝品的技術。在文字方面，效仿埃及使用象形文字，後來才創造出獨特的線型文字A（Linear A）取代象形文字。在政體上，也與埃及一樣屬於政教合一的君主制，並且由文官執行國王的政策。

米諾斯文明於西元前一四五〇年左右消失，有學者認為是由於火山運動而滅亡，但這一說法受到考古學家與地質學家質疑，因為火山爆發的時間距離文明滅亡的時間將近兩百年之久，不可能是火山的因素直接導致米諾斯滅亡。另一個說法是被來自伯羅奔尼撒半島的邁錫尼人入侵而毀滅。

邁錫尼人屬於印歐民族，約在西元前二二〇〇年入侵伯羅奔尼撒半島。著名的荷馬史詩《伊里亞德》與《奧德賽》所記載的就是這個時代的後期。由於貿易的緣故，邁錫尼人受到不少克里特文明的影響，尤其在藝術方面。在政治方面也與米諾斯一樣是君主制，但邁錫尼文明並未建立統一的王國，而是各城市各自獨立，每個城市有自己的國王，彼此征戰，但偶爾也互相結盟。由於戰爭的緣故，各國也建造城牆以防禦其他國家的侵襲。他們使用的是線型文字B（Linear B），這一文字在一九五〇年代被解讀，有助於探索邁錫尼文明。約在西元前一二〇〇至一一〇〇年之間，邁錫尼文明因為受到來自北方的多利安人入侵而結束，至此進入古希臘的黑暗時代。

中美洲文化的母體：奧爾梅克文明

西元十五世紀，西方各國在資本主義的影響下，競相找尋新的貿易對象，開啟了地理大發現時代（Age of Discovery），原本獨自在中南美洲發展的文明，也無意間地被牽引進這場競賽之中。在很長的一段時間，僅知美洲有三大文明：瑪雅、阿茲特克與印加文明。瑪雅文明的起源最早可以追溯到西元前七五〇年，印加約在十一世紀開始，而阿茲特克文明則最晚，大約在西元十五世紀。

直到二十世紀前半葉，考古團隊在墨西哥進行考古工作，發現一個更早的文明：奧爾梅克

（Olmec）。這個文明比瑪雅文明更早，約在西元前一五〇〇年就已經相當興盛。奧爾梅克人信仰美洲豹，也信仰羽蛇神，後者是中美洲文明中相當普遍的神祇。他們的發展程度不遜於我們已熟稔的東半球古文明。

目前學界推測奧爾梅克是瑪雅與阿茲特克的母體。在考古的過程中發現十幾個重達數十公噸的人面頭像，這些頭像有甚麼功用？是祭祀？還是紀念？又是如何製作？這些疑問仍舊成謎。關於奧爾梅克文明，目前正在探索中，他們何消失？是天災還是人禍？還是移轉為其他文化？尚待進一步的研究。

歷史這樣看

信史的產生：文字的出現

上古時期的人們世代流傳的神話與傳說，是後人了解當時社會的依據。神話與傳說的描述，因為刻意凸顯主題，內容較為誇大，雖然這些資訊並非完全不可靠，但學者在使用這些資訊仍持保留態度。當文字出現後，學者認為明確記載的資料，比起口耳相傳的神話與傳說比較不容易有訛誤，因此史家將文字出現後的時代稱為信史，並且認為是文明的開始。

文字產生前，人類就懂得以圖像來表達事物，而後逐漸發展為簡單的符號，於是就產生了文字。文字最重要的功用就是記錄。起初，這些紀錄大多與宗教、商業活動有關。蘇美人使用的楔形文字是世界上最早的文字，蘇美祭司為記載祭祀供品而產生。經考古發現，當時文字記載的內容絕大部分與商業有關。而中國殷商時期刻在龜甲、獸骨上的甲骨文，則是為了記載占卜而形成的文字。

現今西方世界普遍使用的拼音文字，是根源於腓尼基字母（Phoenician Alphabet）。大約在西元前一千年時，由腓尼基人將古埃及文字的音符與字母轉化而成的，共有二十二個字母。隨著腓尼基人的海外貿易活動，將這拼音文字帶往地中海周圍的貿易對象，影響了諸如希臘文、希伯來文、羅馬文等。由於腓尼基拼音文字較象形文字簡易，因此學習起來較為快速，也便於普及。

對現在的人而言，當時留下的文字紀錄可以讓我們了解過去人類的活動情形，如從巴比倫的《創世史詩》（*The Epic of the Creation of the World*）可以了解當時人們的宗教觀，以及當時的生態環境。從《吉加美士史詩》（*Gilgamesh Epic*）可以知道巴比倫人對人生的態度。對當時的人而言，文字一樣扮演著相當重要的角色。古代沒有攝影、拍照等儀器可以當作證據，口頭答應的事也不是每個人都認帳，因此，「白紙黑字」記錄下來的方式較為人所接受。從大量的商業紀錄可見，如果沒有文字載明買賣貨品、價格以及契約內容，將會造成許多糾紛。此外，文字是傳授知識的媒介之一。我們現在知道的天文曆法、算數以及醫術等知識，都是透過文字記載而流傳下來，這些寶貴的知識得以保存，也讓我們可以不必白費時間探索並節省勞力、資金，將這些資源轉而研究其他事務。

目前，上古文字已被解讀的有蘇美人的楔形文字、古埃及的埃及象形文字、希臘邁錫尼文明的線形文字B。而印度河谷的哈拉帕與摩亨佐達羅的文字，以及克里特島米諾斯文明的線形文字A，仍舊是個謎。

諸神的光彩：上古文明的宗教信仰

上古文明的人類不論東西方，對大自然的諸多現象無法理解，因此產生敬畏的心態。於是人類就將大自然中的日月星辰、動植物視為神，並且制定儀式對祂們加以崇拜。這種以大自然為崇敬的對象，被稱為自然崇拜（Nature Worship）。這類宗教是人類歷史上最早的型態，因此被稱為原始宗教（Prehistoric Religion）。這些自然崇拜中大多以天或是太陽為主神，如蘇美的天神安努（Anu）、古埃及的太陽神拉（Ra）。在動物神方面，以古埃及的神祇最多，如死神阿努比斯（Anubis）的化身是胡狼，家庭之神芭絲特（Bastet）的化身則是貓。上古的自然神祇經過一段時間演變，不單純只是以大自然的外觀存在，而是對應人類生活上的實際需求被賦予特定的功能，如蘇美的伊什塔爾（Istar）兼具愛神與戰神的性質、古埃及的卜塔（Ptah）是工藝之神等。

當大規模的國家還未形成之時，上古社會是各自獨立的小城邦，每個城邦有各自專屬的守護神，隨著國家形式的出現，諸多城市不著重於強調自已城市的守護神，而是將這些城邦的神納入一個新的共同體系內。這類多神信仰（Polytheism）的體系內，神祇如同人類的階級一般，有最主要的主宰神，同時也有其他不同職司的神，每位神分工合作讓世界運轉。但隨著人類活動網絡的擴張，遂發現原先深信不疑的信仰理論，與他們所認知的現實世界大不相同，於是固有的信仰就被修正，這場改革最著名的就是古埃及第十八王朝的阿孟霍特普四世（Amenophis IV）的太陽神阿呑（Aton）崇拜，世界的一切都是由阿呑神創造而成，這類一神信仰（Monolatry）的出現有便於解釋世界的現況。這場激烈的宗教改革最終以失敗收場，古埃及人仍回到舊有的多神信仰。這場宗教改革之後，一神信仰的宗教也逐漸萌發，如猶太教（Judaism）。雖然上古的宗教信仰有從多神信仰漸漸轉為一神信仰的趨勢，但仍應注意的是，多神信仰並未被一神信仰取代，而是同時存在。

總之，上古的宗教為人們解釋世間上不管是自然還是超自然的現象，這同時也讓宗教具有安撫心靈的功能。漸漸地，宗教在維持社會的和平、穩定方面，與法律一樣具有約束力，法律對違法者有人身財產的強制性，而宗教則是道德上的審判，尤其是信仰的體系中有死後的世界或是來世時，這種約束力更加明顯。

迦南美地的國度：腓尼基與希伯來人

約西元前三千年，同為閃族的迦南人（Canaanite）移入位於地中海東岸的地區，約今日的敘利亞、黎巴嫩、巴勒斯坦、以色列與約旦一帶。迦南人因為出口一種紫色的染布顏料廣受地中海地區喜愛，因此又被希臘人稱為腓尼基人（Phoenicia）。此區可耕地有限，無法以農立國，所幸腓尼基人位處海濱，能以貿易為生，且國內擁有天然森林資源——雪松，並可以作為貿易商品，也為航運所需的船隻提供良好的原料。現今的黎巴嫩以雪松作為國旗的要素之一，由此可見雪松從古至今對此區域而言別具意義。腓尼基除了海上優勢以外，在陸路上因為是兩河流域與埃及往來的重要道路，陸上貿易也相當熱絡。

腓尼基人與希臘人一樣，也是屬於以城邦為主體，但不同的是腓尼基各個城邦則共推一個國王，不似希臘城邦是各自為政。因為位處兩河流域、小亞細亞與埃及兩地往來的道路，因此受到周邊勢力的威脅，為了生存不得不選邊站，經常成為他國的藩屬。雖然西元前十二世紀，原本互相較勁的西臺與埃及逐漸退出迦南地區，讓腓尼基得以喘息，再加上克里特島的邁錫尼政權消亡後，逐漸擴張地中海地區的勢力，但仍舊擺脫不了成為其他帝國藩屬的命運。腓尼基掌握了地中海地區的海上貿易，並在北非沿岸、科西嘉、西西里島與伊比利半島南邊沿岸建立殖民地，貿易路線最遠可達英格蘭島。在諸多海外殖民地中，最為重要的是北非突尼西亞的迦太基（Carthage），是日後與古羅馬爭霸的對手。

腓尼基人有一項相當重要的貢獻，就是創造腓尼基字母，這個拼音系統是依據古埃及的文字修改而成，隨著他們四處航行而廣為傳播，今日西方國家使用的拼音文字都是源自於此。

與腓尼基人比鄰的還有另外一支同屬閃族的希伯來人。他們是西元前一千五百年從美索不達米亞進入迦南地區，但靠海的地區與較為富饒的農地已經被腓尼基人占據，因此只能在相較乾旱的地區過著半遊牧的生活。為了躲避乾旱，又再次往南行走，最終來到埃及。在埃及客居一段時間後，約西元前一二五〇年，因為不願再受埃及人的奴役，在摩西（Moses）的領導下出走。

經過兩百多年的時間，希伯來人又回到迦南地區，為了生存與周邊的勢力交戰，其中威脅最大的勢力是非利斯人（Philistines）、亞捫人（Ammonites）。長期的征戰讓希伯來人意識到需要建立王國以對抗外敵，於是在西元前一〇一〇年，擁立掃羅（Saul）為國王並建立以色列王國（Israel）。經過大衛（Daivd）與所羅門（Solomon）兩位國王的軍事擴張，以色列成為迦南地區的大國。以色列得以擴張是因為當時埃及與兩河流域的大國忙於內部問題，無暇延續在敘利亞、迦南一帶的勢力。所羅門死後，國內因宗教以及繼承問題分裂成兩個國家，北邊的仍舊稱為以色列，南部則是猶大王國（Juda）。這兩個國家先後被亞述與巴比倫征服。先被滅亡的以色列國，其民眾被其他部族同化，後滅亡的猶太國民眾，因具有強烈的民族意識，不願與外族融合，並以猶太教維繫族人，族群因此延續至今。但是在亡國後，他們就四處漂流，直到二戰結束後，才重回耶路撒冷建國。

儘管希伯來人曾經建立自己的王國，但這個王國在政治方面不具有重要性。不過他們所創立的猶太教，卻對基督教（Christianity）、伊斯蘭教（Islam），甚至歐洲文化有著深遠的影響。

逐水草而居：剽悍的遊牧民族

我們知悉的古文明，絕大多數都是過著農耕生活。農業生產可以養活更多的人口，當糧食生產過剩，人類不必擔心糧食問題，而多餘的人口就可以從事其他生產活動，如手工業，這些手工產品又可以跟其他人交換，因此衍生出商業活動，當人口逐漸匯聚，於是形成城市，而文明也隨之產生。雖然這些農業文明在人類歷史上很重要，但不是唯一，另外尚有與農業民族文化相異的遊牧民族，他們也是歷史上很重要的部分。

遊牧民族（Nomad）的生活型態與農業民族有很大的不同。他們的生存的環境少雨，無法從事需要大量淡水灌溉的農業，但廣袤的草原，能夠讓他們以放牧維生，有時也以射獵過活。他們沒法過著定居的生活，因為在青草不足的情況下，牧民就會尋找下一個可以放牧的草場，過著逐水草而居的遊牧生活。因為隨時要與大自然搏鬥，加上食物的來源也不似農業有規律，性格相對農業民族堅毅也勇於挑戰。

影響西方上古文明的遊牧民族主要是西徐亞人（Scythian），另外譯名尚有斯基泰、西古提或賽西亞等，他們源自於中亞地區，屬於印歐民族，活動範圍相當遼闊，北到俄羅斯，南至阿富汗，西起裏海，東接中國。起初，西徐亞人多集中在草原東邊，約西元前八至七世紀開始往西移動，並推擠到其他原本住在西邊的遊牧民族。造成這次遷徙的原因，有一說是秦穆公攻打西戎，西戎向西推擠西徐亞人。另一說是氣候乾旱，導致西徐亞向西遷徙尋找合適的放牧草場。這一類的遷徙模式，在往後的歷史上經常上演。

據說，西徐亞率先發現鐵器與騎兵，這為當時農業民族帶來很大的影響。鐵器的使用也標示了人類社會進入新的時代。人類對鐵的掌控是經過一段漫長時間的探索，鐵最早是在西元前兩千左右被發現，經過七、八百年逐漸掌握冶鐵技術後鐵才開始量產，大約在西元前七百至八百年，鐵器與鐵製的武器才廣泛流通。鐵製武器的出現主導了戰爭的優勢，擁有鐵製武器的遊牧民族陸續侵擾南邊的民族，甚至造成如巴比倫、克里特等文明毀滅，同時也使得印歐民族南遷，交融出新的文明。鐵器的出現不僅只有遊牧民族得利，農業民族也同樣受惠，這些鐵製農具提昇農耕效率，也讓農墾更為便利。

騎兵在冷兵器時代是軍事上重要的兵種之一。騎兵最重要的是馬，約在四、五千年前才被馴化。起先，人類還沒辦法輕易地騎在馬上，必須經過訓練才不會墜馬，騎術嫻熟後，雙手便可操作其他器械，如刀、槍、弓箭等，於是出現了騎兵。遊牧民族擁有這個優越的兵種，在作戰時可以迅速移動，又可以遠距離攻擊。每當敵人靠近時便佯裝撤退，當距離拉開後，再放箭還擊。這種戰術讓步兵為主的國家飽受悶虧，也經常成功劫掠農業民族的財富。但遊牧民族與農業民族並非經常是敵對關係，偶爾也會彼此貿易，互通有無。

第二章

古典時代：
希臘與羅馬文明

歐洲人認為自己是希臘人的後代，而希臘文明最光輝的時期就是古典時代。這時期的時代精神是：理性、以人為本。人們擺脫上古時的口耳相傳的神話、傳說，進一步以客觀的態度驗證周遭的環境，觀察大自然，不再因為未知而恐懼。當時的哲學思考可以體現這個時代與之前時代的不同，起初的哲學意在了解為什麼會有這些自然現象，逐漸轉變成思考：人在大自然中扮演什麼角色？人與其他的生物有何不同？我們具備了什麼？人與人之間以什麼為連繫？為什麼人要有道德倫理？這種凡事以人為出發的人文精神，就是這時代的另一特色。

柏拉圖開創學院，教授知識，是一個很重要的關鍵。知識不是只有特定的人才能擁有，透過分享，讓有興趣的人可以獲得，於是發展出更多學科，激盪出更多的知識。人們不再僅僅只為三餐而活，而是懂得更享受人生。戲劇、詩詞等文學創作蓬勃發展，也奠定了日後文學的基礎。雖然希臘的政權最終仍被消滅，但是希臘文化隨著亞歷山大的征服四處擴散，而羅馬則被認為是這文化的延續。這個以理性、人文為主的璀璨時代是日後十四、十五世紀文藝復興時期亟欲追尋的時期。

這時期的文明主要圍繞在上古舊文明以及環地中海一帶。原本以城邦為主的體制是當時的常態。城市的一切事物都不假他人之手，即使殖民地也是如此必要時，以聯盟對抗敵人，消滅敵人後，又回到自主的狀態。但是隨著人與人之間的密集往來，逐漸出現許多城邦組合而成的國家型態，有些國家甚至陸續兼併周遭群體，將他們納入自己國家內，進而演變成帝國。因此這時期經常出現跨洲的大帝國。國與國之間雖然時常交戰，但也並非壁壘分明。隨著貿易的往來，不同地區的文化也彼此交流，地中海特色的陶器流通到中亞的遊牧民族，而具遊牧民族特色的工藝品也出現在沿海地區的市集中，逐漸將這些外來的產品吸收，並且融合在自己原有的文化中。從保留至今的建築、石刻等遺跡，不難看出這樣的融合。

當西羅馬帝國被北方的日耳曼民族毀滅，歷史的斷限進入中世紀時期，也代表著古典時代的結束。

希臘古典時期：希臘人的黃金時代

希臘古典時期約從西元前五一〇年開始，至亞歷山大大帝逝世的西元前三二三年。希臘半島地形崎嶇，道路險阻，往來不便，因此各城邦獨自發展，從未形成統一的國家。希臘城邦的形成，可追溯約在西元前八百年，先是以部落為主的村莊，當人口逐漸增多，為滿足貿易需求，逐漸發展成較大規模的城鎮。由於先前希臘受到多利安人的入侵，文明遭受破壞，希臘歷史於是進入黑暗時代。為了抵禦敵人的侵害，希臘人選擇地勢較高的地區，並在四周築起圍牆防護。當有敵人來襲，城外四周的農人可以進入城中避難。平時，城外的農人則提供糧食到城內買賣，以滿足城內人的生活需求。這種型態的軍事要塞稱之為衛城，當時遺留下來的雅典衛城可讓後人一窺昔日的面貌。

古希臘的政治體制經過長時間發展，演變出諸多的型態。各城邦的政治形態起先是君主制，顧名思義是由國王統治國家。隨著經濟發展熱絡，形成資產集中的富人或是富有的貴族，他們聯合一群與自己志同道合的人推翻國王，這類以少數人或團體作為執政的政治形態，稱為寡頭政治。而後，野心家出於自身的目的，或是憑藉個人的聲望，聯合民眾從寡頭手中取得政權。因為這類統治者不似以往的君主是世襲而來，或是受到神諭而獲得王位，他們的權力被認為不是合法繼承，於是被稱之為僭主（Tyranny）。最終，部分城邦的政體發展為民主制，其中最具代表的是雅典（Athen）。除了女人以及奴隸之外，滿二十歲的男性公民才具有參政權，他們不假他人之手，親自透過投票的方式解決國家事務，是一種直接民主制。

這時期的希臘世界正面臨東方強大的波斯帝國的入侵。西元前五百年爆發著名的波希戰爭。希臘各城邦團結一致，有效阻止了波斯帝國向西邊發展。在這場戰役中，雅典扮演著重要的角色。此外，西元前四七八年，為了防止波斯再一次進犯，雅典與靠近波斯帝國的愛奧尼亞的城邦結為提洛同盟（Delian League），而雅典是盟主。但在波斯的威脅削弱後，雅典與盟邦從平等的盟友轉為同盟的共主，不僅將同盟的資金搬到雅典作為貢金，亦不准同盟城邦退盟，如同帝國的霸主一般。斯巴達（Sparta）面對日益膨脹的雅典備感威脅，於是聯合第比斯（Theben）、科林斯（Corinth）等城邦組成伯羅奔尼撒聯盟（Peloponnesian League），一同對抗提洛同盟。兩個聯盟於西元前四三一年開戰，史家稱之為伯羅奔尼撒戰爭，雙方有勝有敗，最終，斯巴達在波斯的協助下擊敗了雅典。這場戰爭也使得雅典的政權從他們引以為傲的民主政治又轉回寡頭制，雅典因此失去了霸權地位，提洛同盟也被解散。斯巴達也不是最終贏家，他們的霸權後來被柯林斯取代，各城邦因為戰爭而殘破不堪。整體而言，這場內戰為希臘光輝燦爛的歲月畫上句點。

馬其頓帝國：第一個從西方崛起的帝國

馬其頓是位於希臘北方的王國，因為文化程度較希臘落後，被希臘視為是野蠻的國家。但馬其頓並未因希臘各城邦的歧視而鄙視希臘文化，相反地吸收了不少希臘文化。

馬其頓在腓力二世（Philip II）時，開始擴張領土。腓力二世先運用外交，解決色雷斯等勢力對馬其頓的入侵。腓力二世尚未即位前，曾在希臘的城邦底比斯做過人質，因此有機會學習軍事技能，並且創造馬其頓方陣，建立職業軍人制度，在往後的爭戰中攻無不克。西元前三五九年起，腓力二世不時與希臘本島的城邦交戰或干涉希臘城邦之間的紛爭，但當時主要的重心是在收服國家北邊與西邊的勢力。直到西元前三三九年後，才集中軍力攻擊希臘本島上的城邦。當時以雅典、科林斯等的城邦結成反馬其頓同盟，西元前三三八年雙方交戰，戰爭結果是希臘同盟戰敗，除了斯巴達，所有希臘城邦全都臣服於馬其頓，並且與馬其頓締結同盟。此一戰爭也象徵了希臘城邦時代的終結。完成了希臘攻略後，腓力二世將戰火指向波斯帝國，但就在發兵前幾個月，突然被護衛官刺殺身亡。

腓力二世的軍事擴張行動並未因為他的死亡而結束，接著由他的兒子亞歷山大繼承，即是歷史上知名的亞歷山大大帝（Alexander the Great）。亞歷山大即位並未馬上與波斯開戰，而是先平息國內的騷動。首先是剷除威脅他王位的敵人。其後平定希臘本島城邦的反叛。雅典、底比斯等城邦，趁著腓力二世亡故的機會，欲脫離馬其頓回復為獨立自主的城邦，可是很快地被亞歷山大出兵平定。但雅典、底比斯仍不放棄獨立的機會，再次叛亂，這次底比斯被亞歷山大徹底毀滅，市民淪為奴隸。西元前三三四年，亞歷山大開始向波斯邊境進軍。亞歷山大憑藉著過人的統御能力，以及訓練有術的軍隊，令波斯節節敗退，最終征服了波斯。亞歷山大建立了當時空前的帝國版圖，但他的野心並未因此滿足，將領土擴張到印度河一帶，欲繼續向東邊推進時，士兵們因為連年征戰，厭倦不堪，只好班師回朝。西元前三二三年，亞歷山大回到巴比倫時，因感染疾病而逝世。就如同他崇拜的希臘英雄阿基里斯一般，結束了極精彩又短暫的一生。

亞歷山大的光輝未能庇佑帝國的長久，在亞歷山大逝世後，因未指定繼承人，帝國被他的將領瓜分，主要分為：佔有埃及的托勒密王國、小亞細亞以東的塞琉西王國，與馬其頓、希臘的安提柯王國。

後亞歷山大的局勢：希臘化時代

希臘化時代是指亞歷山大逝世後，到羅馬共和國結束托勒密王朝的這一段時期，亦即西元三二三年至西元前三十年。希臘化的開展歸因於亞歷山大的東征。因為統治上的需求，征服者從自己的家鄉帶領一群官員、士兵移民到新的領土，被征服的埃及、西亞等地區，為了與統治者有效溝通，必須學習希臘語，這也使得希臘語成為當時的通用語言。除此之外，征服者也將家鄉的工匠、藝術家帶往新的城市，命令他們建造房屋、雕像，所以當時隨處可見希臘風格的建物。也有部分的希臘人為了追尋財富，藉由亞歷山大的東征，踏上這從未到過的東方土地，建立新的希臘殖民城市從事貿易。馬其頓學習波斯的金屬貨幣政策，以金銀貨幣作為交易的媒介，使得這時期商業更加活絡，信貸機構、保險事業也應運而生。但也不是所有人都在這場貿易中受益，高風險的投機行為導致失敗，市場被少數人壟斷，激烈競爭使得生存不易，繁榮的背後因此也產生貧困的人，造成貧富懸殊的現象。總之，隨著亞歷山大的軍事征服，希臘文化也擴展到新的領土。

希臘化時代的文化特色雖然是以「希臘文化」為主，但這時期的希臘文化與上一個時期——古典時代（約西元前五一〇年—西元前三二二年）有著明顯的不同。如哲學思想的轉變，古典時代的哲學思想是圍繞在政治上，認為公民應當為城邦盡一分心力。希臘化時代的哲學思想因為政治形態由城邦政治轉變為專制君主統治。一般民眾無從干涉政治，於是較傾向注重個人內在的修為。這時期主要的哲學學派有：斯多葛學派（Stoicism）與依比鳩魯學派（Epicurism）。另外，在雕刻風格上也有顯著的差異，古典時代的藝術雕刻對象是以英雄、神祇為主，雕像的外觀線條較簡單、表現含蓄。希臘化時代的藝術雕刻對象已不侷限在英雄、神祇，藝術品成為私人的收藏，在雕刻時凸顯雕像的容貌、情緒，因此雕像的外觀相對豐富、表情誇張，雕像的裝飾、線條也較多。

這時期的文化交流並非只是希臘單方向的輸入，而是東西兩方相互影響。巴比倫的天文知識在這時期也有更進一步的發展，探討地球是否為圓形、地球與太陽何者是中心等議題。此外，也利用占星來推究個人的生命際遇。因為社會競爭激烈、戰爭頻仍，一般大眾追尋內心的安穩，以及來世的解脫，東方的信仰正好可以彌補希臘信仰不足的部分，如古埃及的伊西斯（Isis）、波斯的祆教與猶太教等。

羅馬王政時代：共和體制的雛形

古羅馬歷史的時代斷限，主要根據政體轉變分為三個時代，依序是：王政時代（西元前七五三—五〇九年）、共和時代（西元前五〇九—二七年），以及帝國時代（西元前二七—西元四七六年）。傳說羅馬城是由特洛伊的英雄伊里亞斯（Aineias）的後裔羅慕路斯（Romulus）所建。而羅慕路斯與他的弟弟雷穆斯（Remus）兩人有著傳奇的身世，他們在孩提時期被篡謀外公王位的人惡意遺棄，所幸被一隻母狼餵養才得以生存。在羅慕路斯兄弟處死篡位者後，被城市居民推載為國王，但他們選擇將王位還給外公，並且到外地生存。選擇地址建城時，兄弟兩人發生爭執，導致哥哥將弟弟殺害的悲劇。最終，羅慕路斯在拉丁姆平原的帕拉蒂尼山上（Palatin），以自己的名字為新的城市命名，即是羅馬。羅馬城建立的那年，也就是羅馬王政時期的開始。

起初，羅馬城內因較為缺乏女性，不利人口成長，羅慕路斯便計畫奪取位於王國周邊的薩賓人（Sabines）的女子，因此引發了與薩賓人的戰爭。雙方交戰時，竟出現戲劇性的轉變，被羅馬擄走的薩賓女子站在兩軍之間阻止戰爭，並希望兩方能融合成一個共同體。戰爭因此結束，並且使得這兩個族群相互融合。這一事跡經常被作為藝術創作的主題。

羅馬人在西元前六世紀時，被位於羅馬領地北邊的伊特拉斯坎人（Etruscans）統治。這期間羅馬吸收了伊特拉斯坎的文化，如舉行競技比賽，利用鳥占卜吉凶，建設拱形屋頂、拱門等建築物等等。此外，羅馬人也吸收來自義大利南部以及西西里島的希臘文化，這可以從字母、藝術與宗教方面窺見。

這時期也發展出羅馬政治制度上相當重要的政治體制：元老院（Senate）與公民大會，成員通常是氏族的族長，或是族群中比較有影響力的人。這些人由於長期掌握權力，享有特殊待遇，於是漸漸成為貴族。國王雖然擁有行政、司法、軍事和祭祀等權力，仍受到元老院的制衡。國王的傳位也不是世襲制，需經過公民大會投票選出人選後，再交由元老院批准。

西元前五〇九年，最後一任國王塔奎因（Tarquinius Superbus）據說相當高傲且暴虐無道，因此被羅馬人趕出羅馬，結束了由國王統治的時期。但可能因為羅馬人長期不滿受到外族伊特拉斯坎人的統治，在伊特拉斯坎人的影響力日漸衰落時，趁勢將他們驅趕出境。也有一說是元老院等貴族對日益高漲的王權感到威脅，藉故廢除國王制，以共和制取代。

羅馬共和時代：積極向外擴張

羅馬共和時期的政治體系主要有三：元老院、行政官員，以及公民大會。羅馬人趕走國王之後，由公民大會選出執政官（Consul）取代國王行使行政、司法以及軍事方面的權力，主要任務就是負責國家行政事務。但是羅馬人深怕類似國王制的獨權形情再次發生，因此執政官一職由二人出任，當意見相左時，可行使否定權以制衡對方。執政官的任期為一年，不得續任，任期結束後可進入元老院擔任元老。當遇到戰爭這一類非常時期，兩執政官決議不下，可推舉一名獨裁官（dictator）執行任務，任期不得超過六個月。任期結束後和任務完成後，獨裁官一職就會取消，著名的獨裁官有辛辛納圖斯（Cincinnatus）與法比烏斯（Fabius Maximus）。

元老院由貴族擔任，任職是終身制，他們提供意見給予執政官參考，是實際握有權力的團體。雖然元老是終身制，但是自身的道德以及名譽有瑕疵，經過監察官的糾舉，將會失去元老的身分。

公民大會可細分為庫里亞大會（Comitia Curiata）、部落大會（Comitia Tributa）、百人大會（Comitia Centuriata），其中以百人大會較為重要。公民大會負責選任國家的行政官員，制定法律以及審判案件。

在羅馬共和初期，平民除了務農外，還要服勞役，卻不能享有應有的待遇，因此貴族與平民的衝突越演越烈。西元前四九四年，平民拒絕為羅馬作戰，但平民是羅馬軍力的來源，貴族不得不妥協，因此設立護民官（Tribune）以保護平民的權益。此外，貴族仍掌有法律的解釋權，於是在西元前四五〇年，平民要求將攸關平民權益的法律條文公開，並且明確地記載。西元前三六七年，平民更進一步爭取政務官至少要有一人是由平民出任。這場階級抗爭至此才告一段落，但這些可以出任的行政官，雖然冠有平民的名義，但是事實上他們是具有資產的富人。羅馬共和時代的政權雖然有現在民主制度以選舉的方式決定事務，以及行政、立法、監察相互制衡的雛形，在當時算是相當民主的制度，但與今日的民主制度仍有差距，因為當時羅馬能參與政治的人主要是貴族與富人，這在元老會的成員名單可見一斑；公民議會以財產區分等級，而財產多的等級可優先決定事務的運作，可說是富人政治。

羅馬為了擴張勢力，發動了一連串的對外戰爭，其中較為人所知的有布匿戰爭、馬其頓戰爭、敘利亞戰爭。羅馬人除了以武力征服外，也巧妙地使用外交同盟手段拉攏其他部落，先是承認對方可自主管理城邦的自治權，以消除對羅馬的反感；給予同盟城邦與羅馬相同的公民權，在享受權利下，也必須盡義務，當遇到戰爭時，同盟城邦也必須派兵參戰，並且承認羅馬的統帥權，於是漸漸地將同盟城邦納入羅馬的勢力內，與羅馬休戚與共。靠著這樣的外交與軍事手法，先是征服義大利北部地區，約在西元前二六五年，佔據了泰半的義大利半島。

布匿戰爭：羅馬取得地中海西部的霸權

布匿（Punic）是羅馬對迦太基人的稱呼。迦太基是腓尼基人在今日北非的突尼斯市建立的海外殖民地，與羅馬一海之隔。羅馬曾在西元前五一〇年起，到西元前三〇六年間，先後與迦太基簽訂互不干涉條約。西元前二六五年征服了義大利境內後，羅馬深知迦太基會是強大的威脅，進攻是最好的防禦，於是將矛頭轉向迦太基，於西元前二六四至西元前一四六年間，總共發生三次戰爭，史稱布匿戰爭（Punic War）。

西元前二六四年第一次布匿戰爭爆發，原因是羅馬與迦太基相互爭奪西西里島的所有權。西西里島上的敘拉古（Syracuse）與墨西拿（Messana）發生爭執，墨西拿同時請求羅馬與迦太基的協助，原先羅馬並不想參與，但眼見敘拉古與迦太基結盟，有恐迦太基乘機坐大，於是不得不介入戰爭。原本羅馬在海上的實力不如迦太基強，但是在與迦太基交戰時擄獲了迦太基的船艦並加以改良，且發明船橋，使自己的軍隊能登上敵人的艦艇作戰。這場戰爭，迦太基的將領哈米爾卡爾・巴爾卡（Hamilcar Barca），也就是名將漢尼拔（Hannibal）的父親，令羅馬吃足了苦頭。但雙方不分軒輊，也讓戰爭拖延了數十年。西元前二四一年，迦太基在財力與軍力吃緊的狀況下，遭羅馬逼迫議和，羅馬並要求迦太基的勢力撤出西西里島，以及在十年內清償戰爭賠款。

迦太基的漢尼拔為防堵羅馬勢力的擴張，積極拓殖的當時被稱為西班牙（Hispania）的伊比利半島，並建立新迦太基（Nova Carthage）。西元前二一九年，迦太基攻擊羅馬在西班牙東岸的盟友薩貢托（Saguntum），漢尼拔不顧羅馬的警告堅持攻下薩貢托，因此引發了第二次布匿戰爭。於西元前二一八年，漢尼拔率領大軍、騎兵以及戰象翻越庇里牛斯山與阿爾卑斯山攻打羅馬，羅馬方面未預料到迦太基竟然以這個路線突擊，在戰爭初期嘗了不少失敗的滋味，於是派法比烏斯為獨裁官對抗漢尼拔。法比烏斯看準迦太基軍備補給線過長，是很大的致命傷，因此選擇不與迦太基正面交戰，而採取拖延戰術，此即著名的費邊戰術（Fabius Tactics）。但是迦太基軍隊在羅馬境內來去自如，並破壞了許多農田，為此許多羅馬人希望速戰速決，對於法比烏斯的指揮大失所望。在法比烏斯獨裁官任期屆滿後，由接任的兩位執政官指揮。這兩位執政官選擇直接與漢尼拔對決，於西元前二一六年爆發坎尼之役（Battle of Cannae），這場戰役是羅馬史上損失最嚴重的戰役，出征的士兵被殲滅一半，領軍的執政官雙雙陣亡，原本臣服的部落也相繼反叛。

羅馬士氣大傷，於是作戰方針又回到保守的拖延戰術，藉此回復戰力。西元前二一〇年，年僅二十五歲的代理執政官大西庇阿（Publius Cornelius Scipio）追隨父親的腳步，積極攻略西班牙，並於西元前二〇九年占領新迦太基城，瓦解迦太基在西班牙的勢力。西元前二〇四年，大西庇阿直搗黃龍，跨海攻擊北非的迦太基城，兵臨城下的迦太基緊急召回漢尼拔，但漢尼拔在札馬之役（Battle of Zama）大敗，結束了第二次布匿戰爭。這次羅馬簽訂更嚴苛的要求，令迦太基陷入更窘迫的困境：迦太基必須放棄所有在西班牙的權力，並在五十年內賠償巨額的賠款，只能保有十艘戰船，亦不准輕啟戰事，即使是在非洲的戰事也必須羅馬批准。

經過五十年，迦太基償還巨額賠款，羅馬憂心迦太基東山再起，於西元前一四九年出兵攻打迦太基。迦太基主動求和，羅馬一面允諾，但私下又命令軍隊進擊。羅馬背信，使迦太基人陷入瘋狂，決定與羅馬宣戰，但在羅馬的外交手段下，迦太基毫無盟友，只能孤軍奮戰。西元前一四六年，迦太基人投降，羅馬犁庭掃穴徹底摧毀迦太基城，迦太基就此亡國。

在三次布匿戰爭中，最為重要的是第二次布匿戰爭，這場戰爭讓羅馬取得地中海西半部的經營權，羅馬也一躍成為金融重鎮，許多部落相繼成為羅馬附庸，並且再無大國與羅馬匹敵。

馬其頓戰爭：向希臘地區擴張

羅馬在與迦太基作戰時，仍留心平衡地中海東半部的勢力，其中馬其頓是最威脅性的國家。

羅馬與馬其頓在西元前二一五至西元前一四八年間共交戰四次，稱之為馬其頓戰爭（Macedonian War）。

在第二次布匿戰爭時，漢尼拔與馬其頓的腓力普五世（Philip V）同盟以牽制羅馬，腓力普五世也想藉此機會擴張版圖。羅馬憂心腹背受敵，於是聯合希臘地區反馬其頓的埃托利亞同盟（Aetolian League）一同出兵馬其頓，而馬其頓在希臘地區的盟友則是反埃托利亞同盟的阿該亞同盟（Achaean League）。起初，成功阻止了馬其頓的擴張，但隨著羅馬軍力的退出，埃托利亞同盟無法抵禦馬其頓的攻勢，讓馬其頓獲得了亞德里亞海以東的伊利里亞（Illyrii）南部。羅馬正忙於迦太基教戰，無暇顧及東邊的戰事，只好以退為進，於西元前二〇五年和馬其頓簽訂和約，協約內容是承認馬其頓獲得伊利里亞南部，但是要放棄與迦太基同盟。

停戰不久後，羅馬收到希臘各城邦的求救，他們控訴馬其頓與敘利亞的安提阿古三世（Antiochus III）簽訂互不侵犯條約，意圖從事軍事擴張的行動，羅馬因此出手干預。此次羅馬戰勝馬其頓，並且迫使馬其頓訂定與迦太基一樣嚴苛的條件：腓力普五世不得干涉境外一切事務，馬其頓王國必須付清巨額賠款，且國內僅能保留六艘船艦，其餘全部繳出。在壓制馬其頓的勢力後，羅馬就從希臘撤軍。

腓力普五世死後，王位由其子佩爾修斯（Perseus）繼承，他想稱霸希臘，回到以前的榮光，但是這與羅馬的權力平衡方針相互抵觸，勢必引發戰爭。羅馬果然於西元前一七一年向馬其頓宣戰，戰事初期馬其頓較為優勢，但是最終馬其頓仍敗給羅馬。西元前一六八年，佩爾修斯被俘虜，馬其頓王國也被瓜分為四個區域，並向羅馬納稅，馬其頓的安提柯王朝至此滅亡。從馬其頓獲得的戰利品為數可觀，甚至讓羅馬公民不必繳納戰爭稅。

滅國後的馬其頓人不願被羅馬治理，藉著佩爾修斯的兒子安德里斯庫斯（Adramytium）復辟的機會，再次與羅馬交戰，這場騷動維持兩年的時間，終究被羅馬平定，安德里斯庫斯被帶往羅馬處死，以馬其頓之名與羅馬為敵的戰爭就此終結，羅馬在希臘地區的勢力也更加穩固。

塞琉西戰爭：全地中海由羅馬主導

塞琉西戰爭（Seleucids War）是羅馬與敘利亞的塞琉西王朝之間的戰爭，發生在西元前一九二至西元前一八八年間，因為是塞琉西王朝的安提阿古三世（Antiochus III）在位期間所發動的戰爭，因此又被稱為安提阿古戰爭（Antiochus War）。

安提阿古三世即位前，敘利亞一直與鄰近的埃及托勒密王朝相互爭奪小亞細亞、愛琴海，以及敘利亞等地的領土，再加上國內發生內戰，使得小亞細亞地區的希臘殖民城邦藉機脫離塞琉西王朝的控制。就這些小亞細亞的希臘殖民城邦而言，對他們最有幫助的國家就是羅馬，因為羅馬不像馬其頓與敘利亞一般干涉城邦的自治權，這也讓羅馬有插手地中海東邊事務的機會。

安提阿古三世即位後，積極擴張勢力，且亟欲收復昔日屬於塞琉西的領地，於是與馬其頓的腓力普五世祕密結盟。安提阿古三世在與托勒密王朝的第五次敘利亞戰爭（Fifth Syrian War）取得成功後，獲得了敘利亞南部，也就是今日黎巴嫩的山谷地區。羅馬因為忙著戰後的整頓，最擔心的就是從埃及來的糧食受戰爭影響而短缺，要求腓力普五世與安提阿古三世不要進入埃及本土。腓力普五世與安提阿古三世只對托勒密海外的領土有興趣，因此也無意進犯。

結束了亞洲的戰事後，安提阿古三世就將重心放在收復小亞細亞一帶的失土。原先羅馬的盟友埃托利亞同盟因為不滿羅馬表面上給予希臘各城邦自由，但私下干預的情形絲毫沒有減少，再加上羅馬第二次馬其頓戰爭後領土分配不公，讓這些盟友怨恨加深，醞釀反抗羅馬，埃托利亞同盟尋求安提阿古三世的協助。這一舉止觸動了羅馬的神經，再加上羅馬的頭號敵人漢尼拔被安提阿古三世視為上賓，就不得置之不理。

西元前一九二年，埃托利亞同盟率先起事，安提阿古三世響應。原先安提阿古三世以為會獲得馬其頓與阿該亞同盟的協助，但終究沒有回應。羅馬與其他希臘盟友與安提阿古三世等勢力在希臘本島交戰，安提阿古三世被擊敗退回小亞細亞，希臘本島就只剩下埃托利亞同盟孤軍奮戰，但仍舊戰敗。埃托利亞同盟與羅馬議和，同盟被解散。安提阿古三世雖然撤退至小亞細亞，但仍有實力與羅馬對抗，不過接二連三的失利，最終還是戰敗。戰後約定塞琉西的勢力退出小亞細亞以東，該區域由羅馬的希臘盟友所有，繳交巨額賠款，不准擁有戰象，海上船艦只能持有十艘，其餘繳出等協議。此次戰爭使羅馬稱霸地中海東部，並且將勢力向亞洲延伸。

內亂時期：榮耀背後的代價

羅馬在一連串對外擴張戰爭的勝利，尤其是滅絕迦太基後，使羅馬取得了歷史上空前的成就，成為地中海的霸主。但這軍事上的成就並未讓國內得到相對的安定，繼之而起的則是羅馬內部的動盪。一直到羅馬帝國成形前的這段時間，被視為是羅馬共和國的內亂時期。

羅馬在多場戰爭中獲勝，俘虜不少敵人，這些敵人大多成為奴隸，從事勞役、農耕等工作，還有些奴隸被充作角鬥士為羅馬人提供血腥的娛樂。這些奴隸不是公民，也不是自由人，他們是主人的私產，不被當作一般人看待，待遇自然也就不公允，過著非人的生活。當這些飽受壓迫的奴隸抓住可以獲得自由的機會，那怕是如此短暫的一刻，也會抱著破釜沉舟的決心放手一搏，因此造成羅馬社會的動亂。

連年爭戰破壞了許多農田，羅馬的糧食嚴重不足，只好向外進口。這雖然紓解了羅馬糧食供應的壓力，卻造成卸甲歸田的民兵生計上的問題。由於大量進口的糧食價格比農民自己生產的還便宜，這些農民因此無法自給自足，生活漸漸困頓，到最後只好售出田產才得以維生，於是窮人越來越多。另一方面，隨著羅馬海外領地增多，商業也相對繁榮，商人也越來越富有，資本集中在相對少數的人身上。這些富人通常又與統治階層連成一氣，只為自身的利益考量。造成了窮人與富人間的階級對立。然而西元前一三三年起由格拉古兄弟（Gracchi）發起的改革，最終以失敗收場。

因為羅馬的財富急遽增加，社會充斥著物慾橫流的風氣，這現象在羅馬處理北非努米底亞（Numidia）王國內部的紛爭時顯而易見。努米底亞的國王米西普薩（Micipsa）過世，其子朱古達（Jugurthine）為了繼承為王，著手除去同父異母的兄弟。其中一人逃往羅馬並請求羅馬斡旋，羅馬於是將王國一分為二。但是朱古達不滿，出兵攻打他的兄弟，羅馬因此派兵攻打朱古達，爆發朱古達戰爭（Jugurthine War）。戰爭初期，羅馬圍剿朱古達並未成功，執政官提出協議，但這協議對朱古達有利，國內有人對這協議提出調查，卻查不出問題的蹊蹺所在。後來才發現原來朱古達賄賂了作戰的指揮官，買通執政官以及調查的護民官。此事舉國震驚，羅馬統治階層中的平民派與騎士階級決定由新的執政官，不再讓貴族階級影響戰事，這也造成往後平民派與貴族派的政治鬥爭。另外，軍紀敗壞也促使了羅馬強人馬略（Marius）的軍事改革，卻同時種下日後軍事獨裁的主因。

與羅馬同在義大利半島上的其他城市，從羅馬海外擴張時期就一直與羅馬同進退，有苦是同當，但是有福卻都是羅馬獨享。於是西元前九一年，羅馬以外的其他城市聯合建立義大利國（Italia），發起戰爭對抗羅馬，史稱同盟國戰爭（War of Allies），最終羅馬承認其他城市也擁有如同羅馬一般的公民權以及福利，將他們納入共和國體制內。

羅馬帝國的開端：獨一無二的奧古斯都頭銜

羅馬帝國時代的開端可以從西元前二十七年屋大維（Octavian）被元老院封為奧古斯都（Augustus）算起，帝國在西元三九五年分裂成東西兩個帝國，在西邊的稱為西羅馬帝國在西元四七六年滅亡，東邊的東羅馬帝國，又被稱為拜占庭帝國（Byzantium Empire），一直持續到西元一四五三年被鄂圖曼帝國（Ottoman Empire）消滅為止，國祚相當長。

西元前二十七年以前，羅馬處在內戰的狀態，這就是馬略與蘇拉以軍事為後盾產生的強人政治後遺症。羅馬內部時而是領軍的將領一同壓制元老院，時而是同盟的將領決裂後拉攏元老院議員對付昔日盟友。而元老院無統領軍事的權力，因此大多議員隨著這些強人的擺布，無法遏止這些混亂，一旦選錯邊，將會被列入公敵名單中萬劫不復。

屋大維是共和國內戰的最後勝利者，為了防止重蹈凱撒的覆轍，屋大維很小心地處理公民對他的觀感，盡可能不讓獨裁、國王等形象與自己畫上等號。內戰結束後，他放棄獨裁官的職位，並且拒絕出任終身執政官的請求，以重建共和為名將權力還給元老院，但事實上屋大維早已經安插自己的人馬在元老院內，元老院完全受到屋大維的掌控，且壓制公民大會的權力，使其名存實亡。元老院不僅在形式上授予他很多權力，也先後封給他許多尊號，如大統帥（Imperator）、第一公民或元首（Princeps），以及奧古斯都。他將行政、軍事、財政甚至是宗教完全掌握，其權力之大與皇帝毫無分別。

屋大維雖然大權在握，但是他並未因此腐化，而是致力於完善國家的體制。屋大維很清楚軍事力量對權力的影響，因此只有大統帥的頭銜才有軍事權力，藉此防止內亂時期可私自統兵的問題，並且讓軍隊駐紮在邊界抵禦敵人，不讓軍隊成為要脅羅馬的工具，退役的軍人可以得到不錯的福利。成立禁衛軍以保護元首的安全。設立警察與消防隊管理各地方的公共安全。在財政方面，取消由包稅人代替國家收稅，統一由國家選派官員收取，並檢視這些收稅員的行為。行省總督不可以任意向地方收稅，稅務由元首出派財務官員管理，並向元首負責。這些舉措是為了防止橫徵暴斂的事情發生，引起民怨。在社會方面，設置糧食管理長以及其他相關的措施，穩定糧價與供需。鼓勵人民到其他行省墾殖，減少窮人的出現，以消弭階級對立。這些制度的實施，使羅馬經濟蓬勃發展，社會穩定，文化興盛，大約從西元前二十七年算起至西元一八〇年，長達兩百多年間，羅馬不管國境內外，都沒有大規模的動亂，處於和平的狀態，因此這段時間被稱為「羅馬和平」（Pax Romana）。

五賢帝：羅馬人民最幸福的時代

自西元前二十七年屋大維受封奧古斯都後，至西元一八〇年的太平盛世被稱為「羅馬和平」。而在西元九十六年至西元一八〇年，分別由內爾瓦（M. Cocceius Nerva）、圖拉真（Trajan）、哈德良（Hadrian）、安東尼・庇護（Antoninus Pius）與奧里略（Aurelius）等五位賢明的皇帝統治，對內政局穩定、經濟繁榮，對外擴張勢力，建立帝國聲望，是羅馬的黃金時代，這五位皇帝因此被稱為五賢帝。

內爾瓦的前一位皇帝圖密善（Domitian）因為專制獨裁，自稱為神，對元老院施以恐怖統治，是相當不受歡迎的皇帝。當圖密善遇刺身亡後，元老院馬上推舉溫和的內爾瓦擔任皇帝。內爾瓦在位僅兩年，除了對圖密善施行「記憶抹煞」，除去所有圖密善的功績、文獻等紀錄，以及選出帝位繼承者外，並無太大的作為。

圖拉真即位後，他意識到多瑙河下游的達契亞人不除，帝國邊境將永無寧日。圖拉真的戰略才能最終解決了達契亞的問題，並在該區設置殖民地，命名羅馬尼亞。之後向東與安息帝國爭奪領地，共和時期著名的將領克拉蘇與安東尼在敘利亞與兩河流域一帶都未有進展，但圖拉真不但擊退安息帝國，甚至將亞美尼亞納入領土，是羅馬版圖最大的時期。圖拉真除了發動對外戰爭外，國內的治理也沒有疏忽，提供農民貸款，以皇帝個人收入成立基金，救助全國貧苦的孩童，相當重視底層民眾的生活。

西元一一七年，圖拉真死後由哈德良繼承，哈德良在軍隊中頗具聲望，但他不想與敵人針鋒相對，再加上東邊領地反叛無常，因此放棄了圖拉真征服來的領地，並且在不列顛與羅馬城北方的領土建築城牆抵禦敵人入侵。為了有效管理帝國，哈德良晉用騎士階級擔任官員，自己則親自視察各省，因此有巡行皇帝之稱。並於任內建立神廟、劇院等國家建設。

西元一三八年哈德良駕崩，帝位由養子安東尼・庇護繼承，安東尼延續哈德良的和平政策，並加強邊防的長城。此外，所有叛亂、戰爭都以外交手法解決。在位期間帝國相當安定，沒有大規模動亂或征戰。

安東尼在平靜的一生結束後，西元一六一年將帝位傳給養子奧里略與韋魯斯（L. Verus），是羅馬帝國時期第一次出現兩位皇帝共治。不過在西元一六九年韋魯斯病死，結束雙帝共治。先前的那段期間未對外擴張，也讓敵人有休養生息的機會。於是奧里略在位期間，北方日耳曼民族與東方的安息人皆發動攻勢，不過都先後被奧里略平定。但軍隊回國時也將瘟疫帶回國內，導致國內人口死亡，兵力與經濟受到不小的損失。奧里略雖然英明一世，但在帝位繼承一事卻選擇自己的兒子康茂德（Commodus）為儲君，破壞了原先以有才略的人當嗣主的原則，也造成日後繼承問題所引發的內亂。

雖然五賢帝在位近一世紀的時間，羅馬人民處在羅馬史學家愛德華・吉朋（Edward Gibbon）所說的「人類最幸福的時代」，但因為奧里略在位期間，敵人的入侵導致連年的戰爭，貨幣貶值以及稅收等問題，已經造成帝國財政很大的負擔。

戴克里先的統治：建立皇帝威儀與專制政治

在戴克里先（Diocletian）奪位前，羅馬帝國的第四十四位皇帝奧勒良（Aurelian）先後征服分裂的高盧王國、巴爾米拉王國，使原本四分五裂的帝國得以統一，這也讓皇帝與帝國的聲望有所提升，防止第三世紀的危機繼續擴散，也對後來的戴克里先執政帶來良好的契機。

為了樹立羅馬帝王的權威，戴克里先採取一連系列的改革。改革的第一步是革除羅馬皇帝的

「第一公民」頭銜，取而代之的是君主（Dominus）的稱號，並且向東方的薩珊王朝引進宮廷儀式。於是羅馬的皇帝戴起了皇冠，穿著帝王才能穿的紫袍，以及坐在屬於皇帝的寶座上。所有的公民都是臣子，來拜謁的人必須匍匐在地，僅少數人才能獲准親吻他的紫袍，並將自己視為是在世的神，所有的人都要禮敬他。

戴克里先靠著軍隊的擁立獲得帝位，他知悉之前的帝位爭奪有部分是源自於元老院與軍隊為了各自的人選互相鬥爭，為了鞏固君權，他沒收元老院的許多權力，尤其是會干預皇帝權威的部分。另外，在帝位爭奪戰中，各行省的總督勢力也參與了，為防止行省坐大，必須將行省統轄範圍縮小，因而戴克里先時期的行省數量比以前更多，這些行省之上又設立管理區，由皇帝指派管理官，以分散原先總督的權力。

戴克里先有感於帝國過於龐大，一個人無法兼顧，再加上先前因為皇位的繼承制度不明確，才發生相互爭奪的情形，遂於西元二九三年，提出四帝共治制（Tetrarchy），將帝國分為東西兩邊，各自由掛有奧古斯都頭銜的皇帝管理，並各自成立首都，另外收養繼承的養子掛以凱撒頭銜的副皇帝輔佐。奧古斯都在位時間有年限限制，等奧古斯都退位後，凱撒就可以晉升為奧古斯都。於是戴克里先擔任東邊的皇帝，馬克西米安（Maximian）擔任西邊的皇帝，分別選擇養子加利流（Galerius）與君士坦提烏斯（Constantius Chlorus）為東、西邊的副皇帝。西元三〇五年戴克里先與馬克西米安宣布退位，由凱撒們繼承。

就在原先的凱撒都晉升為奧古斯都後，四帝共治的制度受到挑戰，東邊的皇帝加利流指定自己的外甥馬克西米努斯（Maximinus Daia）與親信塞維魯二世（Severus II）為東、西邊的凱撒，但是塞維魯二世不受西邊人民的喜愛。君士坦提烏斯在位一年後駕崩，繼承問題浮出檯面，引發新的帝位爭奪內亂。如此看來，四帝共治的政策原本以為能解決繼承問題，到頭來仍落得一場空。

羅馬再度統一：君士坦丁重組帝國

第一次四帝共治帝位交接後的政局，結果並不如老皇帝戴克里先所想的那樣和平。加利流皇帝雖然與君士坦提烏斯共治，但是他認為自己的權力高過西邊的皇帝，就自行指派東西邊的副皇帝，這行為引發了老皇帝馬克西米安與新皇帝君士坦提烏斯等西方勢力的不滿。西元三〇六年，君士坦提烏斯駕崩，他的不列顛軍團在約克擁立他的長子君士坦丁為皇帝，也就是日後的君士坦丁大帝（Constantine the Great）。而原本的老皇帝馬克西米安也重新登基，並推舉自己的兒子馬克森提（Maxentius）為儲君，馬克西米安在軍方仍有威望，於是獲得義大利一帶的軍隊都支持馬克西米安父子，塞維魯二世不得民心，很快地被趕跑。加利流見西邊擁立的政權受到威脅，揮兵攻打義大利，但被馬克西米安父子擊退，最終塞維魯二世被馬克西米安等人處死。加利流只好折返回東邊，但是他不認同西邊任何一位私自擁立的皇帝，西元三〇八年自組會議提出由李錫尼（Licinius）為西邊的皇帝，戴克里先出任東邊的皇帝，但是戴克里先拒絕復出。就在這一年，羅馬帝國出現四位奧古斯都。

西元三〇八年確立了四位皇帝之後，政局維持不變，直到西元三一一年加利流病死，才再次揭開一場內鬥。加利流死後，李錫尼成為實質上的東邊皇帝，以及名義上的西邊皇帝，於是聯合君士坦丁攻打馬克森提。隔年，馬克森提戰敗，在逃亡的路上溺斃而死，羅馬帝國由君士坦丁與李錫尼共治。但是君士坦丁與李錫尼都將對方視為眼中釘、肉中刺，欲除之而後快，一再尋找爭端挑起戰事。西元三二一年，君士坦丁先是唆使蠻族劫掠李錫尼的領土，擾亂李錫尼轄區的安寧，李錫尼將蠻族敉平後，知道這一切都是君士坦丁的陰謀，因此向君士坦丁宣戰。西元三二四年，東西兩方大軍對決，結果李錫尼落敗，在君士坦丁的妹妹，也就是李錫尼的妻子求情之下，讓李錫尼逃過一劫。但君士坦丁不想留下這個敵人危及他的政權，於西元三二五年，君士坦丁藉口李錫尼蓄意謀反，並勾結外族擾亂羅馬的和平，將李錫尼與他的兒子一同處死。君士坦丁就此成為羅馬的唯一統治者。

君士坦丁為了鞏固政權，移居東邊皇帝的首都拜占庭，並改名為君士坦丁堡（Constantinople），並且使戴克里先建立的專制政體更加完備。他徹底削弱元老院的職權，使元老院從國家議會降為城市層級的市議會，提升隸屬皇帝統轄的宮廷機構——樞密院的權力。並且裁撤羅馬禁衛軍，另外設置皇家衛隊保護皇室的安全，同時讓帝位繼承從收養養子制又回到世襲制。

變調的共治：帝國管理的難題

羅馬帝國的分治最早源自於戴克里先。由於羅馬帝國幅員龐大，統治者必須東奔西跑，難以管理，遂建立四帝共治制，將羅馬帝國劃分東西兩個區域，由兩位皇帝各自管理。從這兩個大區域中，再各自畫分兩塊小區域，一邊由正皇帝管理，另一邊由副皇帝管理。副皇帝在正皇帝退位或駕崩後，直接晉升為皇帝，如此一來，這樣明確選定接班人的方式，就可以避免爭奪帝位的內鬥問題。這是戴克里先冀望的結果，但他忽略了人性的貪婪。原本應該是東西兩方的皇帝共同治理，並各自領導儲君協助管理國家，最後這場四帝共治的戲碼卻走樣，導致東、西兩邊的皇帝互相對立，以致於彼此攻伐，埋下日後帝國分裂的主因。

西元三二五年，君士坦丁終於消滅東邊的皇帝李錫尼，成為帝國唯一的皇帝。他延續戴克里先四帝共治的制度：選任凱撒協助政務。君士坦丁從他的兒子以及姪子中選出副皇帝，但是一選就是五位，使得他死後，帝國又陷入奪權之爭，君士坦丁的兩個姪子與親屬被君士坦提烏斯二世（Constantius II）殺害，因此率先退出帝位爭奪戰的舞台。西元三三七年，帝位由君士坦丁的三個兒子同時繼承，分別是：君士坦丁二世（Constantine II）分得不列顛、高盧與西班牙等帝國西邊的領地；君士坦斯一世（Constans I）分得義大利與北非的領土；君士坦提烏斯二世則獲得帝國東邊的領土。西元三四〇年，西邊的兩位皇帝兄弟鬩牆，君士坦丁二世率兵入侵君士坦斯一世在義大利的領土，結果是君士坦丁二世兵敗被殺，但君士坦提烏斯二世並未藉機攻打君士坦斯一世，反倒維持和平的關係。西元三五〇年，君士坦斯一世被皇家衛隊的指揮官殺害，該名指揮官自立為王，君士坦提烏斯二世揮軍攻打叛賊，帝國才再度恢復統一。

君士坦提烏斯二世病逝後，連續兩任的皇帝都未分設東、西兩邊共治，而是親自管理一個大帝國。至第二任的皇帝戰死後才又將帝國分為東、西兩皇帝共治，東邊的皇帝是瓦倫斯（Valens），西邊是瓦倫提尼安一世（Valentinian I），兩人是兄弟關係，在位期間都未彼此爭鬥，相當和平，他們的後繼者，與後繼者選任的東邊皇帝，著名的狄奧多西一世（Theodosius I）在位期間，除了有將領叛亂自立為帝外，他們彼此之間也未互相攻伐。總之，西元三六四至西元三九二年狄奧多西一世成為羅馬帝國最後一位統一領土的皇帝，這段期間帝位繼承的變動相較之前平和，雖然狄奧多西一世曾有意奪取西邊皇帝的權力，但所幸對方意外死亡，未引發戰爭。西元三九五年，狄奧多西一世臨終前卻再將帝國分給他的兩個兒子管理，自此之後，羅馬帝國正式分裂成東、西羅馬，未再統一。

上帝之鞭：阿提拉

西元三五〇年，位於黑海與裏海之間國勢頗強的阿蘭王國（Alani），突然被不知從何而來自稱是匈人（Hun）的族群摧毀，這一個突如其來的災難，讓人摸不著頭緒，也因此令當時的人莫不感到恐懼。原來這些人是從東方遷徙過來的，他們在中國被稱為匈奴，西元前四十八年匈奴內部分裂成南、北匈奴，南匈奴依附東漢，雙方和平相處；北匈奴則不願從屬東漢，與東漢在西域角逐。北匈奴的行為對東漢在絲路的貿易無疑是種威脅，遂以武力折服北匈奴。北匈奴無法抵禦東漢的攻勢，於是往西遷移以躲避東漢的追擊。西元一六〇年左右，北匈奴人又繼續向西移動，據文獻記載，北匈奴最後的身影是在康居國，也就是現在中亞的哈薩克共和國的南部，錫爾河中下游一帶，之後就毫無音訊。當他們再次被世人所知，是在一個被毀滅的國家中現身。他們的出現造成四世紀末的民族大遷徙（Barbarian Migrations），進而導致西羅馬帝國的滅亡。

阿提拉（Attila）則是這個這個集團——幅員遼闊的匈人帝國（Hunic Empire）——的首領。使西方社會帶來前所未有的災難，讓他們以為是上帝派來懲罰他們的使者，因此有「上帝之鞭」（The Scourge of God）的稱號。西元四三四年，阿提拉與他的哥哥布萊達（Bleda）從伯父盧阿（Rua）手中接任帝位共同治理帝國，他們兩人在位期間積極擴張帝國版圖。西元四四五年，布萊達去世，阿提拉成為帝國唯一的君王，在他的領導下，是匈人帝國版圖最大、國勢最盛的時期。

當時阿提拉等人侵略的對象有東羅馬帝國、薩珊帝國、西哥德（Visgoths）與西羅馬帝國，其中東羅馬帝國是最嚴重的受害者。五世紀初，匈人南下至東羅馬帝國邊境的色雷斯，進逼君士坦丁堡，於是東羅馬皇帝狄奧多西二世（Theodosius II）與匈人議和，答應每年繳納貢金，以及開放部分貿易城市，這也開啟了匈人對東羅馬帝國的需索。阿提拉即位後，藉口東羅馬收留從匈人叛逃的敵人，逼迫東羅馬簽訂更加苛刻的協議，每年繳納的貢金要加倍，開放更多的互市據點，割讓大片的土地給匈人等等。狄奧多西二世為了避免爭端，只好答應，換來短暫的和平。阿提拉等人將目光轉向薩珊帝國，但還沒接近薩珊帝國邊界，就被薩珊軍隊擊敗。於是阿提拉等人又度將矛頭轉向東羅馬。狄奧多西二世一度拒絕支付貢金，遭致阿提拉等人的攻擊，結果簽訂較先前幾次更加屈辱的協議。當阿提拉離開了東羅馬的領土，東羅馬連續兩年發生瘟疫、飢荒，甚至突如其來的大地震，毀壞了君士坦丁堡的城牆，這又引起了阿提拉對東羅馬的覬覦。

阿提拉曾對西羅馬帝國提議聯手攻打西哥德人，但最終被西羅馬拒絕，西羅馬反而與西哥德人同盟抵禦阿提拉的勢力，於是在西元四五一年爆發了極具歷史意義的卡塔洛尼平原戰役（Battle of Catalaunian Fields），這場戰爭阻止了阿提拉的西進，歐洲也免於被遊牧民族掌控。阿提拉很快地揮軍突襲義大利半島，西羅馬的許多城市被佔領，西羅馬不得不派出使團議和，阿提拉接受條約後便離開義大利。西元四五三年，阿提拉在婚宴上突然猝逝，匈人帝國也隨之毀滅。

日耳曼民族的入寇：西羅馬帝國滅亡

在狄奧多西一世逝世後至西羅馬帝國滅亡的這八十年的時間，再也沒有優秀的君王能扭轉頹勢，阻止日耳曼民族（Germans）在境內的破壞，帝國已經日暮西山，滅亡是遲早的事。

從羅馬帝國開國以來，日耳曼人一直是羅馬北邊的外患，無法同化，也難以征服。直到戴克里先時出現了變化，但是這個變化是喜憂參半。先前五賢帝之一的奧里略在對外的戰爭勝利後凱旋歸國，卻無意間把疾病也帶回來，導致國內死亡率上升，人口大量流失。再加上大地主不願佃農從軍，因為這樣他們的農田將無人耕種，收入就會減少，如此一來軍隊的兵源不足，就無法抵禦外患。為了解決這燃眉之急，戴克里先允許日耳曼民族在帝國邊境定居，這些定居的日耳曼民族則為帝國的雇傭兵，一來兵源的問題解決了，其次是這些日耳曼人也成為帝國與侵略者之間的緩衝區。擔憂的是，一但這些日耳曼傭兵團無法安撫，無疑是引狼入室。所幸這些羅馬邊境的鄰居相當安分，沒有倒戈相向。

但在西元三七五年，羅馬人與哥德人之間發生了一些變化。匈人消滅南俄的東哥德王國，西哥德人為了保命開始逃竄，他們請求東邊的羅馬皇帝瓦倫斯收容他們，以躲避匈人的攻擊。而瓦倫斯也想藉機擴充兵源，於是答應了西哥德人的請求。西元三七七年，羅馬士兵與西哥德移民發生衝突，引發了西哥德人的暴動。西元三七八年爆發阿德里安堡戰役（Battle of Adrianople），是羅馬史上第三次慘敗的戰役。最後由狄奧多西一世出面解決，西哥德人答應為羅馬看守邊境，但羅馬需供養西哥德人。

在狄奧多西一世死後，西哥德人推翻了先前的協議，由阿拉里克（Alarich）領導族人洗劫希臘半島，東羅馬皇帝阿卡迪烏斯（Arcadius）以封給阿拉里克為統帥換取帝國的安寧，於是阿拉里克轉而攻打義大利半島。西羅馬皇帝霍諾留斯（Honorius）想奪取哥哥的政權，因此答應付給阿拉里克佣金，令西哥德人轉向攻打東羅馬帝國。但因為阿卡迪烏斯逝世，霍諾留斯片面取消與阿拉里克的協議，阿拉里克未能拿到報酬，在西元四一〇年攻陷羅馬城，大肆劫掠後離去，並於西元四一九年，在伊比利半島建立第一個羅馬帝國承認的日耳曼政權：西哥德王國。隨著匈人帝國的推擠效應，繼西哥德人後，許多日耳曼民族也陸續往西羅馬帝國境內生存，瓜分羅馬的土地，並建立屬於自己的王國。西羅馬帝國猶如風中殘燭，西元四七六年，西羅馬帝國的最後一任皇帝羅慕路斯・奧古斯都盧斯（Romulus Augustulus），被日耳曼的傭兵統帥奧多亞賽（Odoacer）罷黜，西羅馬帝國滅亡。

猶太教的發展：百折不撓的猶太人及其信仰

猶太教是亞伯拉罕後裔所信奉的宗教，與基督教、伊斯蘭教並稱亞伯拉罕諸教。在人種上，他們皆屬於閃族人，而在傳統習慣上稱信仰耶和華的群體為希伯來人，據《舊約聖經》〈創世記〉記載，亞伯拉罕之孫子雅各，後被神改名為以色列，雅各的後代子孫於是稱為以色列人。雅各有十二個兒子，他們的後代成為以色列的十二支派。亞伯拉罕原居兩河流域，後移居迦南。早期的猶太教，是屬於以自然神祇為主的多神信仰，且主張宇宙循環論。後裔因飢荒而遷徙至埃及，大部分以色列人成為奴隸。之後，族人以各種方式遷徙回迦南，其中最有名的是西元前一二五〇年的摩西出埃及。由於受到古埃及阿蒙神信仰的影響，猶太教開始轉向單神信仰。在出埃及時，摩西告誡以色列人是上帝的選民，只要遵循十誡，將享有特殊恩遇。

為了能更加有利的安定於神授之地——迦南，士師開始提倡建立統一的國家。約於西元前一〇二〇年建立以色列國，首位國王為掃羅王，為建國立下磐石。第二位國王為大衛，在其努力下，成功攻下耶路撒冷，並定為首都。繼位的所羅門王，則是在耶路撒冷建立起猶太教的第一座神殿。此時，猶太教聖經之一的《摩西五書》（*Pentateuch*）開始成形。於西元前九二二年，國家分裂為以色列及猶大兩國，以色列於西元前七二二年遭亞述毀滅，在宗教解釋上被視為是因違反十誡而致，其後經過先知們的闡釋，又稱為先知革命，確立了一神信仰。北方的以色列國人大多與其他族群融合，被稱為失落的部族。南方的猶大國至西元前五八六年遭巴比倫毀滅，並且被帶往巴比倫，此時期猶太教受祆教的影響，出現天使、撒旦、死者復活等觀念，使猶太人對生存仍保持希望。而後波斯帝國的塞流士大帝允許猶太人回歸故土，猶太神殿於西元前五一六年重建完成，再度振興猶太教。但在政治上，猶太人仍受波斯帝國控制。

猶太人在波斯之後又歷經馬其頓、塞琉西等政權統治，於西元前一六八年左右，在馬卡比（Maccabeus）帶領下才得以復國，但很快地又淪為羅馬的屬國。從猶太亡國到羅馬統治這段期間，境遇上一直未算順利平穩，因此末世論說法興起，眾人期待彌賽亞降世，再度領導猶太人。末世論也代表猶太教已徹底轉變為一神論，否定其他神的存在。羅馬統治初期雖仍追求國家獨立，但在羅馬高壓政策下，復國動機逐漸消沉，轉向探索精神信仰，期待在拉比及學者領導下以《摩西五書》的權威體系，凝聚猶太人。這時期出現靈魂永生的概念，重要的經典有《猶太法典》。在羅馬統治下，希臘文化影響著猶太教，使耶和華的神智出現人格化。因此出現新的神義論，代表性著作有《傳道書》、《德訓篇》。宗教精神不再以宇宙循環的永恆為標準，星象亦不重要，所有事情都是依神的計畫發展。在這種精神下，猶太人認為於末日來臨時，不管在政治，還是精神救贖，皆是最終贏家。簡而言之，猶太教是希伯來人依照「選民」觀念而建立的神學，而其要務就是要維持好這身分，永遠要為神所用。

對猶太教的反思：基督教創立

繼承希伯來人文化的最後一個國家猶太國於西元前五八七年被新巴比倫帝國毀滅，猶太人被迫趕往巴比倫，成為「巴比倫之囚」。至此之後，猶太人亟欲復國，但是周圍列強環伺，即使曾經建立短暫的王朝，終究是臣屬在強國之下，他們僅能靠著宗教的信仰聚攏族人的向心力，等待獨立復國的機會，希望彌賽亞再度降世，帶領他們重回往日的榮耀。基督宗教的創立者耶穌（Jesus）就是誕生在這樣一個時代。

根據學者的推論，耶穌降生大約在西元前四年之前，出生的地點在伯利恆，父親是木匠約瑟，母親是童貞女馬利亞，由於父母回到拿撒勒生活，因此耶穌又被稱為拿撒勒的耶穌。耶穌傳道之前的事跡因為缺乏史料無從得知，在耶穌三十歲時，他在約旦河接受施洗者約翰（John the Baptist）的洗禮，而後在曠野中禁食四十天，期間不停地禱告並戰勝惡魔的考驗，之後回到他的故鄉加利利傳道，並選了十二位使徒（Apostles）協助他傳道。

耶穌傳道不分階級的高低、身分的貴賤一律傳授福音，宣揚天主的愛，眾生平等，只要相信主就能獲得救贖，並且展示神蹟，如醫治盲人、瘸子甚至讓死人復生等等，於是耶穌的信徒越來越多。此外，他為大眾解釋摩西法典，藉此打破一些陳舊的觀念，讓民眾不要陷入形式的牢籠中，這在經學家與法利賽人的眼裡無疑是在挑戰他們的權威，也因此讓猶太教的宗教領袖對他開始有所顧忌。他們不承認耶穌是救世主，認為他是異端，於是預謀殺害這位被受擁戴的彌賽亞。

西元三十年左右，大祭司該亞法等人逮捕耶穌，並以褻瀆神明的理由將他定罪，送往羅馬猶太行省總督彼拉多（Pilatus）處，讓他執行死刑。彼拉多不覺得耶穌會對帝國有何威脅，想以正在過逾越節為理由釋放耶穌，但是在大祭司與群眾的要求下未果，於是將決定權交給猶太民眾，讓民眾選擇釋放耶穌或是強盜巴拉巴，最終猶太民眾選擇釋放巴拉巴，處死耶穌，耶穌便被釘在十字架上慢慢死去。數天後他的使徒及信眾們宣稱耶穌復活，藉此代表他真的是神子。十二使徒在耶穌升天後，開始向外傳布耶穌對他們的教導，於是形成了基督教。

原先基督教只對猶太人傳授，但是隨著使徒保羅的佈道，基督教也向非猶太人的地區宣教。羅馬經歷了許多內憂外患，使得民眾生活日趨艱苦，基督教會給予這些貧困的人實際上的幫助以及精神上的安慰，信徒逐漸增多。於是基督教逐漸發展為不分地區不分族群的世界性宗教。

聖者的頓悟：佛教創立

在悉達多・喬達摩（Siddhartha Gautama），即釋迦牟尼（Sakyamuni）時期的印度，早已在征服者雅利安人的控制下，以吠陀教教義將社會制度塑造成婆羅門（僧侶）、剎帝利（統治者）、吠舍（平民）、首陀羅（奴隸）、賤民等階級的種姓制度。並著有《摩奴法典》（*Manusmrti*），從法制、儀禮、經濟等方面來鞏固種姓制度。至今，印度社會仍受此影響，可知其為印度文化之根深柢固之想法。

政治上，因雅利安人分別為不同的政治集團，在頻繁互相攻伐下，漸漸形成各個獨立城邦之國家，在印度史上此時期稱為列國時代，因為當時有十六大國並存，又稱十六雄國時期，以及佛陀（Buddha）生存於此時，故又稱佛陀時代。

宗教上以吠陀教或稱為婆羅門教為主流，少數信仰阿耆多、散惹夷、末伽梨等六師外道。依此衍伸出影響深遠的文獻經典，如《吠陀經》、《梵書》（*Brahmanas*）、《奧義書》（*Upanishads*）、《森林書》（*Aranyaka*）等，完整地建構祭祀儀式、宇宙哲學、社會結構、生活型態等等，給予人們有明確的規範可依循。宗教精神著重於精神的解脫，根據這個思想衍伸出瑜伽。政治與宗教是相輔相成的，透過祭典，除了宇宙的重生外，亦意味著婆羅門及剎帝利的權力重振與宣示。

統治迦毘羅衛城的釋迦族為剎帝利階層，依附大國憍薩羅國。目前學術界認為悉達多可能於西元前五五八或五六七年的其中一年誕生，由於誕生時的占卜及聖者阿斯陀預言其長大後將成為佛陀，也就是修行成就者，或是轉輪聖王，即有成就的統治者，淨飯王為了使他的兒子悉達多成為轉輪聖王，提供了極為優渥的生活條件及各種教育。生活無憂無慮，卻反而使悉達多開始思維人生。在幾次的出宮，看到了老、病、死，讓他更深刻思考人生。依當時的習俗，禁止未生育兒子前厭離世間。因此悉達多的兒子羅侯羅出生後，悉達多便斷然離宮開始修行之道。

悉達多以學習數論派作為修行的開頭，掌握學說後轉向學習瑜伽，但仍無法滿足，故轉修習淵源已久的苦行。但苦行仍無法真正開悟，於是再度改變修行方式，最終在菩提樹下以靜坐冥思開悟，了悟了三明六通、四諦及十二因緣。悉達多成佛後第一次轉法輪是向苦行同伴五比丘宣說四諦：苦、寂、滅、道，他們皈依出家後，佛教建立的重要元素，佛、法、僧便具足了。佛陀便開始四處弘法。

佛陀的教義主要傳承了吠陀文化，輔以創新及以不同的角度來論述。構成佛教基本教義的有：四聖諦、緣起論、五蘊論、空性。對於教團及教徒，佛陀有規定戒律，藉以到達最終目的——脫離輪迴，離苦得樂。

推廣佛教的王國：印度孔雀王朝

約在西元前六世紀，印度進入了列國時代，又稱佛陀時代、十六雄國時期。此時各國互相爭戰，其中最有可能將印度大陸統一的王國是在北印度的摩揭陀王國（Kingdom of Maghada），但西元前三二七年，馬其頓帝國的亞歷山大越過興都庫什山入侵印度，阻擾了位於東方的摩揭陀國的擴張。隔年，由於無法適應印度氣候、士氣低落等因素，亞歷山大於是率領士兵離開印度，此時統治摩揭陀王國的是難陀王朝（Nanda Dynasty）。西元前三二一年，旃陀羅笈多（Chandragupta），又稱為月護王，摩揭陀國王族之一，趁著國家內憂外患不斷，舉兵攻打摩揭陀王國的首都華氏城（Pataliputra），推翻難陀王朝的統治，建立了孔雀王朝（Maurya Dynasty）。並憑著強悍的武力，成功阻止馬其頓的塞琉西王國欲收復印度領土的野心，這在印度史上極具重大意義。之後，旃陀羅笈多依照印度傳統，圓滿世俗的任務，轉而追求靈魂層面，將王位禪讓給兒子賓頭娑羅（Bindusara），自己踏上苦行一途。

繼位後，延續父親的擴張政策，極力向王國的東、南發展勢力，使許多小國臣服在孔雀王朝下，此時的領土較難陀王朝廣大。賓頭娑羅期間與亞歷山大的繼業者們托勒密王國、塞琉西王國維持著友好關係。賓頭娑羅於西元前二七三年逝世後，將王位傳給長子修斯摩（Susima），但修斯摩在外地鎮壓叛亂，大臣們有意讓賓頭娑羅的二兒子阿育（Asoka）擔任國王，於是設計殺害修斯摩，順利將阿育扶上王位，即是著名的阿育王。

阿育王在位一樣積極地擴張領土，所有在印度大陸上的國家幾乎被阿育王征服，僅羯陵伽王國仍頑強抵抗，於是在西元前二六一年阿育王發動消滅羯陵伽王國的戰役，史稱羯陵伽戰爭（Battle of Kalinga），這場戰役導致十萬多人死亡。阿育王建立了印度史上第一個大帝國，但也因為自身經歷及征戰過程過於血腥殘酷導致良心不安，於是皈依佛教，並將佛教定為國教，冀望以佛法治理國家。

皈依後的阿育王致力於佛教的發展，不僅拜訪佛教聖蹟，亦建立許多佛塔，在首都華氏城召集尊者目犍連兒子帝須舉行第三次集結，總結各部派的觀點，著有《論事》一書，豐富了佛教史料，並派出僧侶至外邦，如尼泊爾、斯里蘭卡與緬甸等國家宣揚佛法，使佛教成為世界性的宗教。雖然重視佛教，但不因此獨厚佛教，對國內的耆那教、婆羅門教相當寬容，並給予幫助。西元前二三二年阿育王死後，印度又再次陷入分裂，而孔雀王朝在西元前一八七年被巽迦王朝（Sunga Dynasty）取代。

第一個橫跨歐亞非的帝國：波斯阿契美尼德王朝

波斯是伊朗的舊名，是古地名，同時也是希臘對阿契美尼德王朝的稱呼，一般稱之為波斯帝國，是歷史上第一個橫跨歐亞非三洲的帝國。

波斯人屬於印歐語系，西元前從兩千年至西元前一千五百年遷徙至波斯，因此被稱之為波斯人。在西元前五五〇年居魯士二世（Cyrus the Great）建立阿契美尼德王朝之前，波斯人先後被埃蘭（Elam）與米底亞王國統治，大約在西元前七百年左右波斯人擁有自己的部落，由阿契美尼斯（Achaemenes）擔任部落的首領，但不是獨立的政權。在部落第二個首領鐵伊斯佩斯（Teispes）死後，將部落分成兩個部分，由自己的兒子各自繼承，但部落最終合而為一。

西元前五五三年，米底亞國王的外孫——雄才大略的居魯士二世——起兵反叛米底亞王國，建立波斯帝國。居魯士二世積極擴張版圖，先後滅了西邊的小亞細亞的里底亞王國（Lydia）以及新巴比倫王國，並在征服新巴比倫後解放「巴比倫之囚」的猶太人，讓他們回到耶路撒冷生活。向東邊征服至中亞與印度河一帶，但在征服中亞的馬薩格泰人（Massagetae）時陣亡，帝國事業由岡比西斯二世（Cambyses II）繼承，他征服了埃及，自封埃及法老的稱號，成就橫跨歐亞非三洲的大帝國。但在征戰途中，王國的巫師高馬塔（Gaumata）謊稱是被岡比西斯二世暗殺的兄弟巴爾迪亞（Bardiya），發起政變奪權，岡比西斯二世在回國的路上逝世，這場政變被大流士一世平定，高馬塔被處死。大流士一世追隨先王的腳步向帝國四周擴張版圖，卻在推進希臘本島時受阻，即是著名的波希戰爭（Persian Wars）。他的兒子薛西斯一世（Xerxes I）也未能順利征服希臘。從薛西斯一世之後，帝國陷入內部的動亂，也削弱帝國的勢力。在西元前三三〇年，最後一任國王大流士三世（Darius III）被部下謀殺，帝國被亞歷山大大帝征服。

波斯帝國一直被希臘世界認為是專制、野蠻的象徵，如當時的著名的希臘悲劇家埃斯庫利斯（Aeschylus）將自己從軍參與波斯戰爭的見聞寫成悲劇劇作《波斯人》（*The Persians*），該作雖然是文學作品，但因為作者親歷其事並記錄而成，因此具有歷史價值。此作是希臘劇作中唯一取材自真實的歷史事件，不同其他的劇作多是參考自神話故事。劇中讚揚雅典民主，同時為野蠻的波斯王命定的失敗感到可悲。但波斯對被征服的國家不像亞述、巴比倫那般殘暴，統治者允許被征服的族群過著各自原先的生活，保留自己固有的文化與宗教，態度相當寬容，希羅多德《歷史》記載波斯人比起其他國的人更願意接受外國的事物，或許因為如此，波斯人較不排斥異邦人，也包容不同的文化。也有學者認為，就是這樣寬容對待被征服的人，才導致他們認為自己與帝國是不同群體，伺機發起獨立戰爭，造成帝國晚期內部的動盪。

另外，波斯文化最值得一提的就是宗教：祆教（Zoroastrianism）。西元前六世紀由查拉圖斯特拉（Zarathustra）創立，原先只有主神阿胡拉・馬茲達（Ahura Mazda）是一位善神，同時也是宇宙的創造者，也代表光明的一面，但因應民間宗教的需求，出現了惡神阿里曼（Ahriman），經常與善神對抗，而使信仰從一神論轉向二元對立。教義是鼓勵人們向善，但是也不否定人有惡的一面，不管行善還是作惡都要對自己負責，死後必須面對審判，善良的人就有機會升到天國，而作惡的人將墜入地獄。祆教的許多概念對猶太教、基督教有很深的影響。

東、西方的戰爭：波希戰爭

波希戰爭發生在西元前四九九年至西元前四四九年，是希臘各城邦與波斯帝國之間的戰爭。這場戰爭經常被描述為西方的自由與東方的專制之戰。根據希羅多德的紀載波希戰爭爆發的遠因是米利都的僭主阿里斯塔克拉斯（Aristagoras）答應協助從奈克索斯逃出的富人奪回他們在奈克索斯的統治，想藉機獲得利益，於是向波斯君王大流士一世請求派兵攻打奈克索斯（Naxos），但是這場遠征失敗使得波斯損兵折將，阿里斯塔克拉斯擔心他的僭主地位不保，於是策動其他希臘城邦對抗波斯，引發了愛奧尼亞起義，但反抗維持五年，最終被波斯平定。希羅多德認為這是米利都與奈克索斯所招致的災禍，而這場災禍觸發了後來的波希戰爭。

波斯君王大流士一世對於暗中資助反叛勢力的雅典與埃雷特里亞等城邦相當惱怒，在西元前四九〇年出兵攻打雅典作為報復，並藉此削弱西邊城邦的反抗。大流士一世使用威逼利誘之外交手法，綏撫許多西邊的希臘城邦，藉此降低軍隊與雅典交戰前的耗損，由海陸兩處進攻雅典。當時雅典的盟友之一埃雷特里亞已被波斯攻陷，而另一盟友斯巴達由於宗教活動的緣故不能即刻出兵，雅典軍幾乎孤立無援，僅憑一己之力對抗強大的波斯。原先欲前往救援埃雷特里亞的雅典軍，得知波斯軍隊要從馬拉松灣登陸攻打雅典城，於是軍隊掉頭回防。兩軍在馬拉松平原交戰，雅典軍隊利用戰術將波斯軍隊擊退取得勝利，波斯軍隊潰敗回到亞洲結束了戰爭，此役稱之為馬拉松戰役（Battle of Marathon）。這場戰役因為雅典派軍中跑得最快的傳令兵費里皮德斯負傷由馬拉松平原跑回雅典，告知國人戰爭勝利後隨即死亡，為了紀念這件事蹟，於是挑戰耐力的馬拉松長跑運動，即是以此戰役命名。

波斯在西元前四八〇年再次興師攻擊雅典，是由繼任的薛西斯一世率領。波斯軍隊在溫泉關隘口（Thermopylae）受到斯巴達王萊奧尼達斯（Leonidas）的牽制，拖延波斯進軍的速度。最終斯巴達寡不敵眾，全軍覆沒，雅典城也被波斯軍焚毀。希臘聯軍頑強抵抗波斯的進攻，波斯軍隊因缺乏糧食的補給，以及時節已近冬季不利爭戰，加上戰事仍舊失利，最終撤退。希臘聯軍再次取得勝利。這場戰爭令希臘城邦免於成為波斯的行省，也阻止波斯帝國往歐洲的擴張。而希臘文化在結束波希戰爭後持續發展，直到希臘各城邦之間的內戰，伯羅奔尼薩戰爭（Peloponnesian War）爆發前，稱這段鼎盛時期為「黃金時代」（Golden Age）。

歷史之父：希羅多德及其著作

希羅多德（Herodotus）出生在一個位於小亞細亞的希臘城邦，名為哈利卡納蘇斯，但當時是受波斯帝國統治。當時國與國之間並未設有海關，可以暢行無阻，因此希羅多德遊歷希臘、波斯、埃及、黑海與義大利南邊等地區，並將見聞的事蹟記錄而後寫成《歷史》（*Histories*），是西方第一部記錄多國事蹟的著作。因為希羅多德四處行走，因此被稱為「旅行家之父」。後人認為他之所以四處旅行是因為他是到處買辦的商人，將所見所聞的事情記錄下來。也有人推測他是在收集寫作材料，好在雅典發表他的作品以獲取豐厚的報酬。亦有人認為他想超越前人寫一部詳實的地理著作。總之，他為何要遊歷如此廣大的範圍，至今仍未明瞭。

該書記錄了波希戰爭爆發以前各國的風土民情，以及波希戰爭的過程。希羅多德之所以撰寫《歷史》，是想了解什麼因素塑造出希臘與波斯兩個截然不同的政體，並且希望當時人類活動的事蹟不會被埋沒，能流傳後世，這一點是歷史很重要的功用。書中提供較詳細的資訊，讓後人了解當時他所遊歷的國家之人文風情、地理環境等概況，對於了解當時的文明存在著高度的參考價值。

《歷史》在書寫體裁上使用散文創作。這類以事件為主的歷史敘事體，成為主要的歷史體例。該書的資料來源主要有三類：口頭傳說、文獻紀錄以及考古調查，這些資料大多都是經由希羅多德親自調查、蒐集，並將取得的資料加以考證，分析資料的真偽，以客觀的態度對這些資料加以評判。不僅如此，希羅多德在書寫與自己所屬勢力敵對的波斯，也未以鄙視的態度的描述，卻因此被人認為是傾向波斯的「親蠻派」。希羅多德所處的年代深受宗教影響，當時的人對神祇相當敬畏，不敢質疑神意。但希羅多德根據他實際的考證，對部分神話傳說中的事蹟提出懷疑，而非盲目地採信。這正是希羅多德及其著作《歷史》難能可貴之處。儘管部分學者質疑希羅多德的《歷史》有許多問題，不過隨著考古技術的進步，證實《歷史》的大部分紀錄是確有其事。由於《歷史》是經過作者實際訪查、辯證史料，不同於以往的口傳、神話等記載，並秉持著客觀、理性的精神寫作，是故《歷史》在西方史學的評價甚高，被公認為是西方第一部史學的著作，且希羅多德更被羅馬的西塞羅（Cicero）譽為「歷史之父」，與中國著名的史學家太史公司馬遷齊名。

西方哲學思想的先驅：希臘哲學的思潮

希臘哲學是西方哲學的源頭。約在西元前七世紀，希臘人便好奇地追尋宇宙、自然等一切事物是從何而來。他們對祖先流傳下來的神話、傳說感到懷疑，為了找尋真相，他們親自觀察事物的規律或變化，並以客觀理性的態度解釋這些現象。大體上希臘哲學以蘇格拉底的出現畫分成兩個時期，在蘇格拉底出現前稱為前蘇格拉底時期，另一則是蘇格拉底時期。

最早討論哲學的是米利都的泰利斯（Thales），是米利都學派（Milesian School）的創造者。他年輕時到過埃及，並學習了許多科學知識，透過這些科學，他發現許多自然現象是可以被解釋的。如西元前五八五年，他預測到日蝕的發生，以往日蝕的產生多被附以神怪的傳說，但是經過他精密的計算，發現這並不是什麼神祕的事，只是宇宙運作的定理罷了，並且認為宇宙的一切都是由物質組成，只要掌握這些物質，就可以了解它們是如何運作，因此他開始對先人留下來的神話、傳說感到懷疑，並嘗試去印證它，以破除迷信。因此被後人稱為是哲學之父、科學之父。由於泰利斯的研究方法，開創了唯物主義、理性主義的精神，對日後不論是科學、哲學，甚至是史學有很深遠的影響。約西元前六世紀中葉，以數學聞名於後世的畢達哥拉斯（Pythagoras）也提出自己的哲理，他認為世界上並非所有事物都是有形的，有一些現象無法透過觀察解釋。他的哲學帶有神祕主義，這歸因於當時波斯人征服小亞細亞，人們從原先的樂觀理性，轉向悲觀、消極所產生的態度。

西元前四四五年，出現了一個對追尋真理提出反思的學派：智者學派（Sophists）。他們不認為凡事都絕對的，是隨著每個人的觀點而有變化。既然道理是視個人的觀點而變動，就沒有所謂的真理。著名的人物是普羅塔哥拉（Protagoras），也是相對主義、主觀主義的代表。這個學派為了說服群眾，於是較著重演說、辯論方面的技巧，不在乎真理的追尋，因此被蘇格拉底（Socrates）等人批評。

人們常說每個成功的男人背後總有一個付出的女人，蘇格拉底即是個例證，他因為妻子太嘮叨，於是經常在外和人談論哲理，成就了他的哲學地位。蘇格拉底反對普羅塔哥拉等人對真理的態度，他認為不但要追求真理，還要以人為本，並且檢視自己的道德倫理是否合乎良善。蘇格拉底死後，他的知識由他的學生柏拉圖（Plato）以及學生的學生亞里斯多德（Aristotle）繼承。柏拉圖在老師蘇格拉底被處死後，對雅典的政治感到失望，因此出走四處遊歷。有感於政治渾沌不清明，他致力追尋一個理想的國度，在這國度裡，人們的行為良善且遵守規矩，司法是公正的，政治是清明的，如此才能成就一個至善的世界。柏拉圖將他的老師的言行融入在他的著作裡，以便後世流傳，代表的著作有《理想國》（*The Republic*）、《法律篇》（*The Laws*）、《自辯篇》（*The Apology*）與《饗宴篇》（*The Symposium*）等。亞里斯多德認為一切事物都能具體地表達，這點與他的老師柏拉圖的抽象理念非常不同。亞里斯多德認為，只要理性且細膩的觀察，就可以探求出真理，人也要秉持著理性且適當的運用，便可以追尋美德與良善，使自己幸福，他的著作有《形上學》（*Metaphysica*）、《物理學》（*Physica*）、《政治學》（*Politica*）、《修辭學》（*Rhetoric*）、《詩學》（*Ars Poetica*）等。

三藏的集結與分歧：佛陀入滅後的佛教演變及傳播

在佛陀入滅後，為了保存法教，以大迦葉為首，集結於王舍城，首次對佛陀的法教進行整理歸納，長期擔任佛陀侍者的阿難背誦了宣說過的法教。持戒第一的優婆離則誦讀了戒律，經過認可後產生了最初的經、律，成為出家眾修行的指導原則，一般稱此為「阿含部」。約一百年後，教團因戒律及教理問題有所討論，為解決此問題，舉行第二次集結，但仍無法達成共識，造成佛教教派根本分裂，形成了上座部與大眾部，前者傾向追求個人解脫，後者則是以眾生利益為主。其下亦各自分裂，據記載多達二十部，此時期稱「部派佛教」。上座部教義是堅持傳統的保守僧人所信奉，之後傳入斯里蘭卡、泰國、緬甸、柬埔寨、越南等地，成為今日南傳佛教的源流。大眾部主要的傳播對象為在家眾，增加了菩薩、六波羅蜜的概念，此時期以摩揭陀為傳播中心作廣泛的傳播，上至統治階級，下至百姓，信徒大量增加，佛教寺院亦大量出現，於是發展成大乘佛教。之後傳播於中亞，在東漢時再向東傳至中國，其後更傳播至日韓，因此習慣上稱為北傳佛教。了有別於之後同樣是北傳佛教的藏傳佛教，這個東漢傳入中原的佛教被稱為漢傳佛教。

從根本分裂開始到約佛陀入滅後兩百年間，大乘佛教著重討論般若思想，演化出中論、唯識，又稱瑜伽行派、如來藏等思想，此時期出現許多影響深遠的論藏，如《中論》、《十二門論》、《大智度論》、《解深密經》、《唯識論》、《如來藏經》等等。再加上統一印度的孔雀王朝國王阿育王是虔誠的佛教信徒，相當推崇佛教，佛教在此時期受到極為廣大的宣揚。阿育王於華氏城，推即目犍連的兒子帝須舉行第三次集結，記載了許多部派觀點的《論事》，豐富了佛教史料。

第四次集結約於佛陀入滅後四百年，迦膩色迦王主持下，由脇尊者為主，於迦濕彌羅國進行。此次總結了以前所有的經、律、論，巴利文體系的三藏系統正式完備。

印度佛教最後的演變是金剛乘佛教，一般俗稱密宗，教理上主要依據大乘的中觀及瑜伽思想為基礎，大量吸收了印度教及印度東北地方信仰的思想、咒語的使用，並強調傳承、祕密修持。在伊斯蘭信仰的穆斯林征服印度後，印度佛教隨之滅亡。金剛乘有流傳至中國的唐密，但經歷三武滅佛的動亂，傳承已斷。日本的佛教是傳承自唐密，又發展出真言宗及天台密教。傳承至西藏，被稱為藏傳佛教，是現在藏人、蒙古人的主要宗教信仰。以教理而言，日本二密屬於早、中期密教，藏傳佛教則為後期密教。

平民派領袖：格拉古兄弟的改革

羅馬實行的是兵農合一的徵兵制度，當國家需要兵源時，由成年的公民服役，當戰爭結束後再回到自己的家鄉耕種，這方式一來是可取得兵源，其次是當不需要戰爭時，又無需花費資金供養軍隊。但是要長年征戰時，這個兵農合一的政策就出現問題，首當其衝的是國家的糧食問題，所有男丁都在戰場上，僅部分勞力務農，土地不是荒廢就是產量不足，雖然羅馬從海外——尤其是埃及——進口穀物紓解國內食糧短缺的問題，卻也留下後遺症。戰爭結束後，士兵回到家鄉農墾，各自獨立生產的農作產量根本無法與進口的數量相比，價格更不比進口的便宜，這直接造成農民的生計問題。於是有些農民以販售田地換取金錢過活，這些土地又流到有錢人手上，逐漸形成富者越富，貧者越貧的現象。此外，農民流離失所也對羅馬的兵源造成影響。因此，格拉古兄弟倆提出一系列的改革活動。

西元前一三三年，哥哥提比略．格拉古擔任護民官，他率先推土地改革，限定土地擁有的面積，超過限定額度的土地則捐給無田產的人耕種，人民有土地可以餬口，如此也可以購置徵召的軍需，解決兵源的問題，並且使用帕加馬國王捐給羅馬的大筆遺產作為土地開發的資金。這個農業改革法案影響富人、貴族，甚至元老院成員的利益，導致他們的不滿。提比略在護民官任期結束後，依法是不許再連任，但是提比略為了推行改革，說服群眾聲援他連任。投票當天發生暴動，在混亂中提比略被元老們打死，提比略的支持者也被迫害。為了安撫群眾，元老院還是推行了法案，從史料來看，確實有部分無產民眾受惠，但法案的推行仍舊有不少阻礙。

提比略的弟弟蓋約．格拉古在西元前一二三及一二二年被選為護民官，在當時羅馬共和史上是史無前例。他繼承哥哥的遺願，在司法、社會層面等多項改革。蓋約提出穩定羅馬的物價，讓人民能以較低的價格購物，並且提出讓無產的人民到海外個行省開墾。蓋約知道他的提議一定會受到元老院的人反對，因此他提出將部分權力分給騎士階級以拉攏他們贊同自己的法案。此外，他還改革廢除非法審判的法庭，以及一些行省總督的勒索行為，這些目的就是為了約束元老院過大的權力，自然也引發了元老院的不滿。蓋約另外一項有遠見的改革，就是將羅馬公民權分享給其他在義大利的拉丁同盟們，但是部分狹隘的民眾不想讓其他人也同享羅馬的資源、娛樂，這讓元老院抓住機會打擊蓋約的民意基礎，也埋下了日後羅馬與同盟國之間的戰爭。在蓋約的政敵當上執政官後，便宣布廢止蓋約提出的改革。此一宣示引發衝突，執政官以貼身侍衛被殺為藉口，請求元老院宣布終極議決，派出軍隊鎮壓暴動。蓋約見大勢已去於是自裁，而支持蓋約的人也遭到清算，約有三千人被處死。

格拉古兄弟雖然是貴族家庭出身，但是他們為人民發聲，普魯塔克（Plutarchus）在其紀傳體例的《希臘羅馬名人傳》（*Parallel Lives*）著作中充分表現出格拉古兄弟憂國憂民的情懷，因此被稱為平民的領袖。他們希冀透過改革社會弊病，讓共和國更為鞏固，卻遭受政敵無情的打壓。格拉古兄弟的改革都是以屠殺公民收場，這無疑是對共和精神的破壞。

自由是奢求，死是最好的解脫：共和晚期的奴隸抗爭

奴隸自古被視為是社會階級的底端，來源多是戰俘、欠債，或是人口販子、海盜等擄獲的外國人。奴隸不是公民，也不被視為人，與家畜一樣是主人的財產，從事勞役或是一般人不願從事的工作，且待遇相當微薄，也沒有自由。

羅馬在海外軍事擴張時獲得了許多領土以及戰俘，這些戰俘如果沒有被處死，下場大多淪為奴隸。羅馬的奴隸人口至少占羅馬人口百分之二十五以上。這些奴隸如果是善良的貴族、富人的侍從，或許日子會比較好過，大部分是在大莊園的從事農墾或是畜牧等工作，最悲慘的就是提供羅馬人娛樂用的角鬥士，經常搏命演出，只為了取悅大眾。這些奴隸長期受到壓迫，等到時機成熟，他們將毫不保留地宣洩。

西元前一三五年，西西里島的奴隸起義，他們聯合貧窮的農民搗毀富人的住所以及莊園，並且自立為國，擁有自己的議會，但在西元前一三二年被羅馬軍隊鎮壓。西元前一〇四年，共和國又爆發第二次的奴隸起義。這動亂的遠因是當時執政官馬略對抗北方的日耳曼民族，但是義大利

半島上的同盟國卻無法提供足夠數量的士兵，其原因是羅馬的包稅商將欠稅的人出售為奴，如此一來市民變為奴隸，兵源自然不足。馬略因此要求西西里總督釋放這些奴隸，讓他們回到公民的身份為國家效力。就在奴隸們滿懷重獲自由的希望，西西里島的總督受到貴族、地主的賄賂而中止釋放，因此引發奴隸群起反抗。與第一次的西西里島奴隸抗爭的模式一樣，這次的首領自立為王，也成立議會，但幾年後就被平定。

即使發生過兩次的奴隸抗爭，羅馬政府仍舊未改善奴隸的生活環境。西元前七十三年爆發了羅馬共和史上最大規模的奴隸抗爭，稱之為斯巴達克斯起義，或第三次奴隸戰爭。為首的斯巴達克斯是名角鬥士，他與另外七十多名角鬥士一起逃出訓練所，四處集結奴隸與貧民組成約十二萬人的對抗軍。他們打敗了羅馬民兵，並且在義大利半島上流竄，造成羅馬一帶的恐慌。這場內戰最終被羅馬獨裁軍人克拉蘇（M. Licinius Crassus）與龐培（Pompey）率領的軍隊政壓。此次戰爭約十萬多名的對抗軍被殺，六千多名被活活死釘在通往羅馬城道路的十字架上。

斯巴達克斯等人的反抗並未白白犧牲，在這次抗爭後，奴隸主逐漸改變自己與奴隸的關係，不再無限制地剝削，並允許他們擁有財產等等。因為這次的抗爭是無產階級的反動，斯巴達克斯因此被社會主義者奉為英雄人物，對歐洲歷史有深遠的影響。

強人政治：獨裁政權的興起

提到羅馬共和晚期的軍人獨裁政治一般都是以凱撒（Caser）、克拉蘇、龐培結盟的前三巨頭同盟（Triumvirate）為開端。但事實上，早在馬略連續出任執政官時便萌發出這類以擁兵為目的強人政治。

馬略出生於平民，當時羅馬北方有日耳曼民族南侵，北非又發生朱古達戰爭，正值用兵之際，馬略於西元前一〇七年被推舉為執政官。而上任後的馬略確實也表現非凡，擊退了朱古達。但在西元前一〇四年，因為北方日耳曼人的侵擾已經持續八年之久，羅馬的兵源不足恐怕無法招架日耳曼人的攻擊，於是又推舉馬略再次擔任執政官。馬略也確實有遠見，他知道當時的公民幾乎身無恆產，縱使有，能號召的士兵數量仍有限，以往城邦時期擁有土地的公民才能當兵的規定已經不合時宜，於是著手軍事改革，讓無業的公民充任職業軍人，由國家提供軍備，並給予薪資，甚至有機會獲得額外的戰利品，退伍後還享有田畝。這一改革解決了羅馬兵源不足的問題，同時也解決失業人口的難題。於是羅馬從徵兵制轉為募兵制。但也因此潛藏著一個隱憂，就是將軍帶領士兵出生入死，士兵對將軍絕對的服從，而不是效忠國家，形成日後強人為了干預政治的主要手段。馬略也確實以軍事為後盾連任五次執政官，生涯總共擔任執政官七次，這是羅馬史上的頭一遭。

馬略之後另有一位強人崛起：貴族出身的蘇拉（Sulla），他曾經是馬略的部屬，但在政治上兩人意見相左，漸漸成為敵對。蘇拉在西元前八十八年擔任執政官，並且得到東征統帥權，但是馬略卻廢除蘇拉的統帥權，為此，蘇拉領兵進入羅馬城，這舉動出乎馬略等人的意料，因為這是不合法的行為。蘇拉雖然拿回他的統帥權，並打壓馬略的勢力，但他遠征時，馬略再次掌權，這次將蘇拉放逐海外。不過蘇拉在海外的軍事活動獲得最終的成功後，以軍功脅重返羅馬，並要求元老院讓他擔任獨裁官，任期無限，直到改革完成，藉此清算馬略等政敵。蘇拉首先公布公敵榜，並殺死九十名元老以及兩千六百名騎士，削弱護名官的權力，排除騎士階級的干預，增加元老院的席次等等，藉此提高元老院的權力。雖然蘇拉在改革結束後主動放棄獨裁官的職務，但其改革已經讓共和制度失衡，也開啟日後凱撒、龐培、克拉蘇等強人干政。也由於蘇拉的濫殺，因此普魯塔克的《希臘羅馬名人傳》一書中將蘇拉歸類為暴虐統治者；而馬略則因為缺乏政治斡旋能力，即使戰功彪炳，但仍舊無法在政爭中妥善處理問題，於是被分類為功拜垂成者。

波斯文化的復興者：薩珊帝國

薩珊帝國（Empire of the Sassanids）是西元二二六年由阿爾達希爾一世（Ardashir I）建立。阿爾達希爾一世原本是安息帝國（Empire of the Parthians）法爾斯省的總督，由於安息帝國是由中亞遊牧民族西徐雅人建立，被伊朗地區的人們認為是外來政權，伺機趕走這些外族，而阿爾達希爾一世獲得了人們的支持，於是興兵反叛，在戰爭中將安息皇帝阿爾達班五世（Artaban V）殺死，自立為帝，創立帝國，建都在泰西封，即今日的巴格達附近，定祆教為國教。帝國於西元六五一年被信仰伊斯蘭教（Islam）的阿拉伯人毀滅。是伊朗地區受伊斯蘭文化影響前的最後一個非伊斯蘭的國家。亡國後有不願放棄祆教改信伊斯蘭教的人，離開伊朗遷徙至印度生存，這群人被稱為帕西人（Parsi），該族群一直延續至今。

從愛德華・吉朋（Edward Gibbon）寫著的《羅馬帝國衰亡史》（*The History of the Decline and Fall of the Roman Empire*）中不難看出薩珊帝國的統治們以昔日的阿契美尼德王朝所建立的波斯帝國為榜樣，致力回復波斯的榮光，於是也無可避免與羅馬帝國彼此角力、互相纏鬥。薩珊帝國建立初期，安息帝國殘存的勢力尚未消滅，於是阿爾達希爾一世向這些勢力進軍，也因此引起羅馬帝國的注意，開啟了羅馬與薩珊在敘利亞、兩河流域、亞美尼亞與埃及一帶的對峙。阿爾達希爾一世死後由他的兒子沙普爾一世（Shapur I）繼承，沙普爾一世延續了他的父親對外擴張的政策，征服了當時歐亞四大強國之一的貴霜帝國（Kushana Empire）西邊的領地。不但先後進逼羅馬在兩河流域與敘利亞的勢力，讓許多羅馬皇帝戰死沙場，並迫使羅馬第三十三位皇帝腓力（Philippus Arabs）簽署每年需繳納給薩珊帝國五十萬便士貢金的協議，更於西元二六〇年擄獲羅馬皇帝瓦萊里安（Valerian），不但打擊了羅馬的威望，也使羅馬帝國東邊的領土被佔領。沙普爾一世之後的幾位國王在軍事上毫無作為，將原先贏來的領土全部繳還給羅馬，直到西元第五世紀的沙普爾二世（Shapur II）才將原先失去的領土再度收回，也迫使羅馬帝國保持和平的協議。羅馬與薩珊帝國相處的四百多年時間，就一直維持時戰時和的關係，造成羅馬帝國很大的威脅。

薩珊帝國不總是與人交惡，與在遙遠的東方中國有良好關係。現在熟知的波斯地毯，就是由薩珊帝國輸出的。不僅如此，波斯音樂還曾在中國宮廷演出。雙方更派出軍隊抵禦嚈噠與突厥人的侵略，保護絲路上的商隊，以維持貿易的暢通，促進文化交流。當薩珊皇室遭受攻擊，甚至遠逃至中國尋求庇護。

在宗教政策方面，薩珊帝國幾位皇帝曾經迫害異教徒，但相對羅馬帝國對異教的態度大致上是較為寬容，著名的賢君霍斯羅夫一世（Khosru I）曾保護被查士丁尼一世（Justinianus I）視為異端的民眾，並在雙方停戰後簽署的和平協議中，還特別提到不准迫害這些難民。除了基督教外，猶太教、景教等在薩珊帝國的庇蔭下，都獲得很好的發展。

薩珊文化是古波斯文明的延續，其文化的擴散如同他的帝國一樣廣大，影響了當時的羅馬、中國、印度、中亞與阿拉伯等地區，因此薩珊王朝的文化被認為是波斯文化的復興。羅馬的戴克里先為了建立皇帝的威儀，吸收了薩珊皇室的宮廷禮儀，甚至影響了日後的歐洲的宮廷禮節。西洋棋是由波斯象棋演變而成。而伊斯蘭的建築、美術、書法、織品等很多層面都是受波斯文化影響。

第三世紀的危機：帝國的衰落

西元二三五年塞維魯王朝的最後一位皇帝亞歷山大・塞維魯（Alexander Severus）被出生自色雷斯的軍人馬克西米努斯（Maximinus Thrax）殺害，吉朋認為馬克西米努斯之所以殺害亞歷山大自立為帝，是因為窺覬皇帝的財富與地位可填補自己出身的卑微，於是馬克西米努斯煽動不明事理的士兵反抗文官體系，並讓士兵們推載同樣是軍事體系出身的自己為帝。從馬克西米努斯稱帝到西元二八四年戴克里先掌權後，這段期間帝國動盪不安，於是被稱之為第三世紀的危機，這段期間又回到軍人干政的時期，因為擔任的皇帝都是軍人，因此也被稱為軍人皇帝時期（Soldiers Emperors），在五十年間就換了二十六位皇帝，只有一人不是死於非命，可說是個混亂不堪的局面。

為何軍人又再度干預政治？這就要從最後一位五賢帝奧里略說起。奧里略雖然是治世的明君，卻犯下一個嚴重的錯誤，就是將羅馬皇帝的養子繼位制度改由血統世襲的王朝繼承制。即使奧里略在世時，積極延攬名師栽培自己的兒子康茂德，但在奧里略死後，他卻開始怠忽國是，不但停止了對北方日耳曼人的戰爭，任日耳曼人在帝國邊界自由進出，甚至將內政交由親衛隊處理，或讓身邊的人干預，造成賣官鬻爵的弊病叢生，國家行政運作出現問題，而自己則沉溺在遊憩中，曾多次客串參與角鬥士的比賽。並且自視為神的化身，藐視元老院的決議，隨意將人處死。於是西元一九二年，元老院便密謀將康茂德除掉。康茂德死後沒有繼承者，各方勢力角逐皇位，僅短短一年之間就立了四位皇帝。西元一九三年，塞維魯（Severus）憑著自己的軍事實力，將在位的皇帝全部除掉，自己當上皇帝，於是開始了塞維魯王朝（Severus Dynasty），卻種下日後軍人再次干政的惡果。

帝國的外患不斷，也造成國內社會動盪。當時的主要外患有北邊的日耳曼人，東邊的安息帝國與薩珊帝國。對羅馬與周邊國家的領土是直接相連，沒有第三方國家可以緩衝，當沒有和平的協議的情況下，勢必導致你死我活的戰爭。這些戰爭致使國內物價上漲，國家財務吃重，課稅增加，戰火無情掃過的地區短時間內無法回復開墾，人口流失的情形也相當嚴重，進而影響兵源。對外戰爭的失利，也打擊了帝國的威望。西元二六〇年皇帝瓦萊里安東征時被薩珊王朝的軍隊俘虜，成為波斯皇帝的踏腳凳，帝國的顏面盡失，甚至造成部分區域獨立於帝國之外，如西元二六一年西邊的高盧與西班牙獨立成高盧王國，西元二六七年東邊的敘利亞、埃及一帶獨立為巴爾米拉王國。總之，第三世紀的危機，對帝國的統治帶來很大的衝擊。

藥石罔效：戴克里先的財政改革

在連年的戰爭以及幣值不斷貶值的情形下，羅馬的經濟狀況相當窘迫。戰爭使得原先投入在生產的人力轉向軍備，農產品、商品的供應下降，自然導致物價上漲。再加上帝國內製造錢幣的貴金屬礦產逐漸消耗殆盡，以及交付給蠻族的賠款與對外貿易令錢幣大量流出。為了貨幣能穩定供應，在鑄造錢幣時混入其他金屬，使錢幣成色不如以往，貨幣因此貶值。羅馬的錢幣在奧古斯都時期都是純金、純銀的，但到了第三世紀，銀幣的純度只有百分之五，也就是說原先買一個單位的產品，只需要付出一定的價格，然而因為貨幣貶值，要比以往付出更多的錢幣才能買到同樣單位的產品，這就造成人們無形的壓力。

帝國的福利因為沒有適時地調整，也造成國家財政沉重的負擔。在羅馬和平的盛世時期，人民安居樂業，經濟繁榮，國家富裕。當時帝王為了獲得人民的支持度，免費提供羅馬城的公民物資，並且可以免費到競技場、音樂廳觀賞表演，這政策被稱為「麵包與娛樂」。但是，這原本是羅馬城獨享的權利，漸漸地也在其他行省實施，如此一來，花費可想而知。另外，在奧勒良時期為了解決民生問題，奧勒良讓糧食、肉品等生產民生物資的行業免費配給給民眾使用，使得羅馬由自由經濟轉為計畫經濟，導致許多人口不事生產，也影響了國家財政的收支。

為了解決這些財政問題，戴克里先首先發行新的貨幣取代舊的貨幣。其次在西元三〇一年施行限價令，抑制貿易的物價與數量，達到穩定物價的目的，如果有人囤積貨品或漫天叫價將被判刑，重則處死。再來是限制人民不得轉業，每個行業都要有人力運作，國家才有稅收。最後，如果一個區域的稅收不足，必須由富有的人先暫為代墊。結果這些經濟改革成效不彰，在貨幣方面，人們因為以往的經驗，對貨幣已經無法信任，且通貨膨漲，新的貨幣也無法因應。此外，雖然限價令的頒布立意良善，但是缺忽略了人性的貪婪，使得黑市貿易更為活絡，限價令的限制形同具文。在稅收方面，原本帝國的福利開銷支出相當可觀，不但沒有適當修正，再加上戴克里先四位帝王的宮廷以及政府官僚體系的花費，對國家的財政更是雪上加霜。吉朋認為無法節制宮廷的奢靡開銷是戴克里先的財政改革的重大缺失。且大多數人認為勞動還須納稅不如到城市領取免費的物資過活就好，靠著自己的力量賺取更多的金錢竟然要幫別人納稅，這無疑是變相懲罰有錢人。許多人不是加入基督教擔任牧師，要不就是以隱居山林等方式躲避繳稅，如此一來，國家不但收不到預期的稅收，也導致羅馬帝國的中產階級流失。

羅馬首都重心的轉移：帝國壽命得以延續

羅馬城從西元前七五三年建城以來，至西元二九三年戴克里先的四帝共治，共一千多年的時間都是羅馬人的首都，由於歷史悠久，遂有「永恆之城」的美名，且一直是羅馬人的重心所在。這永恆之城也並非未曾有任何損傷，西元前三八七年曾被南下的高盧人，即塞爾特人（Celts）劫掠並焚毀，羅馬人為此花了大筆的贖金贖回羅馬城，為避免再次發生都城被奪的恥辱，因此提升自己的軍備實力。西元六十四年，羅馬皇帝尼祿（Nero Claudius Casear）在位時，羅馬城發生有史以來最嚴重的火災，有些人認為是這位瘋狂皇帝為了改善羅馬城的空間下令放火焚城，尼祿為自己辯白指明縱火的人是基督徒；學者推論這場燒了六天七夜的火災純屬意外。總之，這把火究竟是誰放的，至今還是個謎。受災的羅馬城並未因此荒廢，而是迅速地重建。

到了西元二九三年，戴克里先推行四帝共治時，帝國的重心就不完全偏重在西邊。戴克里先將自己的都城選在帝國東邊小亞細亞的尼科梅迪亞（Nicomedia）。西邊皇帝的首都則是米蘭（Milan），羅馬城的重要性開始削減。戴克里先選擇東邊的城市作為他的帝都，其原因在於他不是在羅馬出身，對義大利半島並沒有特殊情感，此外北方日耳曼民族從多瑙河下游入侵，以及東邊的薩珊帝國勢力逐漸增強，使羅馬備感威脅，將都城選在東邊可以快速應對外患的侵襲。四帝共治的政策，照理說東西方皇帝的地位是平等的，但由於帝國重心已經偏向東邊，使得戴克里先的後繼者加利流認為自己的地位比西邊的皇帝大，因此任意指定西邊的儲君，引爆了內亂。

君士坦丁一世是這場帝位爭奪戰的贏家，成為帝國的唯一皇帝。他物色新的城市作為帝都，而拜占庭的地理位置吸引了皇帝的目光。拜占庭位於歐、亞兩洲的交接，亦是從黑海往愛琴海的必經之處，是相當重要的交通要道，也是商旅匯集之處，有利於商業發展。而且拜占庭的地理位置易守難攻，是相當好的據點。於是在西元三三〇年，君士坦丁一世遷都拜占庭並命名為新羅馬（Nova Roma），也就是著名的君士坦丁堡。新都的確立，揭示了帝國的重心向東移轉。在往後的時日可見，拜占庭作為絲路貿易的終點站，使得帝國東邊的商業活動較西邊繁榮，東羅馬帝國可以支付許多貢金給侵略者，而西羅馬帝國的經濟每況愈下，甚至退回到以物易物的交換經濟，沒有足夠經濟收入維持軍隊，使得帝國國防不堪一擊，版圖萎縮到只剩義大利半島，最終被日耳曼民族吞噬。

《米蘭敕令》到國教化：羅馬帝國與基督教的關係

基督教在動盪的羅馬社會中給予困苦的底層民眾精神上的慰藉，也因此逐漸聚集許多的信眾。在教義上，基督教的一神信仰與羅馬皇帝的在世神格有所牴觸，信徒不承認羅馬皇帝是神，他們的神只有天主，因此信徒們拒絕參加膜拜皇帝的活動。除此以外，還引發信徒不願納稅或捐獻金錢給政府，以及逃避兵役等公民應盡的義務，被統治階層認為他們將會是異議分子，會危害羅馬社會的安寧，數次打壓基督徒的行動，被基督徒視為是迫害。

基督徒第一次被迫害是西元六十四年，尼祿皇帝認為基督徒是放火焚毀羅馬城的真凶，下令搜捕基督徒並以不人道的方式處置他們。西元二四九年軍人皇帝德西烏斯（Decius）力圖振興羅馬與羅馬固有的宗教，他認為只要復興以往舊有的羅馬宗教就會國運昌隆，基督徒只信仰他們自己的神而否認羅馬的多神信仰，才導致國勢衰敗。於是讓全國的民眾在皇帝的雕像前禮拜，願意禮拜的人則無事，不願禮拜的人將被懲罰，使得許多基督信徒為了生存不得不背棄信仰。在德西烏斯之前，對基督徒的迫害規模甚小或僅是零星案件，但在此之後變成全國性的迫害。西元二五七年，瓦萊里安因為不滿基督徒拒絕為羅馬效力而逃避服役，以及許多民眾認為國內瘟疫橫行與蠻族不斷騷擾，是基督徒褻瀆羅馬神祇招致神明降罪，下令如果這些基督徒願意放棄他們的信仰就釋放他們，如果不願放棄，就將他們流放或處死，並且將財產充公。西元二六〇年，瓦萊里安被薩珊帝國俘虜後，其子加列努斯（Gallienus）為基督教信仰帶來曙光，他頒布飭令寬待基督徒，是羅馬歷史上第一個《寬容赦令》（Edict of Toleration），也讓基督徒與羅馬和平共處四十年。

但到了四世紀初，戴克里先等人廢止基督教一切合法的權益，並強迫他們信仰羅馬的宗教，是羅馬史上對基督教迫害規模最大，也是最後的一次。戴克里先的下一任皇帝之一加利流深知帝國的威脅是外患，迫害這些基督徒根本無法改善問題，於是宣示第二次《寬容赦令》，終止戴克里先的迫害活動。之後的君士坦丁一世與李錫尼兩位皇帝在西元三一三年共同頒布《米蘭赦令》（Milan Edict of Toleration），使基督教重獲自由，與其他的宗教一樣平等，並且歸還先前沒收的財產，也更加確定帝國對基督教的寬容態度。基督教在羅馬帝國的地位在這時候大致確立，雖然君士坦丁一世的姪子尤里安（Julian）在位時打擊基督教、猶太教，藉機恢復多神信仰，仍舊徒勞無功。基督教經過長時間的抗爭，最終在西元三九一年被狄奧多西一世確立為國教，帝國內除了基督教以外不准有其他異教信仰。

教義之爭：召開大公會議

基督教發展多年，在教義與教務上逐漸出現分歧，雖然主教們曾召開會議欲解決紛爭，但都沒有結果，因此紛爭仍持續不斷。為了解決爭論不休的神學問題，君士坦丁一世出面召集全國各區的主教舉行會議，而這個會議被稱為大公會議（Ecumenical Council）。

第一次大公會議是西元三二五年在小亞細亞的尼西亞召開，因此也被稱為尼西亞大公會議（Council of Nicaea），這次會議是因為對基督教教義「三位一體」的解釋出現分歧而召開。長老阿里烏（Arius）認為上帝是造物主，世間萬物都是由祂創造，聖子耶穌也是上帝所造，因此聖子耶穌的地位自然是次於聖父。他的觀點被另一個主教亞他拿修（Athanasius）反駁，他認為聖父、聖子、聖靈是平等的，沒有誰高誰低。會議的結果是與會的主教大多數支持亞他拿修的同質論（Homoousianism），並在君士坦丁一世的見證下制定《尼西亞信經》（*Nicene Creed*），以確保這些紛爭的釐清。而阿里烏則被斥為異端（Heresy），並因為拒絕承認這次的會議結果被皇帝放逐。但是這個爭論並未因為大公會議的裁決而徹底消失，而是持續到半世紀後的第二次大公會議為止。

阿里烏教派尚未徹底消除，其因為在於君士坦丁一世個人傾向支持阿里烏教派，甚至讓原先被放逐的阿里烏回來述職，在皇帝的默許下，阿里烏仍積極傳揚他的教派，也導致教義持續分歧。而君士坦丁一世之後繼任的皇帝君士坦提烏斯二世也是支持阿里烏教派，這讓阿里烏教派的地位更加鞏固。到了狄奧多西一世時，他個人不接受阿里烏教派，而是傾向正統的論點，於是在西元三八一年在君士坦丁堡舉行第二次大公會議，即第一次君士坦丁堡會議。這次會議更加確認三位一體的教義，並再一次聲明阿里烏教派是異端邪說，至此阿里烏教派的主張逐漸消逝。經過大公會議的召開以及這些事件後續的發展，可見政治對於宗教的干預，這些主教在政治的強勢主導下也不得不妥協。

此外，當時的傳教士烏爾菲拉（Ulfilas）將阿里烏教派傳入哥德，因此哥德人普遍接受耶穌是次於天父的觀點。由此可知，這些化外之地，在政治上無法干預，因此也不受大公會議的決議影響。基督教正統教派萬萬沒想到，由於異端烏爾菲拉的傳教，使得哥德人入侵羅馬時，基督教的教堂得以倖免於難。

亦敵亦友：羅馬帝國與北方民族的關係

羅馬在統一義大利之前最大的威脅是來自北方的高盧人，也就是塞爾特民族，他們曾攻陷羅馬城，讓羅馬人國破家亡，因此對這些來自北方的蠻族極度恐懼與憎恨，有機會必定將這些外患除去。就在第一次布匿戰爭後，羅馬躍升為大國，此時的羅馬不同以往，已經具備強大的軍事能力對抗外侮。西元前二二五年的泰拉蒙戰役（Battle of Telamon）羅馬擊潰塞爾特聯盟的侵略，並且趁勢佔據塞爾特人盤踞的北義大利地區，而塞爾特人的勢力也逐漸衰退。之後的凱撒仿效馬略為了建立軍功提升自己的威望以獲取羅馬公民的支持，於是在西元前五八年至西元前五一年間對高盧地區發動戰爭。凱撒消滅了曾令羅馬害怕的敵人，將他們的土地建立為行省，並且達到他的政治算計。

日耳曼是繼塞爾特之後另一個讓羅馬人頭痛的民族。西元前一二〇年隸屬日耳曼民族的辛布里人（Cimbri）、條頓人（Teutons）與阿姆布昂人（Ambrones）從日德蘭（Jutland）向南遷徙，推測是因為氣候變遷導致他們遷徙。這些外族將羅馬人打得落花流水，羅馬擔心高盧人入侵的慘劇重演，於是力請馬略擔任執政官，馬略上任後立即著手軍事改革，並擊潰日耳曼人，使羅馬人鬆了口氣，也讓馬略的人氣迅速竄升，對馬略唯命是從，但也埋下了日後以軍隊為後盾的個人獨裁政治。馬略戰勝日耳曼人之後的一百年間，羅馬經常出兵攻打日耳曼民族，直到西元九年的條頓堡森林戰役（Battle of Teutoburg Forest）戰敗為止，這場戰役是繼羅馬與迦太基的坎尼會戰之後第二次慘敗，將領自殺，羅馬三個軍團被全數殲滅，至此阻止羅馬向日耳曼的征服。

至三世紀末之前，羅馬與日耳曼維持時戰時和的關係，直到到戴克里先稱帝，雙方的關係出現新的變化。為了解決羅馬兵源不足的問題，戴克里先允許日耳曼人在帝國邊境定居墾殖，但是他們的男丁必須受雇於羅馬，作為羅馬的傭兵團。這解決了羅馬兵源不足的問題，同時也讓帝國西邊的社會較為安定。在這樣和平的關係下，日耳曼人不但吸收了羅馬的文字、文學與基督教信仰，將這些帝國文化傳向其他日耳曼民族，也開始融入羅馬人的社會，與羅馬人通婚，並且在羅馬擔任官職。

但到了五世紀中，匈奴人帝國在歐洲一帶擴張，擠壓其他日耳曼民族的生存空間，這些日耳曼人為了避難紛紛進入到羅馬帝國境內。起初羅馬帝國有意安撫這些難民，希望他們能依循戴克里先那時互利共生的模式，但是最終引發動亂，日耳曼人不但在西羅馬境內四處劫掠，甚至建立自己的王國，還將西羅馬皇帝罷黜，終結西羅馬帝國的政權。

第三章

中古世紀前期：
基督教、日耳曼與伊斯蘭文化的交輝

中古世紀（Middle Ages）是介於古代與近現代之間的歷史分期。起始於西元五世紀西羅馬帝國的滅亡，結束的時間有兩個說法，一是從文化層面即十四世紀的文藝復興，另一為政治層面即十五世紀的東羅馬的滅亡。因為感嘆曾經輝煌的西羅馬帝國被日耳曼人入寇，文明變得黯淡無光，因此有「黑暗時代」（Dark Ages）之稱，但這個名稱有其缺失，西羅馬雖然被他們眼中的「蠻族」毀滅，但不能代表全世界都進入黑暗，因為就日耳曼民族而言，他們的文化才剛要萌發，而且孕育出現在歐洲國家的文化基礎。就中東、北非與印度等地區而言，也開創另一個文明的高峰。

造成西羅馬帝國的滅亡的遠因是歐亞民族的遷徙。西元前一世紀時，在亞洲的中國與匈奴人互相競爭，結果匈奴人不敵中國，一部分與中國融合，一部分躲避中國的追擊向西尋求生存空間。西元四世紀時，東歐草原突然出現一批自稱是匈奴人的族群將定居在東歐草原的國家毀滅，造成鄰近族群的恐慌，紛紛向西逃避來自東邊的恐怖勢力。這一連串的推擠效應，使歐亞地區的政治版圖重新洗牌，僅少數王國能倖免於難。在七世紀之後還有另一批日耳曼民族遷徙，他們是斯拉夫人與維京人。除了日耳曼民族外，在阿拉伯半島興起一波勢力，以伊斯蘭教為號召，使原本四分五裂的阿拉伯民族團結一致，並向外擴張，對基督教信仰圈造成威脅。

基督教信仰在這時期起了很大的作用。原先基督教在西元前一世紀還是備受打壓的地下宗教，但到了西元三世紀時躍升為國教，由於羅馬皇帝的支持使得基督教更廣為傳播。基督教樂於助人的精神以及死後的救贖，對於生活在動盪社會中的人們起了安定的作用。基督教信徒不只有羅馬人民，甚至連日耳曼民族也改變舊有的信仰受洗為基督徒，也因此豐富了基督教文化。

當時的經濟發展仍舊活絡，除了西歐地區因為受到戰爭的破壞和瘟疫的橫行，導致人口下降，許多城市遭受破壞，商業嚴重衰退，加上日耳曼民族的封建制度，形成了自給自足的莊園經濟，又有阿拉伯人控制地中海海上貿易，使西歐經濟更難以發展，僅過著可以餬口的日子。與東邊地區經濟熱絡的情況形成強烈的對比，西歐的經濟狀況一直到西元十一世紀後才逐漸改善。

日耳曼民族中第一個正統基督教國家：法蘭克王國的建立

法蘭克人屬於日耳曼民族的西日耳曼（West Germans）分支，起初居住在波羅的海的南岸，因為他們向南遷移的時間較哥德人晚，所以在西元四世紀末匈人向西擴張時，不似哥德人那般首當其衝。西元三世紀中，他們從家鄉遷移到萊茵河與易北河之間的地區定居，此時的法蘭克人又分成兩個部落：居住在海邊的薩利安人（Salians）與居住在河邊的利普利安人（Ripuarian），這兩個部落有各自獨立的王國，遇到外敵入侵時會聯合一起對抗入侵者，如西元四五一年的卡塔洛尼平原戰役，他們與西羅馬帝國聯盟擊退匈人阿提拉北上侵略，當時領導法蘭克人的是薩利安法蘭克國王墨洛維（Merovech），這場戰役的勝利讓墨洛維家族備受法蘭克人擁戴。

隨著哥德人在西歐地區的擴張，西羅馬帝國的勢力逐漸消退，西元四八六年，墨洛維的孫子克洛維一世（Clovis I）也趁勢入侵西羅馬帝國在高盧的最後一塊領地，並且在這一年統一了法蘭克各部，以祖父之名開啟了墨洛溫王朝（Merovingian Dynasty）的統治。克洛維一世受妻子影響，在信仰上發生了重大的改變：受洗為天主教徒，法蘭克人因此從多神信仰轉為一神信仰，這使得在高盧地區的羅馬人（Galloromans）比起信仰阿里烏教派的哥德人，更情願接受法蘭克人的統治，如此一來，法蘭克人的政權也越加鞏固，也更有利於在西羅馬舊領地的擴張。

克洛維一世死後，依照日耳曼民族的傳統將領土分封給諸子，王國因此被畫分成四塊。克洛維一世的兒子們持續對外擴張，在西元五四〇年之前，領土擴張至今日法國與德國中部。西元五五八年，克洛維一世的幼子克洛泰爾一世（Clothar I）繼承兄長們的國土，法蘭克又再度統一。不過克洛泰爾一世死後，又將領土在分封給諸子，之後墨洛溫王朝的政權經歷數次分合。

西元七世紀時，在達戈貝爾特一世（Dagobert I）逝世後的法蘭克國王大都不理政事，於是政權逐漸由管理王室事務的宮相（Major-domo）掌控。西元六八七年，宮相丕平二世（Pepin II）奪取其他宮相的權力，成為法蘭克王國的實際統治者。丕平二世死後由他的私生子查理・馬特（Charles Martel）——又稱之為「鐵鎚查理」——擔任宮相，西元七三二年，查理・馬特擊退了伊斯蘭勢力的入侵，保住了西歐的基督教文明，因此在當時的基督教世界中相當具有聲望。西元七三七年，查理・馬特擔任宮相時的法蘭克國王提烏德里克四世（Thierry IV）死後無嗣，所以沒有再立國王，查理・馬特成為唯一的統治者，死後將王國分給他的兒子卡洛曼（Carloman）與丕平三世（Pepin III）。

卡洛曼與丕平三世雖然擁立希爾德里克三世（Childerich III）為王，但僅是個傀儡國王。西元七四七年，卡洛曼捨棄權力，進入修道院，丕平三世掌控王國的實權。西元七五一年，丕平三世將國王希爾德里克三世罷黜，並獲得教會的加冕，成為法蘭克國王，並開啟加洛林王朝（Carolingian Dynasty）的統治。由於丕平三世利用教會的力量使自己的政權合法化，這導致了日後君權與教權的爭端。

對異族的反擊：查士丁尼大帝的武功

西元五二七年，由於舅父查士丁一世（Justin I）離世，查士丁尼一世（Justinian I）由凱撒晉升為奧古斯都，他對於帝國周遭蠻族盤踞倍感不滿，尤其是西邊故土全部落在日耳曼手中，因此渴望能收復失土，回到帝國往日盛世的風采。

查士丁尼一世首先交手的是東邊的薩珊王朝，因為查士丁一世與薩珊國王庫包德一世（Kobad I）有嫌隙，於是薩珊國王伺機報復。當時身為共治皇帝的查士丁尼一世派遣部將貝利薩留（Belisarius）在鄰近薩珊王國的邊境駐防並修築城牆，庫包德一世因此認為東羅馬有意入侵，於是向東羅馬宣戰。不過經過數年的對峙，雙方都毫無進展，最終議和。各自將侵占的土地歸還對方，東羅馬必須撤回在邊境的駐軍，以及支付薩珊王國賠償。

與薩珊議和後，查士丁尼一世就將矛頭轉向西邊。北非的汪達爾王國因為爭奪王位，將與西羅馬帝國有關係的國王軟禁，再加上汪達爾人是信仰阿里烏教派，迫害基督教徒，於是給了查士丁尼一世藉口發兵。但因為國內發生暴動，差點讓查士丁尼一世丟掉帝位，才將征服一事擱置。暴動結束後，查士丁尼一世用政治手段，聲稱他出征攻打汪達爾是上帝旨意，以此抑制非戰派的反對。這場戰爭也出乎意料在短短五個月的時間內就攻入迦太基，使汪達爾滅國。

比起征討汪達爾，在對東哥德的戰爭就較不順利，總共花了近二十年時間才拿下整個義大利半島。東哥德也是因為王室內鬥，讓查士丁尼一世有插手的機會。起先查士丁尼一世派出他的得力助手貝利薩留負責收復義大利半島，很快的，東哥德國王不戰而降，羅馬城總算重回羅馬人的懷抱。但東哥德人也做出反擊，先是罷黜舊王擁立新王威提吉斯（Vitiges），並集十萬大軍包圍羅馬城。貝利薩留也不是省油的燈，僅靠著五千兵力就與威提吉斯對抗一年，並殲滅兩成的敵軍。威提吉斯於是聯合薩珊國王霍斯羅夫一世夾擊東羅馬帝國。但東邊的戰事對西邊的影響有限，最終威提吉斯還是求和，這時東哥德只剩小部分殘餘的據點。由於駐紮在義大利的將領肆意收刮東哥德人的財富，導致東哥德人再度反擊。東哥德人推舉貝利薩留擔任國王，這招致查士丁尼一世的猜忌，於是這次另派他人平亂，最終在西元五五三年清除東哥德的勢力。隔年，又藉著西哥德王國王室的內鬨佔領西哥德東南邊。

查士丁尼一世的對外戰爭使得東羅馬帝國的領土大增。這其實要歸功於貝利薩留等優秀將領的領導，以及阿納斯塔修斯一世（Anastasius I）在位時勵精圖治，為帝國積攢許多錢財，查士丁尼一世才有本錢支付貢金給薩珊王國，專心攻略西邊的日耳曼人。要維持龐大的帝國並非易事，查士丁尼一世逝世後，留下的是已被耗盡的國庫，三年後，受羅馬文化影響不深的倫巴底人幾乎占領整個義大利半島，古羅馬文化受到嚴重破壞。

東西教會分道揚鑣：基督教的大分裂

自從羅馬帝國各分東西後，東、西方教會也逐漸出現差異，如儀式、教義以及語言等，但兩邊教會仍尊重對方的地位，並經常保持來往，直到西元七二六年的聖像破壞運動（Iconoclastic Dispute）開始，才讓雙方的衝突浮上檯面。

基督教的教義是從猶太教因襲而來，照理說是禁止崇拜偶像。但因為許多耶穌基督相關的聖物、聖像傳世，如以得撒聖像、真十字架與聖槍等，傳教時讓信徒比較具有真實感，於是教會就任憑這些代表基督教相關的器物產生。西元七世紀初，阿拉伯勢力快速擴張，將東羅馬與薩珊帝國併吞，當穆斯林進入東羅馬人的教堂，看見滿滿的聖像、聖物充斥其中，令同樣屬於亞伯拉罕教的穆斯林們感到不齒，認為這些東西的存在有損對主的虔誠，登時破壞這些器物，甚至嘲笑東羅馬人正是因為崇拜偶像，褻瀆了上帝，才導致東羅馬人的墮落與不幸。

西元七一七年拜占廷再度被阿拉伯大軍包圍，甫登上帝位的良（Leo III）馬上就面臨這棘手的狀況，所幸使用祕密武器「希臘火」最終將阿拉伯人再次擊退。為了避免阿拉伯人再以崇拜偶像的理由指責基督教是異端，於是在西元七二六年聯合元老院與教會推動禁止聖像崇拜的命令。這命令馬上引起支持者反對，甚至支持聖像的教會號召信徒攻打拜占庭。位於西邊的羅馬教會也是支持聖像，不滿皇帝干預宗教事務，所以聯合覬覦東羅馬在義大利半島領土的倫巴底人（Lombards）驅趕東羅馬駐軍。但羅馬教宗此舉無疑是引火自焚，在東羅馬軍隊被趕走後，教宗居住的羅馬城成為倫巴底人下一個侵略的對象，為此，羅馬教會又向法蘭克人求救，卡洛林王朝便與羅馬教會的關係變得密切。

聖像破壞運動一直到西元八四三年邁克爾三世（Michael III）在位期間由攝政的狄奧多拉皇太后（Theodora）宣布廢除為止，持續了一百多年的時間。西元七八七年攝政的皇太后伊琳娜（Irene）曾恢復偶像崇拜，但隨後即刻被改正。雖然東羅馬回復偶像崇拜，這場教難卻已經造成東、西方教會的隔閡。

西元九世紀以降，保加利亞、斯拉夫、諾曼等族群逐漸皈依基督教，東羅馬教會與羅馬教會為了拉攏這些勢力，彼此勾心鬥角，並以教義的差異為由挑起爭執，造成隔閡加深。曾經保護羅馬教會的卡洛林王朝式微，加上諾曼人（Normans）對教會的態度時好時壞，羅馬教宗良九世（Leo IX）希望能與東羅馬教會言歸於好，於是在西元一〇五四年派出主教宏伯特（Humbert）希望能達成使命。君士坦丁堡牧首賽魯拉留斯（Cerularius）等人不接受宏伯特的解釋，再加上教宗李奧九世受主蒙召，讓東羅馬教士們懷疑他的代理權。宏伯特認為牧首賽魯拉留斯等人有意刁難，於是恣意宣布，將牧首賽魯拉留斯與祭壇上的主教們逐出教會，牧首賽魯拉留斯也不甘示弱燒毀教宗的詔書，東、西教會方正式分裂為東方正教（Easten Orthhodox Church）與羅馬公教（Roman Catholic Church）。

伊斯蘭教（上）：創立與教義

早在伊斯蘭教創立前，阿拉伯人（Arabia）主要是信奉多神的自然崇拜，與兩河流域的信仰相似。羅馬人稱阿拉伯人為薩拉森人（Saracen），詞彙源自於希臘語轉用阿拉伯語的「東方人」一詞，與猶太人一樣屬於閃族人，主要居住在乾旱且沙漠遍布的阿拉伯半島，以遊牧或經商維生，偶爾也會劫掠附近定居的族群，以奶酪、肉以及椰棗等為食。政治方面，部族間各自獨立，未建立統一政權。駱駝耐飢渴，可以負重，又便於在沙漠行走，可以帶領阿拉伯人穿越廣袤的沙漠地帶，對阿拉伯人而言是相當重要牲畜。在阿拉伯人還未建立強大的帝國前，對周邊的文明影響不大，這些文明也因為阿拉伯半島被沙漠層層覆蓋，對此區並不感興趣。

伊斯蘭教是由阿拉伯人穆罕默德（Mohammed）創立。西元五七〇年穆罕默德出生在麥加（Mecca），父親是商人。穆罕默德年幼時命運坎坷，父母在他六歲前過世，由祖父代養，但不久後祖父也去世，於是被親戚收養。由於祖先留下的資產不多，只能自食其力，曾當過牧人，後來為一位富有的寡婦工作，最終與寡婦結婚，自此不必再擔心生計，專心研究宗教。他很虔誠地禱告，有一天他自稱天使傳達真神安拉（Allah）的旨意，要他屏除真神以外的神靈，於是他成為先知，在西元六一〇年建立一神信仰的伊斯蘭教。

起初，在麥加信仰伊斯蘭教的人不多，在一次機緣下，北方的城市雅斯里布（Yathrib）的居民邀請穆罕默德為他們仲裁糾紛，於是請穆罕默德帶領信眾從麥加「希吉拉」（Hegira，出走之意），來到雅斯里布開始新的發展，這一年——西元六二二年——也被標記為伊斯蘭曆法的新紀元。在新的城市，伊斯蘭教發展相當有成，信眾增多，穆罕默德成為聯盟首領，甚至將雅斯里布改為先知之城：麥地那（Medina）。但穆罕默德仍未放棄淨化麥加，在信仰的指引下，運用商業及政治手段，削弱麥加的實力，終於在西元六三〇年攻陷麥加，穆罕默德光榮地回到麥加，並將傳統阿拉伯信仰的聖殿卡巴（Kaaba）內的偶像全部撤除，只留下與伊斯蘭教相關的黑色隕石，漸漸地城市居民改信伊斯蘭教。

「伊斯蘭」的意思是順從真主，信徒稱為「穆斯林」（Muslim），意為順從真主的人。簡言之，伊斯蘭的教義就是要順從唯一真神安拉。伊斯蘭教融合了許多猶太教與基督教的內涵，在猶太亡國後，一部分猶太人進入阿拉伯半島生存，其猶太信仰為阿拉伯人所知，影響層面如一神信仰、末日審判，與對飲食的規範等。此外，因為經商貿易的緣故，也吸收了不少基督教文化，如死而復活，天使在信仰中所扮演的角色。伊斯蘭教也承認《舊約》與《新約》也與《古蘭經》（Koran）一樣是真主的神諭。伊斯蘭教除了吸收猶太教與基督教的知識外，還融合了阿拉伯人自身的習俗，使伊斯蘭教能廣為阿拉伯人所接受。

伊斯蘭教規定穆斯林必須遵守五功：念、拜、齋、課、朝。念功是穆斯林一生至少一次公開宣示自己的信仰；拜功是一天向聖地朝拜五次；齋功是在每年伊斯蘭曆九月舉行齋戒，日出至日落期間禁食，也禁止任何娛樂活動；課功，定期施捨幫助窮人，遵守真主對穆斯林行善的要求；朝功，一生至少一次到聖地麥加朝聖。隨著阿拉伯勢力的擴張，伊斯蘭教也向阿拉伯以外的民族傳播，使伊斯蘭教成為世界性的宗教。

伊斯蘭教（下）：阿拉伯帝國的擴張

西元六三二年穆罕默德歸天後因為沒有指定繼承人，阿拉伯人陷入群龍無首的狀態。當時族人分成兩派，各有自己支持的哈里發（Caliphs），一派是主張由阿拉伯貴族中選出，於是支持穆罕默德的岳父阿布・巴卡（Abu Bakr）為哈里發，但另一派認為應該從先知的血統內選出，因此支持穆罕默德的堂弟兼女婿阿里・本・阿比・塔利卜（Ali ibn Abi Talib），雖然最後由巴卡勝出，卻導致日後的遜尼派與什葉派的分裂。巴卡在位期間先是收服族內不願臣服的信徒，使族內統一，而後轉向入侵東羅馬帝國的敘利亞地區與薩珊帝國。西元六三四年巴卡死後，由歐麥爾（Omar）擔任第二任哈里發。

歐麥爾也是穆罕默德的岳父及戰友，在他任內同意積極對外戰爭。這時候阿拉伯、東羅馬與薩珊三者的關係可說是「鷸蚌相爭，漁翁得利」，東羅馬與薩珊兩國經常相互交戰，但無形中削弱他們的實力，此外他們也不曾認為環境貧弱的阿拉伯人能帶給他們甚麼威脅，在歐麥爾的帶領下，很迅速地併吞這兩大帝國的領土，先是西元六三六年拿下東羅馬帝國的耶路撒冷、大馬士革與安條克等重鎮。隔年攻下薩珊帝國的首都泰西封，使波斯勢力逐漸被瓦解，最終在西元六四一年征服薩珊帝國的江山，但薩珊最後一位國王向東逃亡，於西元六五一年被刺殺而死，薩珊帝國才正式滅亡。由於東羅馬的首都拜占庭地理位置優越，阻擋了阿拉伯人的入侵，也延緩了帝國的毀滅，但是帝國首都以外的地方就難以避免伊斯蘭的襲捲。西元六四二年征服埃及，阿拉伯勢力仍向北非的其他地方蔓延。在攻下新領地後，歐麥爾思考著該如何管理這些地區，於是制訂以軍事主導的行政體系，在征服來的土地設立統帥，並讓他們身兼民政總督、地方宗教領袖以及法官的職務，使阿拉伯從部落國家轉變成世界帝國。西元六四四年，歐麥爾遇刺身亡，由伍麥亞家族（Omayyad）的奧斯曼（Uthman）被推舉為哈里發。

奧斯曼是穆罕默德的女婿，其家族曾極力阻止穆罕默德在麥加傳教，但奧斯曼是家族中第一個信仰伊斯蘭教，並成為穆罕默德戰友的人。在位期間向北征服中亞的部落如土耳其人，向南揮兵印度，也平定東羅馬與薩珊的反抗勢力，以鞏固帝國。《古蘭經》雖然是第一任哈里發巴卡下令編修，完成則是在奧斯曼時。奧斯曼將編修好的《古蘭經》定本發往各地，將其他稿本焚毀，導致阿里派的擁護者認為奧斯曼將穆罕默德屬意其堂弟阿里為哈里發的諭示刪除，對奧斯曼滿懷怨恨。再加上奧斯曼的官員都是由親人出任，導致許多人不滿，西元六五六年，奧斯曼被阿里派的人刺殺，阿里派擁戴阿里為哈里發。

雖然阿里是穆罕默德的親信，對伊斯蘭教的知識相當淵博，也立有戰功，卻得不到群眾的支持，因此引發阿拉伯帝國內的第一次內戰，首先出來反抗阿里的統治是穆罕默德的妻子，也就是阿里的岳母阿以莎（A'isha）。結果阿里獲勝，阿里便遷都到他的據點庫法（Kufa），自此以後麥地那在政治上失去重要性。另一反對勢力就是伍麥亞家族奧斯曼的姪子、敘利亞總督穆阿維亞

（Muawiyah），雙方陷入苦戰勝負難分，後來穆阿維亞使計分裂阿里的支持者，最終阿里被暗殺身亡。穆阿維亞以權謀登上權位，並遷都大馬士革，結束正統哈里發時期，開啟伍麥亞王朝（Omayyad Dynasty）的統治。

阿拉伯帝國的擴張一直持續到西元七三二年的圖爾戰役為止，此後因為帝國內部的分裂停止了對外的戰爭。什麼原因導致阿拉伯帝國的擴張？一說是人口壓力，一說是宗教使命，但事實上他們是想獲取更多的資源以及稅收。阿拉伯人會向非伊斯蘭教的教徒收稅，藉此增加財富。但對被征服者而言，阿拉伯人的稅收遠少於比東羅馬、薩珊帝國，如果信仰伊斯蘭教甚至可以不用納稅，因此他們相當情願讓阿拉伯人統治與皈依，這也說明何以阿拉伯人征服東羅馬、薩珊帝國的領土時，絲毫沒有受到阻礙。

圖爾之役：阻止伊斯蘭教在歐洲的擴張

伊斯蘭勢力在西元七世紀初迅速擴張，七世紀末先後從陸路與海路攻打東羅馬的首都君士坦丁堡，但都無法將其攻下。伊斯蘭在歐洲的軍事擴張受到阻礙，在北非的推進卻暢行無阻。阿拉伯人有意往伊比利半島推進，正巧西哥德王國發生內鬨，反對國王羅德里克（Roderic）的一派力邀北非的伊斯蘭勢力幫助。就在這個機緣下，阿拉伯帝國觸角得以伸入伊比利半島。西元七一一年，北非的柏柏爾人（Berbers）塔里克（Tariq）越過直布羅陀海峽進入伊比利半島，並擊敗西哥德軍隊，國王羅德里哥亦死於這場戰役，西哥德王國從此消失在歷史的舞台上，此後伊斯蘭勢力趁勢佔領整個伊比利半島。

伊斯蘭勢力經過十多年的調養生息後，開始朝庇里牛斯山（Pyrenees）的法蘭克王國前進。雖然阿拉伯人曾想由伊比利半島進入西歐，再到巴爾幹半島攻打君士坦丁堡，但終究只是幻想，未曾實踐。攻打庇里牛斯山的另一頭，其目的只是聽聞教會擁有許多財寶，想藉機劫掠一番。當時阿奎坦公國（Aquitaine）的歐多公爵（Duke Eudo）無法招架這些伊斯蘭軍隊的攻擊，於是向他的敵人法蘭克王國宮相查理・馬特求救。查理・馬特答應請求，承諾共同擊退敵人。

西元七三二年，阿拉伯軍隊欲前往圖爾城（Tours）劫掠，而查理・馬特的日耳曼軍隊已經在圖爾城周遭嚴陣以待。當時阿拉伯領軍的是安達魯斯的總督阿卜杜勒・拉赫曼一世（Abd ar-Rahman I）。此場戰役即是圖爾之役（Battle of Tours），由於戰場在圖爾城與普瓦捷一帶，同時又稱為普瓦捷戰役（Battle of Poitiers）。日耳曼聯軍主要兵種是步兵，而阿拉伯則是騎兵。查理・馬特知道他的兵種處於劣勢，並不主動出戰，而是以逸待勞等待敵軍的攻擊。阿拉伯軍隊方面則因為他們只在乎劫掠來的戰利品能不能安全地從戰場運回南方，根本無心與日耳曼聯軍交戰，只是發起幾波的游擊戰，試圖衝散聯軍。但查理・馬特的步兵方陣相當堅固，使阿拉伯騎兵無法突破。當查理・馬特率領的聯軍牽制阿拉伯軍隊的行動，歐多則在傍晚時率領另一支軍隊由側翼突襲阿拉伯的主營並把主將拉赫曼一世殺死。阿拉伯軍隊得知拉赫曼一世已被殺害後，為了保命只好捨棄戰利品盡速撤離戰場。隔天，查理・馬特備戰等候阿拉伯騎兵，待哨兵來報才知阿拉伯人已經撤退。

這場戰爭由日耳曼聯軍獲勝，查理・馬特因為這場戰役保住教會的資產，而獲得教會的肯定，也賺取不少土地與阿拉伯人遺留的戰利品。此外，因為他所帶領的士兵相當勇猛，還得到「鐵鎚」的名號。阿拉伯勢力由於帝國內鬨未再向北方侵略，勢力僅維持在伊比利半島。史家認為這場戰役防止了西歐被伊斯蘭化，基督教文明不受破壞，也抑制伊斯蘭勢力的擴張。

羅馬人的皇帝：查理大帝及其帝國

當東羅馬與羅馬教會因為聖像崇拜一事鬧得不可開交，倫巴底人在義大利半島有了擴張的機會。倫巴底人受羅馬教會之邀，驅趕東羅馬帝國的駐軍，但隨後羅馬教會就發現倫巴底人的野心，失去東羅馬的保護，讓毫無兵力防備的羅馬教會無力地抗信仰阿里烏異端的倫巴底人勢力下，於是教宗額我略三世（Gregory III）祕密地向正統基督教的法蘭克王國宮相鐵鎚查理請求，協助驅趕倫巴底人以保護羅馬教會。但鐵鎚查理因為擔心阿拉伯勢力擴張，已經與倫巴底人約定互不侵犯，只好婉拒教宗的請求。

數年後，原先的教宗與宮相都已去世，換了新人接手，雙方期待能有合作的機會。西元七五一年宮相丕平三世借重教宗匝加利（Zachary）的威望，將墨洛溫王朝的國王請入修道院，讓自己合法登上王位。這一事件讓羅馬教會與法蘭克王國有合作的契機，於是教宗與丕平三世達成協議，要求法蘭克王國必須保護羅馬教會，羅馬教會則為丕平三世與他的王子們封為「羅馬人的守護者」（Patricius Romanorum）。而丕平三世也信守承諾馬上攻打倫巴底人的城市，轉交給羅馬教會，史稱「丕平贈獻」（Donation of Pepin），羅馬教會建立起屬於自己的國家：教宗國。

丕平三世死後，按照傳統將王國分給兩個兒子查理（Charles）與卡洛曼（Carloman），後來弟弟卡洛曼病死，法蘭克王國於是由查理一人統治，這位查理就是聞名於世的查理大帝（Charlemagne）。查理與他的祖父、父親一樣懷有雄才大略，在先人的基礎上積極擴張領土，先是併吞與他的祖父一輩起即糾纏多年的阿基坦公國，再向北征討日耳曼人自己的故鄉。當時這裡由撒克遜人佔據，撒克遜人可謂是查理最難纏的敵人，他花費大半輩子的時間討伐這些反覆無常的敵人。查理雖然曾處決不願臣服的撒克遜人，但對願意投降或受洗為基督徒的人以禮相待，最終仍將撒克遜人收服。王國向東擴張也接觸到其他族群，如斯拉夫人、捷克人、柔然人以及馬札爾人等，雖然有零星交戰，也並未全部以武力征服，大多作為貿易的夥伴互通有無。

查理仍遵守先王對羅馬教會的承諾，但凡威脅教宗安全的，就是與法蘭克為敵。倫巴底國王因為與羅馬教會有嫌隙，於是出兵佔領教宗國的領土。查理應教宗之邀，從撒克遜戰場緊急調頭攻打倫巴底王國，並讓倫巴底亡國。之後的教宗李奧三世因為教會內部的爭執，被反對者拘禁，但李奧三世逃脫並親往查理所在處求救，於是查理出兵鎮壓羅馬的動亂，讓教宗李奧三世復位，再加上查理征服的領土除了不列顛與西班牙外，更征服了西歐以及大半中歐地區，領土較昔日的西羅馬帝國廣闊。教宗李奧三世為查理加冕，並稱他是「羅馬人的皇帝」（Romanorum Gubernans Imperium），這個稱號也可以作為查理所建立的加洛林帝國（Carolingian Empire）寫下註解。

歐洲另一個重要的民族：斯拉夫民族的發跡

斯拉夫民族（Slavs）與日耳曼人同屬印歐語系，發源於東歐最大的普里佩特沼澤區（Pripet Marches），古羅馬人稱他們為維內蒂人（Venetti）。斯拉夫人以農業與採集為生，生活形態相當原始，他們沒有發明文字記錄自己的歷史，因此對斯拉夫人早期的活動所知有限。隨著日耳曼民族的遷徙，也引發斯拉夫民族的移民，於是斯拉夫又細分為：東斯拉夫人、西斯拉夫人與南斯拉夫人。

斯拉夫民族中最早進入東歐並建立國家的是保加利亞人（Bulgars）。七世紀以前，他們是南斯拉夫人與亞洲突厥的分支保加爾人共同組成，七世紀以後被來自亞洲的哈札爾人（Khazars）攻擊，族群一分為二，一支向北移動至窩瓦河流域，一支向南方遷移來到黑海西邊的多瑙河一帶與東羅馬帝國比鄰而居。保加利亞人侵略了東羅馬帝國的領土，並建立保加利亞第一帝國。因為保加利亞人就位於東羅馬首都北方，經常向南入侵，所以東羅馬人不敢掉以輕心，極度提防這北方的邊患。保加利亞第一帝國的國勢在西蒙一世（Simeon I）期間達到頂峰，他讓東羅馬尊稱他為皇帝，並以宮廷禮儀禮遇他。

氣焰高漲的保加利亞第一帝國也不是沒有敵人，在他東邊同樣也是南斯拉夫分支的摩拉維亞人（Moravia），為了對抗日耳曼的侵略於是建立起大摩拉維亞公國（Greater Moravia）。當時的政權如果能拉攏教會的支持就會多一項利器，摩拉維亞人厭惡日耳曼人以及他們信仰的羅馬教會，於是決定信仰拜占庭教會，保加利亞人擔心兩面受敵，因此在西邊的羅馬教會與東邊的拜占庭教會之間躊躇不決。東羅馬皇帝邁克爾見機不可失，想要將保加利亞人納入拜占庭教會的控制下，於是與拜占庭教會一同派遣傳教士西里爾（Cyril）兄弟到保加利亞傳教，雖然他們的傳教並未讓保加利亞人接受，但他們為了向司拉夫人傳教而發明的格拉哥里字母（Glagolitic Alphabet），被保加利亞人改造為今日斯拉夫民族通用的字母系統，即西里爾字母（Cyrillic Script）。

另外一個重要的斯拉夫分支俄羅斯人，在歷史上也具有一定的地位。起先，他們一直被其他民族統治，而其中影響最深的就是維京人（Viking）首領留里克（Rurik）在諾夫哥羅德建立自己的據點，這些人被稱為羅斯（Russ），後來被統治的東斯拉夫人將羅斯作為自己的族名俄羅斯（Russia）。留里克死後的繼任者奧列格（Oleg）看中基輔的重要性，於是向南遷徙，基輔因此成為俄羅斯的首都。俄羅斯人原先從事農業，但在維京人的統治下，靠著行走河道可以快速通往南方的東羅馬帝國與阿拉伯帝國貿易，取代了猶太商人的地位，使俄羅斯成為貿易的重鎮。

隨著商業的往來，猶太教、伊斯蘭教、基督教等傳入基輔，基輔大公弗拉基米爾一世（Vladimir I）看中宗教鞏固政權的優點，於是興起將改變宗教的念頭，其中東正教不過份干預王權這點相當符合弗拉基米爾一世的需求，於是下令讓人民受洗，立東正教為國教，因為基輔公國與東羅馬帝國擁有相同的信仰，又建立了良好的貿易關係，因此俄羅斯的文化深受東羅馬帝國的影響。

重建羅馬帝國的榮光：鄂圖一世建立神聖羅馬帝國

虔誠者路易一世（Louis I the Pious）繼承查理大帝的帝國，他在位期間就將帝國分封給他的三個兒子，他的這個舉措為自己帶來很大的麻煩，他的兒子們互相傾軋，東法蘭克王國、西法蘭克王國與中法蘭克王國，三國各自發展，未再形成統一的王國。再次出現廣大的帝國，並以羅馬皇帝的稱號為榮的朝代，則要到近百年後的鄂圖一世（Otto I），而他的王位，是由他的父親亨利一世（Henry I）給予，於是這一切要從亨利一世的時代說起。

亨利一世是東法蘭克王國領下撒克遜公國的公爵，東法蘭克國王童子路易四世（Louis IV the

Child）因為無力帶領各公國對抗匈牙利人（Hungary）與諾曼人的入侵，於是各公國的領主便不再效忠對這位空有國王名分的統治者。在童子路易四世死後，加洛林王朝就此終結，法蘭克尼亞的公爵康拉德一世（Conrad I Franconia）被推舉為國王。康拉德一世想恢復中央集權的統治，但其他公爵聯合反抗，亨利一世也是其中之一；但康拉德一世彌留之際，為了國家的安定，不計前嫌推舉亨利一世為國王。於是亨利一世就成為德意志撒克遜王朝的國王。康拉德一世確實有遠見，亨利一世即位後果然收服原以分裂的勢力，並且向外擴張領土，甚至擊潰匈牙利人的攻勢，讓他們不敢進犯撒克遜王朝的領地。亨利一世以外交與軍事強化自己的王國後，也有心獲得羅馬皇帝的封號，但是當他在征服義大利王國的路途上病死，沒能達成願望。

亨利一世並未將王國分封給諸子，而是指定鄂圖一世（Otto I）為繼承人。鄂圖一世知道國內有人對他不服，為了避免夜長夢多，他快刀斬亂麻迅速清除異己。當時義大利半島的局勢最南邊仍是東羅馬的軍隊駐紮，中部被阿拉伯勢力佔據，北部則是紛亂無序的義大利王國，並且經常受到匈牙利人的侵擾。義大利王國發生內鬥，舊王的遺孀不服新王伊夫雷亞的貝倫加爾二世（Berengar II of Ivrea）的統治，於是邀請鄂圖一世出兵協助平亂。鄂圖一世早就想向義大利擴張，正巧遇上了這個大好的機會，西元九五一年向北義大利進軍救出王后，並取得北義大利的統治權。但貝倫加爾二世不願屈就在鄂圖一世之下，趁鄂圖一世正忙著與匈牙利人作戰時自立為王。當匈牙利戰事結束後，鄂圖一世接到來自義大利的請求，於是再次前往義大利剷除貝倫加爾二世。西元九六二年鄂圖一世摘去貝倫加爾二世的王冠，解救了教宗，於是教宗若望十二世（John XII）為鄂圖一世加冕，並冊封他為羅馬帝國的皇帝，此後學者就稱受封後的德意志王國為神聖羅馬帝國。

維京時期：維京人的侵擾

維京人屬於北日耳曼分支，他們有很多種稱呼，對不列顛人而言，他們都是來自丹麥，因此稱為丹麥人或丹人；對俄羅斯的居民而言，他們是航海家，於是稱為羅斯；但對俄羅斯以外的斯拉夫而言，他們的海盜行為令人膽顫，於是呼為瓦朗吉亞人（Varangians）；由於他們發源於歐洲大陸北方的斯堪地納維亞（Scandinavia），因此又喚作諾曼人，即北方人之意。至於維京一詞來源也是眾說紛紜，有說是來自海灣的人、來自海上的人、來自維京地區的人，或從事貿易的人等等說法。

當匈人向西方遷移時造成歐洲的日耳曼民族第一次的大遷徙，然而維京人還在斯堪地納維亞這寒冷的地方生活。隨著維京人的人口逐漸增多，但北歐的自然環境寒冷土地貧瘠，不利農業生產，為了解決糧食問題，勢必到外面尋找物資，於是維京人駕著維京長船，四處貿易或劫掠，但以後者為多。維京長船因為船底淺，吃水少，航行速度快，當他們劫掠一個地方後便搭船離去，來去如風，根本無法追擊。

維京人的侵略日趨頻繁，西元七九三年劫掠不列顛島上的林迪斯芳修院（Lindisfarne），殺光所有的僧侶，劫走全部的錢財，並放火焚毀教堂，開啟了「維京時期」（Viking Age），直到一〇六六年諾曼第公爵征服英格蘭為止。維京人劫掠的地區極為廣大，由北邊的法蘭克王國到南邊的伊比利、義大利、與巴爾幹半島，西邊的不列顛群島到東邊的中亞地區，只要是船隻能經過的地方，必定出現維京人的身影。除此之外，他們也向西遷徙到冰島、格陵蘭，甚至是北美洲。

因此學者稱這次的遷移為第二次日耳曼民族遷徙。

原本維京人只掠奪金錢與物資，但從九世紀起，他們不僅要動產，甚至連土地都成為他們攫取的對象。他們開始在新的土地定居，並且擴張自已的領地，就如同當年哥德人進入羅馬帝國的情況。

維京人的行徑也讓當時偉大的查理大帝感到頭疼，對於這來無影去無蹤的敵人，根本無法知道他們的巢穴何在，更無法斬草除根，查理大帝的對策是一邊設置城堡加強邊防，一邊與維京人議和，將傷害降到最低。但到了查理大帝的孫子們時帝國被分割，再加上後繼者領導能力不佳，讓維京人侵擾的次數大增。維京人甚至迫使西法蘭克國王分封土地並出嫁一名公主作為和平協議，這就是諾曼第公國（Nomandy）的誕生。

威廉公爵征服英格蘭：結束盎格魯撒克遜在英格蘭的統治

英格蘭國王懺悔者愛德華（Edward the Confessor）於西元一〇六六年逝世後，因為沒有子嗣，國內王公等擁立哈羅德（Harold）為王，這讓當時的諾曼第公爵威廉（Willam of Normandy）感到不滿，因為懺悔者愛德華曾答應在他死後要將王位讓與威廉公爵。這個協議的起因是懺悔者愛德華與他的父王、母后為了躲避丹麥王國的攻擊，逃難到母后的娘家諾曼第公國尋求庇護，懺悔者愛德華的童年就在諾曼第生長，對諾曼底有深厚的認同；英格蘭國王哈德克努特暴斃，死後無嗣，英格蘭王公們邀請懺悔者愛德華擔任國王，於是懺悔者愛德華將在諾曼第的禮儀、文化帶入英格蘭的宮廷，重要官員必定指派諾曼第人擔任，並邀威廉公爵來英格蘭遊玩，甚至與威廉公爵秘密協定在他死後並將英格蘭王位讓給公爵。英格蘭人對於懺悔者愛德華任用諾曼第人感到不滿，於是興起一批以盎格魯撒克遜為本位主義的反對者，這一派人馬以哈羅德的父親為主，這就是英格蘭人推舉哈羅德為王的原因。

威廉公爵在收到哈羅德繼任為英王的通報後，以哈羅德違反誓言向教宗告狀在獲得教宗的認可後，立馬招集軍隊攻打英格蘭，要對哈羅德興師問罪。當威廉公爵與英格蘭交戰前，英格蘭王國的北方已經開打，原因是哈羅德的弟弟不滿哈羅德為王，於是慫恿挪威國王攻打英格蘭，雖然這場戰爭由英格蘭取勝，但是也削弱英格蘭的軍力。當英格蘭正在慶祝勝利的喜悅，威廉公爵的遠征軍已在哈斯丁登陸，哈斯丁戰役（Battle of Hastings）即將爆發。

比較兩軍的軍備，英格蘭軍隊較為簡陋，他們不似諾曼第軍隊那般專門由王公們供養，有精良的裝備，英格蘭的軍隊是由民兵或是國王的衛隊組織而成。當兩軍對峙時，英格蘭軍隊因為在高處又設有柵欄防備，所以諾曼第軍隊幾次的進擊都無法擊潰英格蘭的陣線，但威廉公爵心生一計，讓前線的騎兵佯裝敗逃，引誘敵人出營，哈羅德等人果然中計，追擊詐逃的騎兵來到諾曼第弓箭手的射程內，哈羅德被弓箭射瞎眼並陣亡，英格蘭軍隊潰敗。在沒有甚麼阻力之下，威廉公爵進入倫敦城，同年的耶誕節在西敏寺即位為英格蘭王，開啟了英國的諾曼王朝，而威廉公爵也因此被稱之為「征服者威廉」（William the Conqueror）。這也是英國史上目前為止最後一次受到外族入侵而亡國的戰役。

征服者威廉為了要有效地統治英格蘭，以沒收領地、削除爵位等方式將一切奉盎格魯撒克遜本位的英格蘭人勢力排除，大肆分封土地給諾曼第人，為此還制定了《末日審判書》（Domesday Book）以清查英格蘭領內的地籍、資產，作為稅收的標準。不僅如此，還將法國的制度引進英格蘭，擔任職務的大都是諾曼第人，政府官員一律說法語，不准說英語，這影響了中古英文，今日所使用的英文詞彙中有不少是源自於法文。這種種的民族政策造成社會的對立，也引發日後英法兩國的糾紛。

逃竄與建國：歐亞大陸的民族大遷徙

族群的遷移在人類歷史上是經常發生的現象，遷移的動機不外乎是氣候變遷、飢荒、掠取資源，或是單純地只是冒險等。西元三七五年，匈人向西推毀黑海周遭的東哥德王國，造成其他民族的恐慌，為了生存被迫遷移，於是揭開了民族大遷徙（Barbarin Migrations）的序幕。

日耳曼民族早在西元前三世紀初時就開始由家鄉波羅的海向南遷徙，散居在高盧與黑海一帶。羅馬為了防止這些蠻族的入侵，不斷對他們採取攻勢，但在奧古斯都時期的條頓堡森林一役慘敗後，對北邊蠻族的攻略轉為防守。到戴克里先時，允許日耳曼人在的國邊界開墾，但以日耳曼人必須受雇為傭兵替羅馬打仗作為交換的條件。但就在匈人西進後，原本互利的關係又發生改變，哥德人尋求羅馬的救助，大量進入羅馬境內，但羅馬官兵與難民發生糾紛，一說是哥德人不堪虐待，一說是因為物資匱乏才造成衝突，結果導致哥德人在羅馬境內四處劫掠，造成羅馬社會的動盪，而日耳曼民族藉機侵奪羅馬人的領土並建立王國。

首先在羅馬境內建立政權的是西哥德人，他們屬於東日耳曼（East Germans）分支，於西元四一九年在伊比利半島佔有部分領土，並建立西哥德王國，羅馬皇帝名義上將土地以總督的身分讓西哥德國王管理，但事實上王國內的事務，羅馬皇帝根本無權干涉。

汪達爾人（Vandals）與哥德人同屬東日耳曼人，受到哥德人的推擠，汪達爾人也是四處流竄，西元四二九年由西班牙渡海至北非一帶，雖然羅馬帝國以同盟的關係拉攏他們，但仍舊無法改變汪達爾人侵略北非的決心。西元四四二年，羅馬皇帝承認他們在北非的自主權，

西元五世紀時，羅馬軍隊全力抵禦在歐陸上的匈、哥德、汪達爾等人的擾亂，因此撤除在英格蘭島的軍隊，這時英格蘭島的羅馬人受到周遭的原住民侵擾，於是以割讓土地雇請盎格魯人（Angles）與撒克遜人（Saxons）等日耳曼民族協助抵禦敵人，但事後英格蘭的羅馬人反悔，盎格魯人與撒克遜人便在島上大肆劫掠，獲取他們認為應得的報酬。

在西羅馬帝國滅亡後，東羅馬帝國聘請東哥德人的首領狄奧多里克（Theodoric）追捕篡位的奧多亞賽，於是順理成章地進入義大利半島。在西元四九三年將奧多亞賽剷除後，便在義大利半島建立東哥德王國。

以上幾個王國是這次民族大遷移比較顯著的政權，這些政權壽命有長有短，必須注意的是他們的遷移並非是為了消滅羅馬政權，而是希望能獲得更多的土地以維繫生命。

尼卡暴動事件：東羅馬帝國的政治與宗教局勢

戰車競賽是自古羅馬延續而來的大眾娛樂活動，群眾主要分成藍黨和綠黨，各自為自己的選手加油，也會幫對方的選手喝倒采，加油時會高呼「尼卡」（Nika），是勝利的意思。支持藍黨的人主要是貴族，而支持綠黨的則是平民百姓。自羅馬帝制以來，許多皇帝也參與其中，如卡利古拉、尼祿、康茂德等都會親臨自己支持的隊伍替他們加油，並且趁機斥責對方的選手。

西元五三二年，為紀念查士丁尼一世在位五週年，因此舉辦規模盛大的戰車競賽。綠黨民眾不滿藍黨支持者查士丁尼一世的作為，在賽場上嘲諷他，此舉令查士丁尼一世感到不滿，並派禁衛軍逮捕這些群眾並要求他們說明為何要嘲諷他，綠黨民眾解釋希望皇帝憐憫人民，將貪婪且不適任的官員免職，但是盛怒的查士丁尼一世根本聽不下人民的陳情，反倒責罵綠黨民眾，而綠黨民眾也不甘示弱與皇帝對罵，在旁的藍黨民眾眼見他們的支持者被攻擊，群起攻訐綠黨群眾，於是雙方爆發衝突，但是場內的紛爭很快被平息，原本以為此事就這樣結束了，但沒想到君士坦丁首長逮捕七人並將他們處以死刑，聲稱這些人要為這場暴動付出代價，這七人藍綠兩黨都有。當最後一藍一綠兩名犯人將被絞死時，絞繩突然斷裂，圍觀的藍綠兩黨民眾上前將他們帶走，並相互合作揭起一場暴動，即是尼卡暴動（Nika Insurrection）。群眾攻進首長的府邸，殺害衛兵，釋放監獄的犯人，並放火焚燒城內的建築物，著名的聖索菲亞教堂就是在這次暴亂中被焚燒。

事情一發不可收拾，皇帝將綠黨要求的官員免職並下詔罪己，但於事無補，綠黨群眾甚至擁立阿納斯塔修斯一世的姪子為帝，查士丁尼一世見狀打算捲款而逃，但是被他的皇后狄奧多拉（Theodora）說服。所幸貝利薩留從戰場上趕回來救駕，最終鎮壓這場暴動。查士丁尼一世也藉著這個機會清除異己，以鞏固自己的帝位。

這場暴動看似因為競賽支持的派別不同而導致的暴動，但是事實上背後隱藏著錯綜複雜的政治與宗教問題。藍、綠兩黨由來已久，在社會上有各自的影響力，甚至演變成神職人員、政府官員甚至皇帝都要拉攏一方，才能順利獲得權位，於是雙方勢必相互傾軋。當時的皇帝查士丁尼一世是藍黨的支持者，藍黨也因為皇帝的包庇恣意欺壓綠黨，司法上也無法為綠黨伸張正義，只要哪位法官敢為綠黨出頭，必將橫死街頭，於是綠黨僅能靠著自己的力量向藍黨報復。

在宗教方面，兩黨也有各自支持的對象，藍黨民眾主要是信仰正統基督教派，綠黨則是信仰異端基督教派，因為信仰的差異，綠黨經常受到藍黨的打壓，查士丁尼一世更為了要彌補因為征戰導致財政的虧損，向信仰異教的綠黨民眾課徵重稅，導致綠黨民眾不滿，於是才趁著戰車競賽時嘲諷君士坦丁一世。

兼容與超越：伊斯蘭教文化

起初阿拉伯人透過貿易有意無意接觸周邊族群的文化，如猶太教、基督教等，而後創立了伊斯蘭教，但還沒有屬於自己獨特的文化。當他們建立了自己的政權並向外擴張後，意識到自己與周遭文明的差異，於是渴望吸收外來的文化。此外，阿拉伯帝國相較於其他地區安定，因此延攬許多外國學者，且統治者甚至不惜重金招徠有知識的人，激盪出許多人文與自然的知識，豐富了伊斯蘭文化。

阿拉伯勢力擴張到東羅馬帝國與薩珊帝國的領土上，讓他們可以更直接接觸這些文明。為了證明《古蘭經》的世界觀，阿拉伯人翻譯許多希臘哲學書籍，尤其是亞里斯多德與新柏拉圖主義的學說，他們試圖將伊斯蘭宗教與古希臘的哲理相融合，這個嘗試有其困難之處，由於哲學的探究不能抵觸宗教，導致伊斯蘭的哲學發展受到侷限，但仍創立幾個著名的伊斯蘭哲學思想，如阿維森納（Avicenna）、亞味羅（Averroism）主義。

在探索哲學到一個段落後，他們又轉而研究自然科學。在醫學方面，波斯人拉齊（Razi）發現天花與麻疹的差別，探究人體的免疫功能。在當時鼠疫橫行的年代，已知道透過隔離的方式防止傳染。哲學家阿維森納知悉結核病具有傳染性，以及神經疾病的知識，其著作《醫典》（*The Canon of Medicine*）在十七世紀以前一直是西方醫學的教課書。眼科是伊斯蘭文化的另一成就，現在使用的眼科術語就是由那時延續而來，對眼睛的研究也引發對光學的探究。伊斯蘭帝國的醫院比起歐洲其他的地區是相當普及，不僅如此，醫院還附設有藥房以及與收藏醫療書籍的圖書館。

對於煉金術的研究引伸出化學、物理學科的知識。煉金知識的來源除了有希臘、波斯的煉金技術外，還吸取了中國道教的丹道。透過煉金術希望能將金屬轉化成黃金，賈比爾（Jabir）是當時著名的煉金師。雖然這個研究最終沒能轉換出黃金，但在鍊金的過程中發現新的物質與化合物，如硼砂、鹽酸、碳酸鈉、二氧化汞等，也運用蒸餾、沉澱等的物理原理。

除了汲取他人的知識發展自己的文化外，透過戰爭與貿易也將伊斯蘭文化發散到其他地區，從今日的西歐單字可以看出端倪，如酒精（Alcohol）、代數（Algebra）、鋁（Alminium）、阿罕布拉宮（Alhambra）、市長（Alcalde），字根是al開的字絕大部分源自於阿拉伯語，不僅如此，糖漿（Syrup）、糖（Sugar）、萊姆（Lime）、琥珀（Amber）、關稅（Tariff）、克拉（Carat）等因為貿易交流而借用的詞彙更是不勝枚舉，現今流行的電子遊戲「*biohazard*」的hazard、「*Assassin's Creed*」的assassin都是源自於阿拉伯文，以上例證不難看出伊斯蘭文化對其他地區的影響。另外，他們也有將別人的文化吸收後再發散到其他地區，如中國的造紙術、印度的數字、衣索比亞的咖啡等等。

總之，阿拉伯帝國吸收了不少如東羅馬帝國的希臘化文化、薩珊帝國的波斯文化、猶太、印度與中國等文化，在這些文化的基礎上更深入地探索，建立了比這些文明更進一步的伊斯蘭文明，成為當時世界的潮流。

封建制度：中古歐洲的社會基礎

在西元四世紀的民族大遷徙過程中，許多日耳曼民族進入西羅馬帝國的領內，擊敗西羅馬的軍隊並劃地為王，國王於是將這些領土轉封給功臣，以換取他們的效忠，這些由國王賞賜的土地稱為「采邑」，而這種冊封土地給下屬的制度稱為封建制度（Feudalism）。起初，這些土地的授予並非永久不變，如果國王認為受封者不服從自己的命令，或是不夠忠誠，國王有權將采邑收回；另外一種情況是受封者逝世，國王也會將土地的使用權收回，轉封給他人。這個分封土地的政策在法蘭克人建立的墨洛溫王朝時已開始實施，但是到了加洛林王朝時，土地分封已轉變為世襲制，受封者可以將土地轉封給自己的下屬，而他的下屬如果獲得足夠的土地，也可以在分封給下屬，形成一個國中有國的現象。

國王需透過受封儀式如「效忠式」或「臣服禮」將領土分封給臣子，受封的臣子也必須宣誓要效忠國王，以及對國王盡義，在宣誓結束後，國王接著進行「授職禮」，賜與臣子一個象徵性的物件，代表土地的轉移，同時賜與公、侯、伯、子、男等爵位或騎士稱號。封臣對領主的義務最基本的是派兵與納稅，除此之外，如果領主的子女成年或婚嫁，封臣須奉上禮金；領主戰敗被俘虜，封臣要為領主籌措贖金等等。

封建制度的出現使得騎士制度隨之產生，查理・馬特在圖爾之役發現騎兵的重要性，在戰後立即著手規劃騎兵兵種，但是騎兵的培訓與裝備花費昂貴，於是查理・馬特就將土地分封給騎士，作為他們的食俸以便購辦騎士所需的軍備，這些分封給騎士的土地有部分是從教會掠奪而來，使得教會對查理・馬特相當反感。騎士階級的出現也促進日後中古世紀的騎士文學誕生。

當時的教會由於信眾的樂捐，教會擁有許多資產，為了能保護這些資產，教會也仿照封建制度將自己的領土封給武士，讓他們保護教會，而武士必須對主教或修道院院長效忠。此外，當時的國王也會將土地貢獻給教會，因此教會就成為國王的屬臣，由於這層俗世權力介入教會的人事任用，導致了後來的主教敘任權之爭。

封建屬臣須對領主納稅，這些稅務主要不是貨幣而是穀物，這些穀物的生產自然不是由領主階級耕種產生，而是由有賴佃農，這些佃農不似羅馬時期大農莊的奴隸沒有人生的自由，但是因為封建制度的關係被束縛在領主的土地上，不能自由移動，也不能選擇行業。

莊園制度：中古歐洲的經濟模式

莊園制度（Manorial System）是因為封建制度而產生的經濟模式。與封建制度同樣盛行於西歐與中歐地區，因為這些地方長久以來飽受戰亂和瘟疫，導致人口銳減，於是商業衰退，回到農業的型態，過著以物易物的生活，這形態下的人們僅求溫飽，無法有過多的奢求。莊園的佃農有部分是由領主招來，但大多數是為了在動盪的時局存活，依附封建領主，而這些依附的人有小地主也有無業遊民。

莊園以領主的宅邸為中心，領主的周遭住著親屬或隨扈。莊園內亦有磨坊、水車、烤爐、打鐵舖、穀倉等設施供應莊園內的需求，但是如磨坊、水車等設備因為是領主的資產，須付費使用。莊園內亦設有法庭，可以做為仲裁的場所。此外，教堂是莊園內不可或缺的設備。這些莊園雖然基本設備都不多，但是每個莊園都有各自的獨特性，無法找到完全一模一樣的莊園。原則上，莊園的生活可以自給自足，偶爾會有商人來到莊園貿易。

同樣是在莊園工作，中古世紀的佃農要比羅馬時代的奴隸自由，待遇也較好，佃農可以從領主獲得土地耕種，收穫的農產品只需要繳交固定額數給領主，剩餘部分就收歸個人所有，比起羅馬時代的奴隸微薄的待遇可算優渥；佃農都有自己的住家，雖然是很簡單的屋舍，但至少比起奴隸住的舒適；雖然佃農不能脫離莊園，但是可以在莊園內自由移動，不受限制。除了納稅外，佃農還須服勞役，如製作武器，搭建城堡抵禦敵人等。除非是犯了重罪或是無願對領主服勞役或納稅，一般情況下領主是不會隨意驅趕佃農，而佃農除非到城市闖蕩，不然也不會輕易離開莊園。

莊園制度雖然在十一世紀大致完備，但卻在十一世紀末的十字軍東征運動起了變化。由於十字軍東征的緣故，促進了商業的貿易，於是中歐與西歐的城市又再度興起，可用貨幣訂定商品的價值，以物易物的型態逐漸被貨幣取代。在商業繁榮的強況下，透過貿易賺取的利潤比收租可觀，於是領主漸漸將重心由莊園的經營轉向商品的交易。莊園的佃農因為參加十字軍東征，於是離開了莊園重獲自由。莊園的勞役與稅收都可由交納錢幣代替，領主甚至同意佃農以金錢贖回自由，有些領主甚至為了籌措軍費，將莊園變賣，於是在這些原因之下，莊園制度開始瓦解。

以基督教為思考的文化：中古世紀前期的歐洲文化

中古世紀時期西歐地區戰爭頻仍，瘟疫擴散，導致人口銳減，經濟衰退，文化發展停滯，人們只求溫飽，別無奢求，而宗教可以讓人心靈獲得安撫，以擺脫外在的動盪。因此基督教在當時社會中具有重要的地位，也影響了每個人生活中的各個層面，如文學、哲學、藝術與建築等，無不環繞在基督教的氛圍之下。

最早向日耳曼民族傳教的教士是西哥德人烏爾斐拉，為了向哥德人傳教，將聖經翻譯成哥德語，也因此創造了哥德字母，並且將翻譯的聖經譯本命名為《銀文書》。西哥德人劫掠羅馬城，並恥笑羅馬人的衰亡要歸咎於羅馬人拋棄以往的多神信仰，而改信基督教，導致宙斯等天神遺棄羅馬人，才遭致如此惡報，奧古斯丁（Augustine）為了反駁異教徒的嘲弄特地撰寫《上帝之城》（*City of God*）一書，書中提及人世間所有城市都會毀滅，只有上帝之城才能得到擁有的和平，也只有信仰基督才能獲得恩典，此書也間接樹立了教會的權威。中古世紀文學作品中有不少史詩體例的作品如《羅蘭之歌》（*The Song of Roland*）、《貝爾伍夫》（*Beowulf*）等，這些著作雖然屬於騎士文學，但是文中蘊含了基督教色彩。

中古世紀的教會都有附設經院（School），專門培訓傳教士以及有意從事教會工作的青年，課程內容以讀經寫經。除此之外，他們還研究與神學相關的哲理，因此稱之為經院哲學（Scholasticism），又稱作士林哲學，經院哲學的產生是為了解決教義上的合理性，並且更深入明瞭信仰的本質。經院哲學在整個中古世紀起了很大的作用，而經院哲學的開展是受到古希臘的新柏拉圖主義影響，相當重視理性的思考，這時期著名的經院哲學家有蘇格蘭的愛利基納（John Scotus Erigena）與安瑟倫（Anselmus）。

音樂方面的創作多與宗教儀式相關，其中較著名的是葛利果聖歌，由教宗額我略一世改良而來，歌詞多取自聖經。額我略一世一生創作六百多首的聖歌，改編歌曲的調性，並在教廷設立一所專門培訓歌詠聖歌的學校，影響至今。

在查理大帝被加冕為羅馬皇帝後，開始復興西羅馬的文化，在建築上融合了巴西力卡式建築：長方形建築、建築兩側有廂廊，與拜占庭式建築：圓拱形屋頂，於是出現了名為仿羅馬式的建築，這類建築除了有羅馬式的後牆外，從上空俯瞰，呈現十字型，是巴西力卡式變體，德國的帕拉丁禮拜堂是唯一一座從查理大帝大時代留下來的仿羅馬式建築物，另外還有著名的義大利的比薩斜塔與比薩寺院也是這類建築。至於中古世紀另一個著名哥德式建築，則是參與十字軍東征的騎士們有感阿拉伯式建築的莊嚴感，於是將阿拉伯式的尖塔造型帶回西方，再加上適合西方環境的建築設施，便產生了與羅馬式建築迥然不同的哥德式建築，法國的巴黎聖母院與德國的科隆大教堂即是典型的哥德式建築。

卡洛林文藝復興：中古歐陸文化的發軔

查理大帝在先人的基礎上快速地建立了一個龐大的帝國，但是日耳曼民族過往的經驗尚未發展出可以有效管理如此廣大的領土，尤其是對懂得書寫的人員之需求，他知曉透過教育可以培訓為帝國效力的人才，但當時的教育系統不似現在完備，僅修道院才稍微具有教育的型態，再加上查理大帝對基督教抱有熱誠，希望帝國的異教徒都能受洗為基督徒，於是展開了他的文教事業。

當時英格蘭與愛爾蘭受到戰火影響相對於歐陸地區來的少，而英格蘭與愛爾蘭受基督教影響尚淺，於是許多修士積極地前往該處傳教，希望島上居民也能感受基督的博愛。但是修士在禱告和誦讀《聖經》使用的語言是拉丁文，而英格蘭與愛爾蘭人使用的是盎格魯撒克遜語，信徒自知不懂拉丁文積極地向修士請教，於是修道院開始有教授信徒拉丁字母的功能。另外，因為修道院有規定修士每日必須閱讀，讓修士們略有讀書識字的能力。於是西元七八二年查理大帝延攬了英格蘭的阿爾昆（Alcuin）擔任法蘭克宮廷學校校長，並要求他的王子、公主，甚至皇后都到學校學習。除了阿爾昆外，查理大帝還從歐洲其他的去聘請許多有知識的學者，如主教狄奧多爾夫（Theodulf）、比薩的彼得（Petrus of Pisa）、艾因哈德（Einhard）、倫巴底的保羅（Palulus Diaconus）等擔任宮廷學者。

宮廷學校的課程是阿爾昆採用卡西歐多魯斯（Cassiodorus）的七門通識學科：文法、邏輯、修辭、幾何、算數、天文與音樂，前三者為初階學科，稱為「三文」，後四者為高階學科，稱為「四藝」，這些學科成為中世紀學校的基本課程。查理大帝看見他的文教事業稍有成就，於是更積極地推廣，在西元七八七年飭令各修道院附設學校；西元八〇二年更頒布「義務教育令」，使將這套宮廷教育推廣至全國，讓全國孩童進入學校讀書，期盼他們能讀書寫字。這個政策是歐洲教育史上第一個普及教育令，但可惜的是這個命令沒能徹底施行。

雖然這時期的文化成就相較其他時期而言，相當淺薄而且不具有獨創性，教育的氛圍離不開宗教，但仍有其實用性。而且查理大帝的嘗試使得原本離群索居的修士成為中古世紀的知識傳播者，宮廷學校成為各地教授基督教觀點的經院學校的模範，也為歐陸的文化奠定了基礎，這時期因此被學者稱為加洛林文藝復興（Carolingian Renaissance）標示出這時代的不凡之處。

中世紀修道院：抄寫書籍與保存知識的中心

世界上最早的修道院是由隱士帕科繆（Pachomius）於西元三一七年在埃及的底比斯創立，他開創了群居式的修道制度。在修道院創立之前，隱士都在遠離城市，例如在沙漠地區各自修行，居無定所。隱士的產生是他們相信要能獲得救贖，除了禱告以外還必須禁慾，摒棄一切的財富、婚姻等世俗的事物，透過苦行或鞭笞可以降低這些慾望的產生。帕科繆除了興建多所修道院外，還規定了戒律，後世其他修道院也以帕科繆的戒律為基礎。這種修道制度最早在埃及產生，而後在東羅馬帝國區域廣為流傳，西元三七〇年左右，開始向西歐地區傳播。

在中世紀時期西歐地區最著名的修道院即是卡西諾山修道院，該修道院是由努西亞的本篤（Benedict of Nursia）於西元五二九年建立，因此又稱為本篤修道院。本篤會規（Regula Benedicti）是本篤參考自帕科繆的戒律，再加上本篤個人的經驗而成，他主張修士捨去財富，安於貧苦；不得與女性私下來往，終身不婚；應在修道院修道，並且服從院長；提倡體力勞動，但反對過度的苦行。並且規範修士一天的生活，除了睡眠外，還需禱告與勞動，其中一項規定修士要讀書、習字與抄寫。此外，本篤會規受到教宗額我略一世與查理大帝的支持，在西方相當盛行，不僅成為法蘭克王國領內所有修道院的會規，幾乎西歐與北歐地區的修道院都奉為圭臬，也讓知識更能廣為保存。

當時的修士為了讀書，在所有的修道院內的寫經室，他們一邊讀書一邊抄寫古希臘、古羅馬的書籍，這樣抄寫的工作讓這些古籍有了副本，如此一來就不會因為戰爭、災害等意外讓這些知識完全消逝。在漸漸識字後，修士們也會撰寫自己的作品、編輯道德故事感化民眾，或是為聖經、院長的著作補上注釋等讓人們容易理解。當時中世紀的人們，不論是貴族還是百姓，絕大部多的人都是文盲，對他們而言，修士是有知識的一群人，因此經常受邀講學。而修道院內還設置了圖書館，用來收藏這些謄抄的古籍或是自撰的作品，並且開放給一般大眾閱讀，修道院因此成為知識中心。由於修士必須讀書的這項規定，為古希臘、古羅馬的文化傳承帶來貢獻，也為後來的文藝復興引發重大的影響。

君權與教權的角力：主教祝聖權之爭

中古世紀時期君權與教權之爭時有所聞，欲建立世俗政權者只要取得教會的認可有很大的機會可以成功，而教會有賴這些人的保護，雙方互利共生。但是當雙方的利益相違背，往往引發極大的災難，這種情況在羅馬正教遍布的中、西歐較為嚴重，而神聖羅馬帝國與羅馬教宗國之間權力的角力是衝突的開端。

當時羅馬教會的教士的行為逾越了神職人員應該有的德行，引發了克呂尼改革運動（Cluniac Movement），目的是使教會的事務回歸教士自主，拒絕俗世權力的干涉，以解決教士敗德的行為。當時教士升任主教或修道院院長須舉行授職禮，由國王將代表神權的信物轉交給繼任者，這是君權對神權的一種干涉，這一儀式牽涉到君權的利益，因為當時教會與修道院擁有許多資產，也可做為生財的工具，各方都覬覦這職位，本來應該是神聖的職務，卻像在市場買賣般的任意出售，而透過世俗權力者的授與可輕易安插自己屬意的人選，以獲取不義之財。教宗額我略七世（Gregory VII）極力主張改革，甚至認為神權是高於君權，不容神權遭受玷汙，於是與神聖羅馬皇帝亨利四世（Henry IV）展開對峙。西元一〇七六年，亨利四世與支持他的主教們率先宣布額我略七世的教宗職務無效，而額我略七世也將亨利四世處以絕罰，以及解除支持亨利四世的主教們的職務，並派使節拉攏反對亨利四世的日耳曼貴族，逼迫皇帝退位。而教宗本人則以貴族們的邀約為理由，前往日耳曼地區看亨利四世出糗。

亨利四世知道當時局勢對他不利，於是以退為進，在隔年一月寒冷的季節以苦行表示懺悔，他穿著粗糙的布衣赤腳站在雪中出現在教宗北上日耳曼駐蹕的卡諾沙城外，教宗為了考驗他故意讓他在雪中等候三日才接見他。亨利四世在教宗面前極力悔過，希望能得到教宗的赦免，如此一來才能擺脫帝位被罷黜的危機。結果如亨利四世所願，教宗果然赦免他的罪。

亨利四世暫時與教宗額我略七世停戰，但是亨利四世又要面對另一個問題，國內貴族因為拒絕承認他的帝位，於是另立新王。這些人反對亨利四世的中央集權政策，想借用教會的力量打擊亨利四世，教宗發現亨利四世根本無意與教會和解，轉而支持新王。這場內戰由亨利四世取得勝利後，亨利四世又向教宗發難，並另立新教宗克勉三世（Clemens III）與原先的教宗額我略七世對立。亨利四世領兵至羅馬，額我略七世向南遁逃，由對立教宗克勉三世為亨利四世加冕。額我略七世拉攏佔據在義大利半島南方的諾曼人，協助他攻打亨利四世的軍隊，並奪回羅馬城，但額我略七世無法阻止諾曼人的劫掠，失去人民的擁護下，被迫外逃之後便過世。

新選出的羅馬教宗烏爾邦二世（Urban II）暫時與亨利四世和解，待時機成熟後就再一次挑戰主教祝聖權的問題，讓亨利四世再次進攻義大利，但是無功而返，之後亨利四世就陷入兒子們的反叛之中。亨利四世在位期間主教祝聖權之爭一直無法結束，直到下個世紀才由他的兒子亨利五世（Henry V）與教宗巴斯卡（Pascal II）簽訂沃爾姆斯政教協議（Concordat of Worms）才得以解決。

第四章

中古盛期：
擴張中的歐洲文明

西元一〇九六年，大批歐洲人受到教宗的號召，攻打位在東地中海世界的伊斯蘭勢力，並計畫佔領聖城耶路撒冷，就此開啟後來所稱的「十字軍東征」。伊斯蘭教自從在西元八世紀興起後，迅速向外擴散，西亞、兩河流域、埃及、北非及大部分伊比利半島，都在他們的統治之下。與伊斯蘭教相比，歐洲基督宗教與拜占庭帝國處於相對弱勢的狀態，多半只能被動地防守他們的攻勢。在十一世紀時，皇帝迫於現實壓力，向歐洲尋求軍事援助。教宗與歐洲人回應皇帝的請求，組成數量龐大的隊伍往東出發。

十字軍的組成分子其實相當複雜。有人將其當作一次盛大的朝聖之旅，也有人視為可以向外探險的良機，又或著是可趁機拓展財富的機會。世俗利益是支撐十字軍的一大動機，因為十字軍，歐洲人的勢力更深入東地中海世界，在當地建立國家或是貿易據點，豐富日漸發達的貿易網。受惠於社會穩定，農業成長，曾一度低落的歐洲商業活動十一世紀開始迅速成長，十字軍東征與此波商業復甦相配合，開拓更多的商品來源。與工商業密切相關的重要大城及商人，也在此時嶄露頭角。勢力更強大的商人團體，影響力甚至堪比諸多封建領主，為中古歐洲社會添加更多文化元素。

封建關係是中古歐洲的社會基礎，在中古後期也面臨些許重要變革。當時的英、法兩國國王，雖偶爾面對貴族的挑戰，但他們利用多種手段建立強大的中央政府，使整個王國更統一在國王之下，為未來的中央集權式國家鋪路。與之相比，神聖羅馬帝國的皇帝就顯得相當失敗。他們在建立更強大的皇權時，不僅受挫於想獲得更多自主權的各地諸侯，也敗給想確立教權至上的教宗。順著宗教改革的浪潮，教宗的權勢地位在十一世紀後顯著成長，逐漸變成一個近乎獨裁的教會統治者。憑藉著他們的權勢，教宗在當時的多次「政教衝突」中，往往佔有莫大優勢。

中古盛期的歐洲並非一帆風順，他們也曾遭遇蒙古人入侵及黑死病等重大災難。起源於東亞的蒙古人在十二、十三世紀崛起，往西最遠曾抵達現今的波蘭、匈牙利一帶，如果不是大汗剛好逝世，歐洲大部分地區可能難以倖免於難。同樣是來自東方的黑死病，對歐洲造成的傷亡更是難以計算。缺乏現代衛生觀念與醫療技術的中古歐洲，面對黑死病毫無招架之力，大量人口死亡，最嚴重的地方甚至滅村。因為黑死病造成重大災難，處處可見其在歐洲社會留下影響的痕跡，重要性絲毫不下於十字軍東征、政教衝突或城市興起等歷史發展。

中古盛期的國王：往中央集權發展

「上有中央政府，下有地方政府」是現代國家組織的基本樣貌。雖然有各大小地方政府處理地方事務，不斷往上堆疊，總會有一個中央政府掌握最核心、最關鍵的事務。這種金字塔型結構的政府組織，在十一世紀歐洲社會是相當陌生的政治結構。因封建制度使然，當時許多國家距離一個政治統一、有優異行政效率的政治體系有一大段差距。這些國家的統治實權，不是集中在國王身上，而是分散在各地的大小貴族手上。粗略來說，中世紀國家處於「所有權」及「管轄權」分開來的狀態，一國之君不見得管得動他底下的封建貴族。一些有雄心大略的國王想改造現有狀態，使自己成為名副其實的統治者，位處封建制度的最頂端，當時最成功的當屬英、法兩國的統治者。

西元一〇六六年，日後人稱「征服者威廉」（William the Conqueror）的法國貴族跨越英吉利海峽，打敗現有國王，順利獲得英國王冠。他相當重視新領地的管理，制定許多專門組織或制度以管轄全國的行政、司法與財政事務，更重要的是，這些事物的核心都由國王把持，帶領英國邁向以當代表標準來看，有強大君王及中央統治機構的國家。他的幾位後繼者，如亨利一世（Henry I）、亨利二世（Henry II）也都是相當有才能的君王，依循威廉的道路，不斷強化中央政府及王權的控制能力。因為有優秀的行政組織，後來的獅心王理查（Richard the Lionheart）才能四處征戰，而待在英國國內的時間只有短短六個月。當然，國王和封建領主並非毫無衝突。約翰一世（John I）便被迫簽訂著名的《大憲章》（Magna Carta），迫使英王須在一定規範下才能擴張權限。

從崩解的查理曼帝國誕生的法國，在十一世紀由卡佩王朝（Capetian Dynasty）統治。法國雖然領地遼闊，但法王的的實質力量只限於巴黎及其周圍稱之為法蘭西島（Isle de France）的區域內，許多貴族根本不把這個弱小國王放在眼裡。更糟糕的是，國內最大的貴族，就是他們的死對頭英國國王，其封地一度大到占有全法國的一半。卡佩王朝的法王先是專心經營他們的直屬領地，將其牢牢掌握，並使之成長為全法國最繁榮穩定的地區。直到十三世紀初的法王腓力・奧古斯都（Philip Augustus），趁機打敗英王約翰一世，直屬地擴大至三倍以上。他使用先前建立的中央機構，向外延伸管理新領地，並以更豐富的收入，當作進一步強化王權的最好後盾。

正當神聖羅馬帝國的皇帝受挫於重建大一統帝國時，英、法兩國君王順利建構一個強大的中央政府。他們雖不是獨裁君王，掌握的實權卻比皇帝要來得多，整個國家也更聽命於他們。在十四世紀，因領地、王位及歷史背景的衝突，英、法兩國開啟所謂的百年戰爭。在這場戰爭中，雙方互有勝負，損失慘重。但他們都在戰爭中學習，不斷強化中央政府的權能，使其更具有現代政府組織的特色。

腓特烈巴巴羅薩與霍亨斯陶芬王朝：重建大一統帝國

自從統治全地中海的羅馬帝國消失後，歐洲文明就對這個大一統帝國念念不忘，在今日的德國、瑞士、奧地利、捷克及義大利境內，組成一個名為「神聖羅馬帝國」的國家。這個國家原先在前幾任皇帝的統治下，擁有一個比起當代歐洲諸國更強大的行政組織。但在中世紀後期，經歷與教宗、諸侯的一連串競爭後，中央政府與皇帝權限不斷下放，以致於英、法、西等國在十六世紀邁向強大的民族國家時，帝國境內乃分裂成難以數計的各大小國家。

在十一世紀中葉左右，皇帝與教宗維持先前諸皇帝建立的友好關係，教會協助皇帝治理遼闊的帝國，而皇帝也用他們的世俗權力，保障教會利益，協助教宗推動教會改革。西元一〇五六年，皇帝亨利四世（Henry IV）繼位，十餘年後，熱心於改革的教宗額我略七世（Gregory VII）繼位，兩者在神職人員的任命權上發生嚴重衝突，帝國與教會的和諧關係不復存在。接下來的二至三世紀，雙方的衝突一直是中世紀歐洲的重要政治事件。

西元一一五二年，霍亨斯陶芬王朝（House of Hohenstaufen）的腓特烈一世（Frederick I，〔即為著名的腓特烈・巴巴羅薩〔Frederick Barbarossa〕）繼位。這位新任皇帝活力充沛，喜歡帶兵四處征戰，更急於樹立被人忽略已久的皇帝權威，重建帝國政府的威望。腓特烈一世一生中，花費許多精力與富饒的北義大利城市周旋，當地名為帝國領地，但長久以來早已實質獨立。腓特烈一世為了取得地方貴族的支援，或至少確保他們不會趁機作亂，下放許多權力，如此一來才能放心遠征義大利。面對反覆無常的義大利諸城邦，再有軍事才能的腓特烈一世也疲於奔命，多次進軍未果，再加上各地諸侯及教宗都不希望出現一個強大的皇帝（這意味者他們的權力將被限制），多次藉機阻撓。一一九〇年，腓特烈一世在十字軍東征途中不幸溺斃，這位皇帝就在未完成帝國大業的情況下死去。

腓特烈一世的兒子亨利六世（Henry VI）因妻子的關係，握有西西里王國的統治權。這麼一來，教宗等於被皇帝的勢力南北夾擊，促使他們更神經緊繃地觀察霍亨斯陶芬王朝的皇帝。亨利六世在位的時間並不長，死於一一九七年，其子年幼，帝國內的諸侯起而爭奪帝位，教宗也公然參與這場政治競爭，遊走於雙方之間，希望獲取政治利益。霍亨斯陶芬王朝的第三位皇帝腓特烈二世（Frederick II）是位優秀的統治者，在長大後，接連打敗帝位競爭者，穩定西西里王國的統治，恢復他的祖父與父親曾經擁有的政治權威。西元一二二七年，他參與另一次十字軍東征，以和平手段再次為基督徒取得耶路撒冷，完成腓特烈一世的夢想。隨著政治聲望不斷升高，腓特烈二世決定嘗試另一個他祖父未能完成的事蹟：征服北義大利諸城。他再一次遇到城市及教宗的激烈反抗，直到一二五〇年死前，這場戰爭都未能畫下句點。

腓特烈二世死後，霍亨斯陶芬王朝還短暫持續了一陣子直到一二五四年。到那時他們已難以自保，更遑論重建大一統帝國。不久後皇帝變成由選舉產生。帝國諸侯、北義大利城邦及教宗都得到他們所想要的，神聖羅馬帝國的皇帝權威被大幅削弱，他們獲得更多的自由、自治權。「皇帝」頭銜在接下來的日子裡，變得更像是名義上的稱號，事實上無能也無力管控帝國發展。

政教衝突：爭奪最高領導權

自從基督宗教在君士坦丁的保護下合法化之後，羅馬城主教不斷強化其自身權威，漸漸成為後來所稱的「教宗」。在十四世紀之前，教宗的地位不斷升高，持續與各地世俗君王，特別是神聖羅馬皇帝爭奪最高領導權，致使中世紀歐洲不斷上演政教衝突的戲碼。

在西元一〇七七年，皇帝亨利四世在大雪紛飛的日子裡，赤裸著腳來到阿爾卑斯山的某個堡壘前。根據當時記載，「在接下來的三天，亨利站在城堡大門前……赤腳並穿著粗糙的衣物，不停地落淚尋求教宗的幫助與開恩。」亨利四世的懇求對象即為這段記載的書寫者——教宗額我略七世。自基督宗教興起以來，鮮少有冠以皇帝之名的統治者在教宗面前，遭遇如此不光彩的處境。而這一切都可從十世紀開始的教會改革說起。

查理曼帝國及早期的神聖羅馬帝國，與教會的關係相當密切，前者給予教宗保護與財產，後者協助皇帝統治國家，與帝國官員無異。但時間一久，教會出現神職人員紀律鬆散、違背宗教義務的弊端。十世紀初，一位名叫克呂尼（Cluny）的修士發起改革教會的活動，呼籲神職人員遵守宗教戒律。他的訴求獲得不少人認同，許多人起身參與改革，這股改革浪潮也擴及到教宗身上。在此之前，教宗素行不良的故事時有所聞。西元一〇四六年，皇帝亨利三世（Henry III）利用他的軍隊，協助他屬意的改革派人士為新任教宗，也就是良九世（Leo IX）。直到一〇五四年死去為止，良九世不斷遊歷多處宣揚改革。他的繼任者尼格老二世（Nicholas II）頒布一道改革方案，規定爾後教宗由樞機主教選舉，而非先前多由皇帝指派，教宗與皇帝之間自此出現裂痕。

接下來的教宗額我略七世以更強硬的態度貫徹改革精神，要求所有主教不能由平信徒（無聖職教徒）擔任。當時的皇帝亨利四世無法接受，因為長久以來皇帝都藉由指派人選擔任主教，協助他們管理國家。態度強硬的教宗最後將皇帝處以絕罰，還借用諸侯與皇帝的緊張關係，表示所有諸侯都應起身對抗皇帝。亨利四世遭受內外夾擊，不得不演出向教宗求情的場景。額我略七世及其後的教宗，在神職人員任免權上還與多位世俗統治者發生衝突，但就屬這一幕最富戲劇性。

事實上，當年亨利四世在解決國內諸侯的問題後，馬上轉身攻擊額我略七世，使他的餘生都在逃難中度過，死前宣稱，「我熱愛正義痛恨邪惡，因此我在流亡中死去。」總體來說，教宗在短時間內總是佔上風。英諾森三世（Innocent III）及波尼法爵八世（Bonifice VIII）就在與皇帝的屢次衝突中，不斷削弱對手權威。不過在十四世紀後，他們面對的是更強大的世俗君王。波尼法爵八世的最大對手腓力四世（Philip IV），乾脆用武力逼迫教宗將教廷遷到法國的亞維農（Avignon）。這預示一個重要發展：一旦教宗的宗教權威難以發揮影響力時，低落的軍事力量將是他們最大弱點。

十字軍東征：基督教世界的擴張運動

西元一〇九九年的夏天，一批來自歐洲的軍隊圍攻聖城耶路撒冷。五個星期後，他們攻破城牆，大肆屠殺城內居民。後來以此為據點，在伊斯蘭世界建立一耶路撒冷王國（Kindom of Jerusalem）。五年前，也就是西元一〇九五年，教宗烏爾邦二世（Urban II）在宗教會議上，公開呼籲歐洲人往東進軍伊斯蘭世界，征服聖城耶路撒冷。教宗的呼籲獲得不小迴響，隔年有許多歐洲騎士騎上馬，帶著大量生活必需品與作戰裝備，橫跨大半個歐洲，目標直指耶路撒冷，這就是第一次十字軍東征。在此之前，中世紀歐洲未曾見到如此大規模的長途行軍。

總體來看，第一次十字軍東征相當成功。十字軍經由海路或陸路到基督宗教的前線大城君士坦丁堡集結後，再穿越小亞細亞半島。這批十字軍一路上接連遭遇抵抗，不過分裂的伊斯蘭世界根本不是他們的對手。龐大十字軍花了三年多的時間抵達耶路撒冷，再花一個多月的時間，終於再次將這座城市納入基督宗教的勢力範圍內。十字軍一路往耶路撒冷的過程中占領大片土地，他們按照歐洲習慣，陸續建立起安提阿公國（Principality of Antioch）、埃德薩爵國（Earldom of Edessa）、的黎波里爵國（Earldom of Tripolis），以及以耶路撒冷為首都的耶路撒冷王國。這幾個封建國家分布在東地中海沿岸，被伊斯蘭勢力包圍，形成一條狹長的基督徒勢力範圍。

十字軍國家不乏才智兼備的統治者或將領，但他們的優勢沒有維持太久。在攻下耶路撒冷約五十年後，伊斯蘭勢力的屢次反攻，迫使歐洲人在一一四七年組織第二次十字軍東征，這次反倒遭遇慘敗。在當時，伊斯蘭世界的力量統合在薩拉丁（Saladin）之下。他的優雅、寬大，即便連歐洲騎士都為之讚許，但最令他們頭痛的是，他也是一位優秀的軍事將領。在與十字軍多次交手後，薩拉丁占領耶路撒冷，聖城淪陷的消息一傳回歐洲，馬上激起第三次十字軍東征，當代歐洲的著名君王都參與其中，如腓特烈·巴巴羅薩和獅心王理查。這一次的十字軍再次無功而返。在此之後，歐洲人仍多次組織十字軍，希望痛擊伊斯蘭勢力，再次奪下耶路撒冷。但十字軍的複雜性削弱整體實力，參與其中的各方勢力都有各自盤算，第四次十字軍東征就在威尼斯人的慫恿下，「順便」攻下拜占庭帝國的首都君士坦丁堡，使這個古老帝國元氣大傷。然而再多的十字軍都無法挽回頹勢，西元一二九一年，穆斯林攻下十字軍在東地中海的最後一個堡壘，到此為止，第一次十字軍的戰果只剩下散布在東地中海上的部分島嶼，如賽普勒斯和羅德島。

十三世紀後，仍有許多教宗對十字軍念念不忘，多次號召歐洲君王組織十字軍。但後者更感興趣的是自己的國內事務，對於所費不貲、風險極高，而且幾乎毫無利益可言的軍事行動興趣缺缺。即便是在一四五三年，鄂圖曼土耳其帝國攻陷君士坦丁堡的關鍵時刻，都未能激發他們認真組織一支十字軍。

中古盛期的東地中海：拜占庭帝國與伊斯蘭世界

羅馬帝國滅亡後，地中海世界由三大勢力分割，分別是占據大半歐洲的基督宗教文明，橫跨歐、亞兩洲的拜占庭帝國，以及分布在近東、北非一帶的伊斯蘭文明。從十一世紀起，歐洲地區逐漸擺脫混亂局勢，邁向更穩定、繁榮，並積極向外擴張的方向發展，例如著名的十字軍東征。另外兩大文明，也都以各自的方式活躍於東地中海世界。

中世紀早期拜占庭帝國接連面對波斯帝國、阿拉伯帝國等強敵，還時常有外族入侵他的歐洲領地。結果拜占庭帝國的亞洲領地幾乎喪失殆盡，歐洲領地大幅縮水。大約在十到十一世紀左右，因接連幾位皇帝的勵精圖治，差點亡國的拜占庭再度恢復生氣，重新佔領小亞細亞，並和俄羅斯人維持不錯的外交關係，穩固東歐領地。雖然國勢不比以往，但拜占庭的繁榮富庶及文化成就仍令當代歐洲為之嚮往。直到皇帝亞歷克塞（Alexius Comnenus）時，信奉伊斯蘭的土耳其人崛起，將拜占庭軍隊打得落花流水，迫使皇帝向西歐國家要求援軍。

伊斯蘭世界曾在七至九世紀左右統合於阿拔斯王朝之下，該王朝衰弱後，整個伊斯蘭世界，至少就政治面向上來看，早已分崩離析。但各地伊斯蘭統治者仍保有相當大的活力，不斷擴張伊斯蘭文化的影響範圍。在印度洋及東地中海地區到處可見穆斯林商人，不久後他們甚至往東南亞發展，重要大城往往也是學術重鎮，研究歐洲早已遺忘的知識。日常生活上，穆斯林享有更好的物質生活，令許多歐洲人為之讚嘆。不只阿拉伯人，土耳其人、波斯人，以及隨後到來的蒙古人都信奉伊斯蘭，使之成長為世界性宗教。因為政治上的分裂，伊斯蘭世界在面對來犯的十字軍時，未能團結一致起身反擊，直到著名的薩拉丁在統一敘利亞和埃及後，才一步步地驅逐十字軍。終於在十三世紀將十字軍趕走。

面對十字軍，拜占庭帝國未受其利反受其害。十字軍確實曾在短時間內重挫伊斯蘭，但在占領耶路撒冷後，未能有其他進展。反倒是皇帝必須小心觀察這批好鬥的軍事集團，趕緊把他們送離帝國領地。西元一二六一年，受利益驅使的十字軍攻陷帝國首都，自立皇帝。經此打擊，本來就不甚穩定的拜占庭更加衰弱。拜占庭雖在日後順利收回他們的首都，十字軍也早已離開這個區域，但他們接下來面對的是更強大的敵人：鄂圖曼土耳其人。這批信奉伊斯蘭的土耳其人於十三、十四世紀左右在巴爾幹半島和小亞細亞扎根生長，日後將徹底消滅拜占庭，開拓一個橫跨歐、亞、非三洲的龐大帝國，與歐洲文化分別占據地中海兩側。

蒙古西征：從東方來的強大勢力

歐洲與地中海地區在歷史上曾遭遇多次遊牧勢力的入侵，蒙古人可說是他們在中世紀晚期遭遇到的最強敵人。蒙古人起源於蒙古高原一帶，在十三世紀初由著名的成吉思汗統一本來各自為政的大小部落。不久後蒙古人揮軍南下，先是滅掉西夏，再轉往攻打金國。正當蒙古人往南推進時，另一批軍隊也往中亞進軍。因外交衝突，成吉思汗決定攻打中亞的花拉子模帝國（Empire of Khorezm）。戰無不勝的蒙古軍，在短時間內就消滅這個曾在中亞雄霸一時的強大勢力。西元一二二七年成吉思汗逝世，龐大帝國由四個兒子分別繼承。他的死並未抑止蒙古人的攻勢，其繼承人們不斷擴張領地，打造一個當時世界上最大的帝國。

成吉思汗死後的五十年間是蒙古人的迅速擴張期。蒙古軍順利征服金國，與南宋對峙的同時，不斷往西推進。其中一批軍隊經由西伯利亞一帶往歐洲進軍，波蘭、俄羅斯、保加利亞、塞爾維亞、匈牙利與日耳曼東部等，幾乎整個東歐地區都捲入與蒙古人的戰爭中。西元一二四一年，蒙古軍征服俄羅斯南部後，兵分二路繼續往西，一支軍隊朝向匈牙利，另一支進攻波蘭。前往波蘭的蒙古軍遭遇波蘭與日耳曼人的歐洲聯軍，以優異的機動性大敗聯軍。在同一年，往匈牙利的蒙古軍也輕鬆殲滅匈牙利大軍。如今幾乎整個東歐都在蒙古人的勢力範圍內，只要再往西一點，蒙古人將進入當代歐洲最繁榮富庶的地區。最後救了歐洲的不是另一批歐洲聯軍，而是蒙古可汗的病逝。在歐洲的蒙古軍收到消息後，按照傳統撤軍返回蒙古推選新可汗，歐洲地區終於倖免於難。

待國內局勢穩定後，蒙古的攻勢再起。在東方，他們於一二七九年消滅南宋，建立元朝；在歐洲，他們攻占大半俄羅斯，建立欽察汗國（又稱金帳汗國），控制廣大勢力範圍。另一批蒙古軍則往東地中海，成為繼十字軍之後，伊斯蘭世界的另外一大威脅。驃悍的蒙古軍陸續攻佔著名的伊斯蘭大城如大馬士革、巴格達等，造成重大傷亡，已存在五世紀之久的阿拔斯王朝（Abbasid Dynasty）就此滅亡。正當蒙古軍將要席捲全伊斯蘭世界時，一支來自埃及的軍隊順利擊敗他們，制止步步進逼的攻勢。

西元一三六八年元朝滅亡，盛極一時的蒙古帝國喪失一大塊繁榮富庶的地方。比起過往，蒙古軍的攻勢確實緩和不少，但他們仍在歐亞大陸上維持龐大勢力範圍。他們不斷與當地文化交流，並保有不容小覷的實力，例如位於俄羅斯的欽察汗國，以及征服大半中亞地區的帖木兒帝國。

經濟復甦：中古歐洲的經濟活動

中世紀絕對不是歐洲文明到退的年代，經濟發展就是絕佳例子。隨著社會再次邁向穩定、氣候變暖，歐洲農業技術也不斷進步。例如日耳曼地區的許多森林、沼澤在中世紀被開闢成涼田。重犁、輪耕制、水力磨坊的大量運用等，使中古歐洲的農業生產比古羅馬時代更為有效率。因為繁榮的農業生產，對生活必需品以外的奢侈品需求越來越高，提供歐洲進一步發展工商業的重要能量。再加上十一世紀開始的十字軍東征，大幅開拓歐洲人的貿易市場，於是透過陸路、海路，幾乎整個歐洲都在商業貿易網中。

「地區性分工」是中世紀貿易網絡的重要樣貌。東歐一帶生產毛皮、穀物、牲畜，北歐地區生產羊毛、鐵、銅，南歐地區生產葡萄酒、橄欖油，特別是義大利，還負責作為東地中海奢侈品的進口區域。一些特殊地區或城市負責原料加工，法蘭德斯一帶及佛羅倫斯就是當時著名的羊毛加工中心。上述提及的眾多商品，就藉由多條陸路、海路流通各地。

因為許多城市位處交通要點，順勢成為影響力重大的貿易中心，如波羅的海的呂貝克，以及義大利的威尼斯。呂貝克地處波羅的海與北海海上貿易路線的交界處，西元一三五八年，北歐各地的漢撒（Hamse，意思是行會）組成同盟，選擇以呂貝克為同盟中心，這座城市邁向盛極一時的黃金年代。威尼斯地處義大利半島的東北端，正好在西歐文化及拜占庭文化的交界處，加上豐富的航海經驗與地形優勢，長時間以來一直是歐洲與東地中海世界接觸的重心。而威尼斯生產的硬幣，更是當代歐洲的國際通用貨幣。城市商人因追求經濟利益，不斷尋找機會擴張，如威尼斯利用拜占庭的衰弱，在十五世紀前於東地中海建立屬於自己的海上帝國。漢撒同盟則介入各國政治事務運作，屢屢擴張在波羅的海的貿易特權。換言之，經濟動機一直是支撐中古歐洲向外擴張的重要力量，日後的地理大發現更是如此。

新的經濟活動也促使一種有違封建傳統的身分出現：商人。商人的來源很多，可能是農奴、工匠，或是小貴族等。為了追求商業利益，整個歐洲世界都是他們的活動範圍，如北歐商人可能跑到愛爾蘭定居，而英國商人則到君士坦丁堡尋找可開發的商機。能力與運氣兼具的商人更帶領整個家族邁向發達，最經典的例子是梅迪奇家族（House of Medici），十五至十七世紀活躍於義大利近三世紀之久，家族成員有教宗、大公、主教、皇后等，更對歐洲文藝發展留下難以抹滅的貢獻。

城市興起：歐洲經濟、政治、文化的中心

在中世紀當時，城市人口數只佔歐洲整體人口比例中的一小部分，但這並不影響到他們對歐洲未來歷史發展的深遠影響。許多重要歷史事件都可見到這些城市參與其中。

相較於鄉村農人，城市裡的居民較少受封建義務約束，比較沒有社會等級的自由風氣，在相當長的一段時間內吸引不少人移居城市。部分居民從事工匠，以應付日漸上昇的消費需求。除了工匠，商人也是城市生活裡的重要一分子，他們向鄉村收購農產品，到城市加工成其他產品後，再轉賣他處。類似的經濟模式也可套用在當時的國際貿易中，如佛羅倫斯是羊毛衣料、衣物的生產中心，而原料來源則從倫敦進口。威尼斯、熱那亞更是中世紀最重要的貿易中心，幾乎壟斷對東方的貿易活動。

因為強盛的經濟，進而獲得更大的政治特權是中世紀城市的一大特色。憑藉著自身的財富，向統治者討價還價，爭取實質上的獨立，如十二至十三世紀的霍亨斯陶芬王朝與北義大利諸城便是如此。這些城市甚至進一步擴大軍事力量、政府組織。像是十四世紀成立的漢撒同盟因為有強大的經濟實力，創造一個讓北歐地區的君王都難以駕馭的龐大組織。更成功的案例是威尼斯和佛羅倫斯，在多次爭戰中逐步擴張領地範圍，成為義大利半島上的兩大勢力。

繁榮的生活也帶來學術、文化的發展，特別是後來所謂的大學。粗略來講，大學的起源可分為兩種：一種是由主教學校而來，如巴黎大學；另一種是學生自行尋找導師，他們再結合成類似公會的組織，例如波隆納大學。與現今不太一樣的是，當時的大學幾乎涵蓋現在的國高中及大學教育。不少入學者可能才十餘歲出頭，一開始學習拉丁文，逐步往上學習修辭、辯證、數學、法律、神學、醫學等。城市的繁榮提供眾多外來求學者的生活所需，相對的，這些學生也是許多城市居民的收入來源。雖然雙方偶爾有衝突，但大學與城市居民各取所需，不斷扶植對方持續成長。學有所成的學者、律師發現他們的技能也能用在城市居民的日常生活中，如城市居民訂定契約時須要有公證人。而各地統治者也樂於利用這些新興人才，一來他們不是傳統貴族，對其統治不會有直接威脅，二來他們的能力可協助統治者建構更完整的官僚組織。中世紀晚期的羅馬教宗就相當依賴學有專精的知識分子，靠他們管理教廷，或是教宗國的首都羅馬。

黑死病：鼠疫在歐洲的擴散

戰爭、饑荒及黑死病是影響中世紀歐洲人口結構的三大因素，其中又以黑死病最為劇烈。黑死病源於東方，一路往西蔓延，大約在一三四〇年代到達東地中海。當時與東方有頻繁往來的歐洲商人再將病源帶回歐洲。西元一三四七年，歐洲出現黑死病，原先僅分布在南義大利，接下來幾年內不斷往歐洲各地擴散，不只城市，就連鄉村地區也可見到蹤跡。所到之處造成大量人口死亡，歐洲人口總數減少三分之一至一半左右，許多鄉鎮因人口滅絕就此消失。

因為黑死病對歐洲社會影響重大，留下許多資料可供後人觀察當時的情況。許多圖片都在描繪悲傷的送葬隊伍，或是將死之人的最後掙扎。另一類圖片則以諷刺手法強調死亡的勝利：一具骷顱（死神）手拿鐮刀，準備收割眾人靈魂，象徵不論身分地位為何，死亡在所有人面前一律平等。回到現實層面，黑死病確實是一場相當全面性的瘟疫，許多貴族、富人都因疾病死亡。當時也有許多一群骷髏頭聚集跳舞的圖像，以骷顱的象徵含義不斷重複死亡的勝利。

關於黑死病的文字記載也不在少數，著名的人文主義者薄伽丘（Boccaccio）就曾留下詳細記載。薄伽丘的名著《十日談》（Decameron）內容即是一群男女遭遇黑死病時，一同到鄉村避難期間，每天講述的故事總集。《十日談》一開始，先描述逼使他們避難於此的黑死病：當時在耶穌基督誕生後的第一千三百四十八年，義大利最美麗的富貴之都佛羅倫斯，遭到一場恐怖的浩劫——瘟疫。有人說這是天體星辰相互作用的影響，而使人類遭了劫；還有人說是至高無上的上帝不滿人類多行不義，而給予嚴厲的懲罰。然而，不管是什麼原因，早在數年前瘟疫就曾發生於東方，死亡不計其數，其勢與日俱增，並無情地從一處蔓延到另一處，最後終於傳到了西方。

薄伽丘提到，政府官員、醫生等，都曾想辦法要防堵疫情擴散，最後都宣告失敗，只能任由傳染力強的瘟疫不斷擴散。只要一出現病症，就幾乎確定死亡。「患者在自己的手臂、大腿和其他部位會發現黑斑的紫塊，有時是稀稀疏疏的好幾大塊，有時則是密密麻麻的小斑點……對任何不幸的患者而言，全都是必死無疑的徵兆。」他最後不無感慨地提到，任何的財富與豪宅在此波疫情之前都毫無意義。

西元一三五〇年後，此波黑死病疫情才漸漸緩和，不過直到十七世紀，還是有人感染黑死病，值得慶幸的是，致死率已不像一開始居高不下。即使黑死病散去，早已在歐洲人的心理、物質世界，留下難以忽略的痕跡。

十字軍：融合世俗目的的宗教活動

十字軍的目標雖有濃厚的宗教意涵，但教宗知道，要驅使數量龐大的人橫跨大半個歐洲，前往滿是敵人的地方，不能單靠宗教熱誠。發起十字軍東征的教宗烏爾邦二世在他的宣言中，將十字軍定位為融合宗教與世俗目標的軍事行動。宣言一開始，他強調前人擊敗異教徒，拯救受害者的過往事蹟，呼籲眾人為基督宗教信仰而戰。接下來話鋒一轉，要在場的人想想困苦的生活環境：「不要讓財產留住你……因為你所居住的土地，四周皆被大海封鎖，被高山包圍，過於狹窄不能養育大量的人口。他在財產上並不富裕，而且食物也不能養活耕種者。」

解決之道就是從異教徒手中奪取土地，因為那裡「流著奶和蜜」。最重要的當屬耶路撒冷，「耶路撒冷是世界的中心，這塊地方比任何地方都富裕多產，如同另一個快樂的天堂。」教宗刻意將東西方類比成貧困與富裕的差別，試圖給予人們更多前往耶路撒冷的動機。討論物質條件後，教宗仍不忘重申這場活動的宗教意涵，向所有人保證，參加者的罪惡將被免除。教宗的宣言對東方有遐想，對生活條件不佳人的人而言，確實發揮相當程度上的宣傳效果。根據一位當時的史家觀察，「西法蘭克人很容易被迫離開他們的土地，因為在這些年裡，內戰、饑荒和疾病可怕地光顧法國。」鑑於以上種種，十字軍從一開始就不是單純的宗教活動，每一位參觀者都是基於不同動機投身其中，無怪乎第四次十字軍將攻打君士坦丁堡列為任務之一。

受十字軍影響或啟發，從十二世紀開始，歐洲基督宗教文明向外擴張的程度更甚以往。在伊比利半島及波羅的海沿岸，接連不斷的軍事征服活動，逐步擴張基督宗教的勢力範圍。而與東地中海世界有密集交流的熱那亞、威尼斯等義大利沿海商業城市，趁他們最大的商業對手拜占庭國力大衰時，大肆擴張貿易據點，從伊斯蘭商人手上進口大批東方來的奢侈品，如香料、絲綢等。

文化交流也是十字軍帶動的影響。基督徒和穆斯林騎士並非得殺得你死我活，他們會交流彼此的文化，歐洲人得以見識更精緻的物質生活，甚至學習他們早已忽略許久的古典知識。雖然代價很高，十字軍東征確實大幅擴張歐洲文明的視野。

大憲章：封建制度中的自由概念

英國是當今歐洲地區極少數還保留君主制的國家。該國採用的是立憲君主制，也就是說，保障個人權利才是國家法律的至高原則，國王的權限絕不可與自由精神相違背。英國之所以走上立憲君主制，源於漫長的歷史發展，從《大憲章》到《權利請願書》及《權利法案》，英國王權就在這三分文件約束下不斷萎縮。三份文件中又以《大憲章》是唯一一份在中世紀簽署確立，更是日後另外兩份文件的重要先例，意義重大。

從當代背景來看，一二一五年簽訂的《大憲章》原先只是一份確認權利義務的封建契約。英王約翰一世缺少理查的軍事才能，接連丟掉在法國的大半領地。不死心的約翰徵收重稅再啟戰端後，再度遭遇慘敗。英國貴族隨後接到新一波徵稅命令，這讓他們難以忍受。因為他們不願意效忠只會徵收重稅，但無法獲得實際成效的統治者。約翰和理查是強烈對比，後者雖屢屢徵收重稅，其英勇與軍事功績卻使他在在英國境內頗有聲望。無法處理國內不滿，頓失人心的約翰一世就在此一背景下，與英國貴族啟戰端，最後被戰敗迫簽署《大憲章》。以法律條文明確訂定國王與封臣的關係後，約翰一世才重新取得他們的效忠。

《大憲章》的中心思想為：國王不得濫用權力侵犯封臣的人身自由與財產權。封建關係中有一種尊重個人自由與財產的重要原則，雖然以當時的認知來講只限於封建貴族，《大憲章》便是再次確立此等原則的重要契約。繳稅是重要議題，例如第十二條要求，「除非得我們王國議會之共識，在我們王國內不得要求免服兵役稅或貢助。」第三十八條強調司法權上的保障，「任何自由人不得被捉拿，拘囚、剝奪財產，放逐或受任何損害。除非受同等人之合法判決及本地法所允許，我們亦不會自己當軍隊或派軍攻擊他。」而在個人財產方面，絕不可在未得當事者允許之前徵用，例如第三條提到，「不得奪自由人之馬匹或車，強逼於交通之用，除非得彼自由人之同意才可。」大憲章的最後要求上述自由、權力都應流傳下去，並且所有國王都應遵守。

《大憲章》簽屬當時雖然只是一份封建關係下的契約，其後續影響卻遠大過於此。不可否認的是，《大憲章》在一開始確實無法打擊王權，其本意也非如此，此後英國王權仍不斷成長。不過因為《大憲章》的精神，及其所創造的歷史先例，使英國王權並未演變成強大的專制王權。更重要的是，《大憲章》還為後來的自由精神奠定重要基礎。封建關係中的自由精神，日後將不斷擴大，從封建貴族擴及到平民大眾。即便君王不再是政治事務中的要角，這些自由精神仍不斷被人所尊重。

黃金詔令：用選舉決定皇帝

在中世紀歐洲，各國統治者若想將國家權力集中在自己手中，建構強大的中央政府，很容易招致封臣的不滿。因為這會被視為過度干涉、甚至侵犯其權利的行為。如何在撫平他們的情緒之餘，又能夠強化自身權力，是中世紀統治者的政治難題。神聖羅馬帝國的霍亨斯陶芬王朝諸皇帝，就遭遇如此困境。該王朝的皇帝雖然頗具才能，卻屢屢受挫於希望享有更多自治權的諸侯與教宗，難以建立更強大的中央政府。在中央與地方的長期競爭中，最後皇帝落敗。

皇帝腓特烈二世統治下的帝國境內，存在許多相當獨立的地方諸侯。為了獲取他們的效忠，不至於在他遠征義大利時鬧事，他也像腓特烈・巴巴羅薩一樣，不得不下放許多特權。例如在西元一二三一年頒布一道命令，多方保障各地諸侯在經濟、司法、內政上的多項自主權，像是「根據當地的習俗，每位諸侯對自己擁有或是從諸侯那裡領有采邑的郡和分區都和平地擁有自由和權威，並行使司法權」，「我們（皇帝）的城市的司法權不能延伸到諸侯地域，除非我們在這一地區擁有特殊司法權」等內容。帝國諸侯不斷擴大權力，而皇帝卻少有進展。

《金璽詔書》的出現更讓皇權低落。在霍亨斯陶芬王朝喪失帝位後，帝國皇帝之位就由不同家族爭相競奪，長時間無法決定皇帝人選。西元一三五六年，為了解決皇位繼承糾紛，當時的皇帝查理四世（Charles IV）頒布《金璽詔書》。這份詔書有兩大意義：第一，皇帝從此以後由七個選侯國選出。以選舉的方式決定皇帝，在這幾年的混亂期早已實施，詔書不過是承認既定事實，這將大大影響皇帝決策的穩定性與一貫性。第二，各地諸侯獲得更充分的自治權。例如確認諸侯有權掌握其境內的金、銀或其他貴金屬礦，而他們也有權利鑄造自己的貨幣。另外，各地諸侯，以及他們之下的臣民，都不應該在所屬領地以外的地方受審，詔書確認的各項權利，也將持續傳承給他們的繼承者，直到永遠。這份正式的法律條文，正式承認神聖羅馬帝國長久以來地方化、去中央化的發展。名義上的大一統帝國更加鬆散，直接影響到日耳曼地區在接下來好幾個世紀的歷史發展。

不久之後，奧地利的哈布斯堡家族依靠他們的權勢與財富，長期把持帝位，但即便是像查理五世如此強大的皇帝，也無力約束帝國境內的強大諸侯。在十六世紀的宗教改革時期，皇權的低落更是表露無疑。強勢的地方政府自此一直是日耳曼地區的常見情況，直到今日的德國仍保留這項特色。

從教宗額我略七世到英諾森三世：建構教宗至高地位

擅長於融合社會學與心理學研究的法國年鑑學派史家勒高夫（Le Goff），在他所編著的《中世紀的職業》（*Medieval Callings*）中，以教宗為例，論述「自由」觀念在中世紀的發展。他提到，「自由是中世紀引人歷史悠久的價值觀之一。……是教會發出了自由的信號，因為在教會自由的旗幟下，以教宗為首的教會需求從封建化而壓制它的獨立世界中擺脫出來。」

換言之，中世紀教宗的立場為當時的自由觀念開創重要先例。從當時的政教衝突來看，教宗在為教會爭取自由上確實相當成功。

政教衝突一直是中世紀歐洲的重要大事。自從基督宗教在歷經合法化、國教化等過程後，始終與歐洲政治有密切連結。世俗與宗教勢力在中世紀早期的法蘭克王國時期，維持了好一陣子的合作模式。但就在教宗的權利、地位不斷增加時，兩者間終因十一世紀的教會改革爆發衝突。額我略七世（Gregory VII）曾在一封信中提到「羅馬教會是由上帝一人所建，只有羅馬教宗才能被稱為普世主教。唯有教宗才能任免主教。……所有的君主都應當親吻教宗的腳。……他可以廢黜皇帝。……沒有人可審判教宗。……聖經可以見證，羅馬教宗沒有犯過錯誤，而且永遠不會錯誤。……教宗有權結束臣民對罪惡統治者的效忠宣誓。」

額我略七世就用此等強硬態度，面對同樣強硬的皇帝亨利四世。額我略七世認為他才有主教祝聖權的作法，相當程度上更強化世俗與宗教間的相互對立，使兩者的衝突難以平復。最終導致在一一二二年簽訂的渥姆斯政教協定（Concordat of Worms）中，承認主教的世俗和宗教權威分別來自皇帝和教宗，兩者互不相干，在此形式上，教會更明確地從皇帝權力中獨立出來。

無論是教宗或皇帝，都不認為世俗或宗教可完全取代另一方。他們真正爭論的是，到底哪一方應該佔有更高的地位，後來的教宗英諾森三世（Innocent III）與波尼法爵八世，也是如此。英諾森三世曾在一篇公告中將教權和政權比喻成月亮和太陽，強調前者是從後者獲得光芒，「因此在數量和質量、地位和力量上要低於後者，因此王權也是從教權那裡獲得其尊嚴的光芒」。

正是基於教權應當高於政權的想法，支持中世紀教宗努力獲取勒高夫所提到的自由，並不斷干涉世俗事務。他們認為自己有權也有義務這麼做，強大的中世紀教宗因而活躍於中古社會中。然而，過度介入世俗事務的運作就長遠來看將帶給教宗及教會負面影響。他們變得越來越世俗化，有違先前的改革理念，導致文藝復興時代的人們醞釀另一波改革教會的浪潮。

中古歐洲的社會秩序：隱憂重重的穩定社會

如今西方學界有越來越多學者對於使用「制度」或「主義」來稱呼「封建關係」感到猶豫不決。不可否認的是，在十一、十二世紀當時有不少討論都在確立封建關係的內容。例如一位主教提到，「向主人發誓效忠的人必須時刻牢記這六項事物，即無害、安全、尊敬、有用、容易、可行。所謂無害就是他不該傷害主人的身體；所謂安全也就是他不能在私下裡或保證他安全的防衛中傷害?；所謂尊敬就是說他不能在法庭或有關他名譽的其他事務中受傷害；所謂安心或可行就是說主人容易做的事情，他不能設置障礙，他不能使可行之事變得不可行。」

不過除了附庸、采邑、領主等基本元素外，不同地區都以其各自模樣展現封建關係，用「制度」一詞難免會有將封建關係過度一體化的問題。

非制度化的彈性運作，同時是封建關係的優點與缺點。著名的中世紀史家麥克加里（Daniel D. McGarry）在《中世紀史與文明》（*Medieval History and Civilization*）指出，封建關係具備中世紀歐洲社會所需要的事物。在中央政府不能提供公共服務時，便由地方封臣提供。換言之，下放屬於中央政府的權限也有其實質價值。另一方面，麥克加里也認為「過度地方化」是封建社會的一大隱憂，因為這將分散政府的權能。從壞的方向來看，「政治體的成分之間靠誓言和習慣而非常鬆散地結合在一起，沒有什麼穩定的強制義務。中央政府太指望自願合作和道德責任。職責太不明確，以致輕易推諉逃避。混亂四起，私戰司空見慣，商業遭受嚴重阻礙。」簡言之，封建社會在適應歐洲社會時，卻也留下許多規範未明的模糊空間。

年鑑學派史家勒高夫在《中世紀的職業》中，以另一個角度分析中古歐洲的潛在問題。「等級」和「權威」是當時的根深柢固的價值觀，換言之，當代人相當看重人在政治上或社會上的等級、地位及權力，視之為應當遵守，不該輕易挑戰的中心思想。與此同時，卻也有「反抗」、「自由」理念在驅動人心。人們在服從權威的同時，也要求權威不應當忽略自己的職責，甚至是侵犯他者的權力。如不然，人們會尋求從權威、義務中解放出來。敬重等級、權威與要求自由、反抗的這兩種矛盾情緒，不斷在中古歐洲發揮影響力。這可用來解釋為何中世紀看似保守穩定，在許多時候卻又顯得動盪不安。

在許多事物都未有明確規範前，封建關係中的每個人都在尋找他們更明確的責任義務，特別是在領主和封臣之間尤其重要。各項封建契約或是協定，就在此一大背景下產生。

西歐與東地中海文明：亦敵亦友的交流互動

拜占庭皇帝曾在面對土耳其人的步步進逼時，求助於教宗與歐洲騎士。在此之前，雙方曾因教義問題而針鋒相對，但同為基督宗教的立場，終究讓兩者的合作保持最低可能性。拜占庭皇帝亞歷克塞在西元一一〇〇年寫給某位歐洲貴族的求援信中，重複基督徒被穆斯林迫害、屠殺的故事。歐洲方面回應皇帝的請託，但到來的人群與其說是幾千人援軍（這本為皇帝所希望），更像是數萬人之多的朝聖隊伍，其中包含大量無力上戰場的老弱婦孺，如同當代記載，許多人根本是攜家帶眷。

無論拜占庭曾帶給歐洲文明多少正面影響，雙方一直保持微妙的對峙狀態。皇帝的女兒安娜公主（Anna Comnena）在第一次十字軍到來的五十年後，寫下《亞歷克塞傳》（*Alexiad*），透露出拜占庭對這批「軍隊」的不信任遠多於歡迎。她形容這些十字軍是「居住在整個西方以及居住在亞得里亞海遠端到赫拉克勒斯之柱的所有蠻族」，皇帝「現在害怕他們的到來」，因為他們嗜血、殘暴，只顧利益。如果情況失控，皇帝甚至準備與他們一戰。根據傳記內文，大量非準備戰鬥人員基於想朝聖的宗教熱誠就踏上旅途，其中也有人「希望在旅途中能通過各種手段獲得金錢，並認為這是理所當然的」。在這本傳記問世約六十年後，君士坦丁堡確實被一批追求利益的十字軍攻陷。

十字軍攻陷君士坦丁堡一事，在一些研究拜占庭史的學者眼中，重要性不下於土耳其在一四五三年攻占君士坦丁堡。如專長於研究拜占庭的學者布朗寧（Robert Broning）在《拜占庭帝國》（*The Byzantine Empire*）中，便定位為拜占庭帝國的「致命一擊」。因為這一歷史事件「造成的權力真空使巴爾幹東正教的斯拉夫國家開創了自己的道路，擺脫了拜占庭勢力範圍，最後使它們一個個落入奧斯曼征服者手中」。

伊斯蘭文明與歐洲基督宗教文明也維持著時而友好，時而競爭的互動。從當時寫下的多份回憶錄就可看出，兩邊騎士也能有非常深厚且長時間的友誼。屏除宗教上的歧見，同時間的伊斯蘭世界之物質生活及知識水平都比歐洲人進步，兩者的交流使後者獲益良多。後者確實大量接收伊斯蘭世界的文化內涵，比如飲食方面，糖和柑橘類水果傳入歐洲。而知識上，大量的亞里斯多德著作，以及化學、醫學、數學、天文學知識在經歷伊斯蘭學者保存和研究後，傳回歐洲。

中世紀的東地中海，充滿眾多這樣既競爭，又相互交流的互動。西歐與東地中海的關係說明，在思索某些歷史發展時，切勿過度拘泥在某種分類所構成的論述框架下，如伊斯蘭文明與基督教文明的衝突。他們確實有所競爭，但絕不是歷史的全部樣貌。

黑死病之後：重塑歐洲社會與宗教

根據薄伽丘的《十日談》所言，當黑死病影響最劇烈時，「逃避」就成了許多人的反應。有人縱情於美食美酒，享受自己的生命。有人拋棄自己的親朋好友，獨自居住。神父和執法人員離開了他們的職位。社會上的每個人都用自己的方式逃避黑死病的追殺。在這樣的環境下，法律與道德秩序淪喪，無人能管理失控的秩序。黑死病的高峰過去後，其留下的影響力仍持續好一陣子，遍及社會、經濟、宗教、心理等各面向。

在黑死病過後，人力變成極其重要的資源。人口大量減少意味著勞動力大幅減少，農田無人看管，城市裡的技術工人嚴重不足。許多地方領主莫不以更優異的待遇、薪水吸引存活下來的人到農莊工作。而在有些地方，特別是東歐一帶則強化對農奴的管制，使其更被束縛在土地上，又或是以法律管理勞力。例如在西元一三五一年，黑死病發生後不久，英國國王頒布一道勞工條例，為因應黑死病造成的人力大量短缺，要求身體健康卻無從事生產的人，皆需服勞役。

黑死病的影響相繼在其他地方發酵。生活品質方面，工資因勞力短缺而上升，食物價格反因需求量減少而下降。每個人的飲食水準不僅有所改善，還有更多剩餘資金轉向生活必需品以外的項目，刺激工商業發展。就連社會流動與黑死病也有相關。著名的美國史家梅斯（Millard Meiss）在《黑死病之後的佛羅倫斯和西恩納繪畫》（*Painting in Florence and Sienca After the Black Death*）對此變化有很精闢的論述。因人口大量減少，城市裡面的多項工作出現人力空缺，迫使佛羅倫斯和西恩納當局更大方地接受外地人口就職。不久之後，這些新移民將是城內政爭的其中一股力量。

在歷史學越來越被鼓勵和其他學科合作的這幾十年間，心理學也是觀察黑死病的重要方向。美國歷史學會（American Historical Association）的主席朗格（Willam L. Langer）在一九五七年的學會大會中提到，黑死病使人的心靈更容易走向極端，例如嚴厲的宗教懺悔，或是相當放縱的生活。「人們都承認，這個時代充滿了悲慘、沮喪和焦慮的氛圍，而且在一般意義上末日審判迫在眉睫。」這也就是為什麼，在那之後的人更加重視死亡的勝利、基督受難、最後審判、占星術、魔法等事物。甚至想親自與上帝交流，而不再只是滿足於會流於形式化的救贖手段。從這一點來看，黑死病也和十六世紀的宗教改革有所關係。

中世紀的商人：推動經濟的新力量

十四世紀英國作家喬叟（Chaucer）寫下著名的文學作品《坎特伯雷故事集》（*The Canterbury Tales*），以故事體裁諷刺中世紀晚期的社會概況。在其中一篇故事以商人為主角，將他描繪成只知賺錢的貪婪份子。雖然帶有挖苦性的口吻，但透過喬叟的故事可知，中古盛期的歐洲社會中，一個不同於國王、騎士、神職人員及農民的職業身分正在成形。他們或許相當貪婪，不過也正因為如此，他們成了推動歐洲商業發展的重要力量。

商人在中世紀歐洲是相當有活力的一群人。封建關係不是一塊無法變動的鐵板，只要把握機會，便能跳脫傳統社會結構。許多農民就試著投身貿易，轉型為商人。運氣好的還因此爬上社會上層，見證中世紀的社會流動。根據十二世紀的傳記《聖戈德里克傳》（*Life of Saint Godric*）記載，聖戈德里克（Saint Godric）出生於農夫家庭，但他不願一輩子都做這份工作，決定從商。一開始只是在鄰近鄉村，後來將貿易觸角延伸到整個北歐地區，丹麥、蘇格蘭、法蘭德斯等地都有他的身影。在經商十六年後，他放棄大筆財富跑到耶路撒冷朝聖。

商人還會組成行會及商業同盟，既促進商業發展，也試圖照顧商人同行。例如在十三世紀，漢撒同盟的法令要求加盟城市「應盡最大的努力消除海盜，以使商人可以通過海路自由經商」。在同一時間，英國的南安普敦商業行會也規定，只有行會成員才有資格購賣特定商品，而行會成員在生活發生困難時有權索取生活補助金。

因為商人的團結、積極，他們的重要性與日俱增，即便封建貴族、教士百般不願，也不得不學習如何與他們相處。深受年鑑學派影響的俄國史家吉列維奇（Aron Ja. Gurevich），在他發表於《中世紀的職業》之論文〈商人〉（*The Merchants*）中，將商人視為現代資本主義的先驅，因為他們擁有「大規模的國際商業和獲利精神」。他們在打仗及種田外，找到另一種新生活模式。發跡之後，他們進一步和貴族聯姻獲得貴族頭銜。吉列維奇稱商人是「利潤的騎士」，他們的戰場在商場，理性思考將取代傳統貴族的衝動好戰。

歐洲經歷的復甦不能單靠商人，但他們確實是其中重要力量。他們搭起生產者與消費者的聯絡管道，或是參與政治，成為有別於封建貴族的特權階級，使中古歐洲的政治、社會樣貌更多元複雜。從許多方面來看，商人的出現無疑是當時的重要發展。

城市與歐洲社會：城市生活的光明與黑暗面

十九世紀的著名史家布克哈特，在其代表作《義大利文藝復興時代的文化》（*Die Kultur der Renaissance: ein Versuch*），對義大利城市有頗高評價，特別是威尼斯和佛羅倫斯。他認為，十五世紀威尼斯有相當完善的社會福利制度及繁榮的商業活動，在商業制度方面更是當代歐洲最進步的地方。提及佛羅倫斯時，他的讚譽不下於威尼斯。他說：「佛羅倫斯令人讚嘆的精神在於它同時兼具敏銳的邏輯推理及深具人文素養的藝術性。所以在政治與社會上，它不斷創造新氣象，也能以推陳出新的方式闡述並指證這些創新的得失良莠。」然而，布克哈特在書中除了讚嘆這些義大利城市蓬勃發展之餘，也提及許多這些城市的黑暗面向。許多血腥殘酷的政治鬥爭、家族打鬥、既得利益者挑戰權力等，也是城市生活的一部分。

雖然在城市中生活，比起許多仍在封建關係束縛下的農民自由許多，但城市居民也必須付出極大代價。中古城市沒有現代化生活設施，缺乏完善的水道系統，取水不便，髒水、排泄物更是四處潑灑。各種牲畜隨興地在城市各處遊蕩，密集的人畜混居與缺乏衛生觀念，只有社會最上層階級的極少數人，才能享受城市生活。

治安敗壞同為城市生活的一大隱憂。例如義大利著名城市佛羅倫斯、羅馬等，屢屢發生嚴重的暴力攻擊事件。西元一四七八年，梅迪奇家族的成員在教堂參加禮拜時遇刺身亡，而梅迪奇家族的回應之道，就是反過來暗殺對方，肅清敵對家族的成員。法國史家羅西奧德（Jacques Rossiaud）收錄於《中世紀的職業》的論文〈城市居民與城鎮生活〉（*The City-Dweller and life in*

Cities and Towns），就對城市中的暴力攻擊有相當著墨，他提到，「西歐城市的歷史自始至終閃動著暴力、恐怖和革命的畫面，在這樣的畫面中，家族榮譽、市政會議的參與及工作環境岌岌可危。」這造成城市居民生活在高度緊張的環境中，司法檔案中盡是數不清的暴力攻擊案件，當時的道德觀及司法秩序難以發揮穩定社會的力量。

就如同布克哈特或羅西奧德提到，中古城市固然開創出當代歐洲最有活力的社會環境，但在此生活中的人們，卻也時時刻刻承受諸多不便與危險。他們的研究提醒後人，當然可用正面的態度觀看過往歷史事件，但與此同時，也應該注意很多歷史發展往往都是福禍相依的。以中古城市為例，便不難看到許多事件其實不如「想像」中難堪，也有許多事件不如表面上美好。

第五章

文藝復興：過去與現在的對話

古羅馬帝國雖已滅亡多時，古典文化一直留在歐洲社會中。一直到文藝復興時代，因為社會環境的變遷，歐洲人更深入認識古典文化的各個面向，並用來反思他們所處的社會。

「人文主義」是文藝復興時代相當重要的思潮。人文主義原本只是利用各種文學素養與語言能力，搜尋、辨識、研究古代典籍，並從中找到有利於現實需求的知識之研究方法。不過時間一久，人文主義者漸漸體會到這些古籍中，還藏有另一套不同於當代傳統價值觀的思想。他們開始思索這些思想，再進一步與自己的經驗、喜好結合，漸漸發展出更看重現世生活、人性與名聲的思維模式，著名的馬基維里即為其中一例。

人文主義者並非單獨存在，在他們背後還有一群富有的贊助者，例如梅迪奇家族或教宗。出於現實需求，也出於個人喜好，他們都是文藝復興時期的重要贊助者，許多有名的人文主義者都曾在他們之下工作過。不只人文主義者，藝術家同樣受惠良多。在梅迪奇家族或教宗的宮殿裡，也聚集了一批當代最傑出的藝術家。藝術家與贊助者相互合作，使佛羅倫斯和羅馬一直是文藝復興時代的文化重鎮，直到現在仍不斷吸引世界各地的愛好者前往觀賞。

文藝復興的藝術發展是最吸引後人關注的焦點之一。當時的藝術家多半與人文主義者保持密切關係，積極借用後者的學識能力與研究成果。也因此，文藝復興藝術家得以藉由多種管道，例如中世紀留下來的手抄書，或是羅馬城的古蹟，學習古代藝術風格與理念。藝術家在自己的理念或贊助者的需求之基礎上，融合他們所知的古典元素，創造出兼具視覺效果與深遠內涵的藝術品，達文西繪製的〈維特魯威人〉就是其中代表作。

文藝復興時代也是教宗權勢逐步下降的轉捩點。從文藝復興開始，各地世俗統治者以強大軍力屢屢挑戰教宗；缺乏實際兵力，聲勢又不如以往的教宗根本不是其對手。皇帝查理五世的軍隊甚至在西元一五二七年攻陷教宗國的首都羅馬城，教權低落的象徵含義不言可喻。

基督教人文主義的後續影響也對教宗帶來莫大威脅。人文主義的治學方法在阿爾卑斯山以北的地區，主要用來研究基督宗教早期的作品。以伊拉斯謨斯為代表人物，許多人省思當今教宗暨教會過度世俗化的弊端。雖然教宗利用建築、繪畫，雕刻等藝術作品宣揚他們擁有不可質疑的地位，更多人卻希望教宗能帶動一次真正有意義的改革。

梅迪奇家族與佛羅倫斯：創造文藝復興

歐洲歷史上曾出現許多顯赫一時的家族，義大利的梅迪奇家族即為其中之一。十三、十四世紀的歐洲經濟迅速成長，為了更便於交易不同貨物，南來北往的商人相當依賴貨幣。當時的貨幣仍等同於貴金屬本身，一枚錢幣就內含一定比例的黃金或白銀，紙幣的普及則在好幾個世紀之後。商人需要使用貨幣，但身懷大量貨幣奔波既笨重又不安全，於是商人的需求促使銀行業的興起。商人的錢可預先放在銀行，只要到有分行的地方，拿著匯票就可提取金錢，銀行則從中賺取一些手續費。通常在經濟、商業活動越繁榮的地區，例如義大利，銀行業就越發達。梅迪奇家族發現這股趨勢投入銀行業，看準時機不斷轉投資，一躍成為歐洲史上的著名家族，其成員一度成為教宗或大公，聲望顯赫一時。

佛羅倫斯與梅迪奇家族的密切關係可回溯至十四世紀末的喬凡尼（Giovanni di Bicci de'Medici），他大膽開拓銀行事業，為家族日後財富奠定基礎。喬凡尼的兒子科西莫（Cosimo di Giovanni de' Medici）經商頭腦不下於他，持續擴張家族事業。喬凡尼利用龐大財富，操控佛羅倫斯的政治事務。但他不是稱王或長期連續擔任首長，而是以「僭主」（不具備法律地位的首腦）身分控制市政，支持他屬意的人選，並打擊威脅他的政敵。馬基維里（Mavhiavelli）就曾如此形容科西莫，「他從來都不追求政府中的名位，但卻享有一切。」科西莫很精巧地善用財富，既能影響政局，又不引起民眾的一致反感，在死前被人稱作國父（Pater Patriae）。或是出於喜好，或是出於博取名聲，科西莫將他的財富用來贊助許多人文學者與藝術家，例如唐納泰羅（Donatello）、米開羅佐（Michelozzo）、布魯內列斯基（Brunelleschi）。科西莫最後在一四六四年逝世，家族事業由他的兒子羅倫佐（Lorenzo de' Medici）繼承。作為一名銀行家，羅倫佐並非適當人選，他大肆揮霍家族財產，又無法開源，致使家族事業不斷萎縮。但作為藝術贊助者，他的建樹良多。因為他的大方，宮殿裡聚集許多當代最優秀的學者和藝術家，例如達文西（Leonardo Da Vinci），以及年少的米開朗基羅（Michellangelo），都曾是羅倫佐的座上賓。因為這群客人，佛羅倫斯文藝復興在此時邁向最輝煌的年代。

所謂的僭主，主要依賴個人的魅力與能力統治國家，如果他的名聲不再能維繫統治權，他倒台的速度將遠快於世俗君王，梅迪奇家族的下場為此提供最鮮明的例子。時值十五世紀末，在羅倫佐的兒子皮埃羅（Piero di Lorenzo de'Medici）成為家族繼承人不久後，法王率領他的大軍入侵義大利。表面上維持和平，私底下心懷鬼胎的義大利各城邦，先前未曾面對如此強大的軍隊。皮埃羅缺乏先人的外交手段與膽識，面對法王的軍隊幾乎毫無抵抗就投降。皮埃羅的決策惹惱佛羅倫斯人，起身反對他，迫使梅迪奇家族不得不狼狽逃離這座他們發跡的城市。

梅迪奇家族在佛羅倫斯的統治結束後，佛羅倫斯陷入好一陣子的動盪不安。文藝復興縱使並未因此永久消失，但最主要的活動早已轉移到教宗國的首都羅馬。米開朗基羅日後就到羅馬，留下他一生中最精華的幾件作品。

人文主義的起源：尋找古典作家的蹤跡

西元一四一七年，名叫波吉歐（Poggio Bracciolini）的學者穿越寒冷的阿爾卑斯山，跨越日耳曼的平原、森林，造訪一座又一座的修道院。他到各個修道院的目的不是朝聖或尋找靈修場所，而是為了找書。至於要找什麼書？他自己可能也不是很清楚，反正就是一本古代作家的作品，最好在當時鮮為人知。最後他在其中一間修道院內拿下一捲書卷，在修道院人員的監視下攤開書卷，利用他的拉丁文知識與古典學素養加以研究。不久後，他決定馬上抄寫這捲書，帶回義大利給更多人看。這就是盧克萊修（Titus Lucretius Carus）的《物性論》（*De Rerum Natura*）的發現過程。波吉歐曾學過法律，精通拉丁文，富含古典學知識，因其優美的手寫字及語言能力而得以擔任教宗的祕書，後來暫時失業，才踏上尋找書籍的過程。換言之，他是位人文主義者。

波吉歐正好生於人文主義開始發展的年代。起初為了政治、法律上的需求，或是文學喜好，甚至是單純想認識古典時代，許多人開始尋找古代作品，不拘題材，像波吉歐這樣的發現故事，在文藝復興當時不斷重複上演。普遍來說，人文主義者有優異的語言能力，精通拉丁文、希臘文，或是希伯來文，這有助於他們能更精準辨認手上的書籍是否為古代作品。例如文藝復興著名人文主義者佩脫拉克（Petrarch）精於拉丁文，因為如此，他順利找到古羅馬作家李維（Livy）和西賽羅（Cicero）的作品。

人文主義者通常對他們的研究主題有相當程度的熱情，但他們也需要能賴以維生的收入來源。波吉歐當初在日耳曼找書時，多虧身旁好友的贊助，他才能進行那趟所費不貲的旅途。一般來說，許多人文主義者會到大學教書，或是就任政治公職，名聲遠播的則以寫書為生，工作之餘才從事研究。更幸運的會遇到對古典文化也有興趣的贊助者，在文藝復興當時首推梅迪奇家族與教宗。統治十五世紀佛羅倫斯的梅迪奇家族，雖因經商致富，但不願只當暴發戶。在他們的宮殿裡，時常聚集許多人文主義者發表作品，相互討論，就像今日的學術研究中心。年少的米開朗基羅當時也在其中，浸淫於人文主義者的談話中。教宗尼格老五世（Nicholas V）本身曾接受人文主義訓練，他也是當時最有名的贊助者之一，死後留下數千捲的收藏品，為日後的梵蒂岡圖書館奠定基礎。之後的歷任教宗也多半是著名贊助者，促使羅馬成長為另一文藝復興重鎮。人文主義不可避免地必須應付贊助者的各式各樣需求，利用他們的學識撰寫頌詞，戲劇，或是公文信件。比較幸運的就能結合自己的興趣，不斷推廣古典文化，如新柏拉圖主義者費切諾（Marsolino Ficino）受梅迪奇家族之托，翻譯柏拉圖的哲學作品。

個人興趣及贊助者的需求，共同催生人文主義者的成長、茁壯，讓許多古代典籍廣為世人所知，還創造出許多精美文章，詩歌，及藝術作品。但他們對歐洲文明的影響遠大於此，不久之後，整個歐洲都將感受到。

拉斐爾的考古工作：文藝復興的考古文化

拉斐爾（Raphael）除了是位多產的藝術家，也曾在教宗良十世（Leo X）的命令下，從事羅馬城內的考古工作。興致勃勃的拉斐爾並非孤軍奮戰，他的身旁聚集一堆當時最傑出的人文學者，如卡渥（Macro Fabio Calvo）、巴達薩雷（Baldassare Castigione）、佛利歐（Andrea

Fulvio）等人。不僅給他意見，還很有可能陪他走遍羅馬，一一考察各項古蹟。很可惜的是，拉斐爾在提出完整的考察成果前早逝，整個計畫戛然中止，後人很難明確指出他的研究工作究竟進行到何種程度。現在只能從當年與拉斐爾共事的學者之後的作品中，例如佛利歐的《羅馬古蹟》（L'Antichità di Roma），大略想像整個研究過程。

像拉斐爾這樣大規模的考古工作在當代是少見特例，但他對古蹟的高度興趣，卻是突顯當代文化潮流的另一例證。在中古歐洲，羅馬城古蹟吸引不少人注意，當時甚至還出現專門的導覽手冊，向讀者介紹如何一面朝聖一面瀏覽城內古蹟。古蹟導覽手冊的風潮在文藝復興時期更加盛行，製作也越來越精緻，不僅有插圖，還會隨時更新資訊，提供最便捷的參訪路線。導覽手冊的風潮一直延續下去，直至十七世紀仍未見停歇，從中不難得知羅馬城的古蹟是多麼引人注意。

文藝復興時期的考古工作當然不比今日精確，但比起中世紀已有不少研究成果。例如現代人都知道羅馬的大競技場是角鬥士表演的場所，但這項常識直到文藝復興之後才廣為人知。又或著是展現古代藝術成就的勞孔像，也是這個時期才被挖掘出來。

撇開上述較學術性的考古活動外，文藝復興時期的人們，特別是羅馬城內居民，本來就生活在一大片古跡中。如果你是拉斐爾，當你在視察古蹟時可能會看到以下景象：許多房間直接建在千年古蹟中，興致一來，在眾人吆喝下，爬上另一個古蹟炫耀自己的體能。如果缺乏適當便宜的建材，就直接從古代遺跡中取用。往地下挖掘，運氣好的話甚至能發現可賣錢的古董。以上種種，都是與古蹟隔絕的現代人難以想像的情況。

羅馬古蹟曾確確實實影響當時的社會文化。散布在羅馬城內的古蹟，就是藝術家的絕佳研究範本。許多藝術家都曾仔細觀察各式古蹟的特色，假以時日再依照他們所需，運用在不同作品中。只消看一眼文藝復興的藝術作品，就不難發現這些古蹟對他們的影響何其強烈。

阿爾貝提與米開朗基羅：文藝復興的通才

在文藝復興歷史上，對許多事情都有研究且掌握一定水準的人會被稱為「通才」。在台灣最知名的文藝復興通才當屬達文西（Da Vinci），但他不是當時唯一一位，也不是最後一位通才。回顧眾多藝術家的生平故事，不難發現當時還有許多生平成就不下於達文西的通才活躍於世。

西元一四四〇年，阿爾貝提（Alberti）生於義大利商業大城熱那亞。年紀稍長後接受相當豐富的人文主義訓練，先在波塔（Pauda）大學學習希臘文及拉丁文，後來轉到波隆那（Bologna）大學攻讀法律。阿爾貝提有相當優異的語言天分，大學畢業後進入教廷工作，但他沒有因此就平靜度過一輩子。趁著住在羅馬的期間，他花費許多時間考察羅馬古蹟，並研究各式各樣的藝術創作技巧。阿爾貝提在一四三五年出版一本名為《論繪畫》（*De Pittura*）的書籍，在書中宣稱，「關於我討論到的主題，我首先會從數學的角度出發。」隨後陸續出版《論雕刻》（*De scultura*）、《論建築》（*De re aedificatoria*）等理論書。阿爾貝提的工作不只關注理論，他還實際參與多項建築計畫，例如佛羅倫斯的諾維拉聖馬利教堂（Santa Maria Novella），其正面柱子有嚴格的數學比例關係。正當阿爾貝提在研究藝術時，還寫出一本涉及家庭關係的書籍《論家庭》（*I libri della famiglia*），以及一齣戲劇。綜觀阿爾貝提的一生，可知他曾研究過拉丁文、法律、文學、建築、繪畫、雕刻、數學、古典學等。按照著名文藝復興史家布克哈特（Burckhardt）的說法，阿爾貝提的體力過人，還精通音韻，記憶力超群，對他的評價是：「就算不談他在造型藝術上的成就，阿爾貝提仍可名垂千古。」

米開朗基羅是文藝復興時期的另一位通才，他生於一四七五年，從小由一位石匠扶養，年紀稍大時，在違背父親意願下學習繪畫。時值梅迪奇家族的羅倫佐主政，許多學者和藝術家常聚集在梅迪奇家中切磋交流，米開朗基羅的老師也帶他參加，在此機緣下深入認識新柏拉圖主義。米開朗基羅早期雖然學習繪畫，但真正讓他出名的卻是雕刻（如《大衛像》、《聖殤像》）。雖然違背他的喜好，但在教宗要求下，還是在西斯汀禮拜堂留下《最後的審判》及《創世紀》等名畫。米開朗基羅也是位了不起的建築師、工程師。教宗決定重建聖彼得大教堂時，任命他為負責建築師。信仰虔誠的米開朗基羅，用盡畢生心力承擔此一重任，至今聖彼得大教堂內仍處處可見他的設計理念。米開朗基羅的好友瓦薩里（Vasari）在提及他的一生時，形容他是上天派到人間，精通各種藝術的「通才」，「世界應該對他一生、作品和舉動中的輝煌感到驚訝。」瓦薩里的結論並未過度誇張。米開朗基羅的雕刻、繪畫、建築和藝術創作理念，將繼續影響接下來歐洲藝術發展至少超過一個世紀。

維特魯威人：結合人文主義與古典思想的處世之道

達文西有許多傳世之作，其中以《蒙娜麗莎的微笑》、《最後的晚餐》，以及《維特魯威人》最廣為人知，從某個角度來看，《維特魯威人》相當能夠反應出當代藝術與人文主義的密切關聯。事實上，在文藝復興時期有諸多可被冠以《維特魯威人》之名的圖像，例如法蘭西斯柯（Francesco di Giorgio）、切薩里亞諾（Cesariano）、喬康多（Fra Giocondo）等當代藝術家和學者，都曾畫過《維特魯威人》。這些圖像的共通點在於：中央有一個人四肢往外伸展，在他們的周圍還有正方形或圓形，通常會刻意切齊手指頂端或腳掌邊緣，肚臍始終在圖畫的正中央。要知道當時為何那麼熱中於維特魯威人，必須從人文主義說起。

在文藝復興當時，人文主義者已發現維特魯威（Vitruvius）的《建築十書》之價值。維特魯威是古羅馬時代的建築師，他當年寫給奧古斯都（Augustus）的《建築十書》，很幸運地在中世紀不斷傳抄，最後被看出其價值的人文主義者發現它的重要性。許多學者、藝術家視為歷史珍寶，因為那可是自古典時代以來，唯一流傳下來的建築理論書。喜歡研究古典風格的藝術家莫不認真研讀，像是不懂拉丁文的拉斐爾，急忙要他身旁的人文學者趕快翻譯成他讀得懂的語言。《建築十書》裡有一段話這麼說：「肚臍為人體之天然中心，人若仰身平臥，四肢張開，以肚臍為圓心，則指尖和腳尖都會觸及圓周，如此人體可以繪出圓形輪廓，也可以繪出正方形。」這一段話幾乎可用來當作所有維特魯威人的圖片說明。達文西當年即便沒有親自看到這段話，一定也曾聽人提起。然而，文藝復興藝術家不是單純仿古，他們往往富有哲學思維，並且是虔誠的基督徒。維特魯威的原則更讓他們深信人體外觀與上帝真理有密切關聯。

人文主義者在尋找古籍的過程中，也發現不少柏拉圖的作品。在當時，最有名的翻譯者叫費切諾，同時也是最著名的新柏拉圖主義者。他精確掌握拉丁文、希臘文和修辭學，接受梅迪奇家族的贊助，在他們的宮殿裡討論神學、音樂、天文學、文學等。費切諾的哲學觀簡單來說，是相信宇宙秩序由最高真理（上帝）控制，人類本身就是這道秩序的縮影。更重要的是，他相信人類經由適當方法，可以完全認識宇宙真理。比起中世紀，費切諾的理念大幅提高人的地位。因為費切諾的名聲，也因為梅迪奇家族的文化影響力，他的學說不斷散布。

《維特魯威人》就是《建築十書》與柏拉圖哲學的完美結合，也是人文主義與古典思想的結合。藉由《維特魯威人》，藝術家將代表宇宙真理的人體和正方形與圓形連結在一起，並希望以同樣的幾何輪廓設計教堂平面，使之更符合上帝真理，人類在此之中也更能認識上帝。由此可看出，文藝復興藝術家並不是只躲在自己的小圈子裡，漫無目的地創作，他們積極吸收當代研究，並希望創造出有益於世人的成果。至此，人文主義不再是單純類似考據學的研究方法，而是和古典思想結合，為人類社會設想更理想狀態的處世之道。

重建羅馬：文藝復興教宗在羅馬的建設

義大利有許多著名觀光景點，首都羅馬即為其中之一。每天有數不清的遊客在城內竄動，只為一睹聖彼得大教堂、西斯汀禮拜堂、梵蒂岡博物館等建築的風采，或是座落在這些建築中數不清的藝術作品。以上種種，文藝復興教宗是重要推手。

直到十五世紀中葉，羅馬建城的文字歷史至少已有兩千年之久。當時的羅馬在許多人眼中就像一個被人遺忘的老人，完全沒有佛羅倫斯那般的活力、繁榮。文藝復興教宗接手管理這座千年古城後，用盡一切扭轉這個現象，打造出另一個義大利文藝復興重鎮，絲毫不下於佛羅倫斯。

西元一四一七年，教宗瑪爾定五世（Martin V）決定帶領教廷重返羅馬，他看到最惡劣的城市生活所能想到的情景：市容混亂、街道髒亂不堪、治安敗壞，學術、文化研究幾乎消失殆盡。馬爾定五世以及他之後的教宗決定，要盡他們所能帶領這座城市重返昔日繁榮。他們改造城市景觀，以寬敞筆直的道路連接重要地區，以寬闊整齊的廣場提供舒適的公共空間，建造華麗宏偉的教堂、宮殿妝點市容。教宗的城市建設兼具美麗與實用性。西元一四五〇年，羅馬城湧入大量潮聖人潮，爭相渡河向聖彼得大教堂前進，不幸在一座橋上發生嚴重推擠，導致多人死亡的悲劇。為了減少類似事件再度發生的可能性，當時的教宗趕緊在必經路線上興建另一座橋梁。羅馬城內許多現今所見景觀，與文藝復興教宗密切相關。今天如果從城市北邊進入羅馬，會先看到著名的波波洛廣場，沿台伯河岸的里佩塔大道往南走，再拐個右彎，就會在河的對岸見到著名的聖天使堡，過河經過聖天使堡後，一路往西，就是舉世聞名的聖彼得大教堂、梵蒂岡博物館及西斯汀禮拜堂的所在地。以上提及的城市建設，就是由文藝復興教宗奠定基礎。

文藝復興教宗不僅在羅馬留下壯麗的城市景觀，還有許多永傳於世的大師傑作。在教宗贊助下，文藝復興三傑中的拉斐爾和米開朗基羅在羅馬邁向創作巔峰期，留下最經典、最著名的作品。人緣極佳的拉斐爾，先後為教宗儒略二世（Julius II）和良十世以繪畫妝點教宗的辦公場所，《雅典學院》就是這個時期的代表作。脾氣暴躁的米開朗基羅，在羅馬以《聖殤像》打響名號後，接手西斯汀禮拜堂的妝點工作。直到今日，世界各國的遊客爭先恐後湧入狹小的西斯汀禮拜堂，只為一睹禮拜堂內的《創世紀》和《最後的審判》。因為教宗的贊助，羅馬聚集全歐洲最優秀的藝術家與學著，他們竭力創造出許多令當時的人，甚至直到現在仍讚嘆不已的成就。

佛羅倫斯和羅馬是義大利文藝復興最有名的兩座城市，前者的成就由梅迪奇家族帶頭，後著由教宗推動。因為教宗，羅馬得以在短時間內變成全歐洲少見的美麗城市，更是全歐洲的藝術、文化重鎮。這些成就直到今日仍散布在羅馬城內，或早已內化成人類重要文化資產，影響力可謂無所不在。

卡彼托林廣場：藝術品中的廣大世界

歐洲許多城市都有廣場，羅馬城也不例外。因長久以來是歐洲的藝術和文化中心，羅馬可說是欣賞歐洲廣場藝術的絕佳地點。在這座城市中，有一個廣場位於卡彼托林山丘上，其名即為卡彼托林廣場。卡彼托林廣場的歷史悠久，最早是古羅馬人的政治、宗教中心。根據文藝復興早期流傳的圖像史料可知，中世紀的卡彼托林廣場地面凹凸不平，僅有幾棟建築位在其中。西元一五三〇年代，教宗保祿三世（Paul III）看到這座廣場的現況，要求米開朗基羅負責重建廣場。當時的米開朗基羅早已是聞名全歐洲的藝術家，雖然他的脾氣古怪難以相處，也並不影響眾人對他的評價。想必他是教宗最信任的藝術家，因為教宗還同時將聖彼得大教堂的重建工程託付給他。卡彼托林廣場的樣貌由米開朗基羅開始整建，成為我們今日所見樣貌。這座廣場受限於地形條件，面積不大，特別是和其他廣場如天安門廣場，或自由廣場相比，卡彼托林廣場更顯狹小。但這絕不影響這座廣場在文藝復興史上的重要性。

卡彼托林廣場之所以重要，並不只是因為由米開朗基羅設計，還因為其豐富的內在意涵，幾乎可視為整個文藝復興時代的縮影。今日到羅馬參觀卡彼托林廣場，從山腳往上爬，你會先見到古羅馬皇帝奧里略（Marcus Aurelius）的騎馬銅像，這是現代複製品，但在文藝復興時代，這裡放著的是貨真價值的千年古董。在銅像底座，地板花紋以它為中心不斷向外擴散，其複雜的幾何圖案讓地板不呆板，散發令人驚艷的律動感。抬頭一看，廣場周圍有三棟建築以ㄇ字型排列，但再仔細感受，會發現其實更像是上寬下窄的梯形，這讓廣場看起來比實際寬闊。仔細看看廣場上的建築，大量運用柱子、拱形裝飾，這三棟建築組成的景象完美對稱，絲毫沒有不協調之處。米開朗基羅在這座廣場裡，將文藝復興的透視法、考古學、幾何學，重視對稱和諧等研究成果，一口氣融為一體，具體而微地展現文藝復興人的心靈世界。

事實上，不光是米開朗基羅，文藝復興所有藝術家的作品都含有重要時代精神，換言之，藝術品也是在一定時空脈絡下的產物。藝術家或許勇於挑戰，但他們不會完全跳脫所屬時代。藝術家固然是為了美而製作藝術品，但所謂的美，仍可用更細微的內容加以認識，只要注意到這點，日後看到文藝復興及其他時代的藝術品，必定能有更多共鳴。

大衛像：作為宣傳媒介的藝術品

西元一五〇三的一月二十五日，佛羅倫斯城內最有威望的市民聚集在一起，他們正在討論要將米開朗基羅的《大衛像》放置何處。米開朗基羅在一五〇一年左右接下來自佛羅倫斯的委託，將一塊巨大大理石塊雕刻成著名的《大衛像》。出席公民眼見米開朗基羅將要完成這尊作品，必須盡快決定擺放位置。他們希望找到既顯眼又不會過度風吹雨淋的地方，這樣才能在保護大師傑作的前提下，盡可能地讓更多人見識到佛羅倫斯政府想宣傳的內容。要理解他們的動機，必須先認識佛羅倫斯的歷史。

在十五世紀當時，梅迪奇家族雖試圖低調，但所有佛羅倫斯人都知道，共和國其實就是由梅迪奇家族的人統治。人稱偉大的羅倫佐（Lorenzo the Magnificent）死去後，他的繼承者才能遠不如前人，在十五世紀末被人趕出佛羅倫斯。佛羅倫斯自此直到一五一二年，就一直維持比起梅迪奇家族時期更名副其實的共和國體制。期間佛羅倫斯人屢次抵抗其他外國勢力，包括法國、教宗。這個共和國雖然富有，但軍事實力相當低落，屢次陷入滅城危機中。正是在此等背景下，他們決定委託米開朗基羅製作《大衛像》，然後放在市政廳前的廣場上。對許多當代人而言，這尊雕像的意義再明顯不過。

佛羅倫斯政府主要想借用大衛在《聖經》裡的英雄形象。根據《聖經》所言，他在年少時，丟出一顆石頭，擊斃進犯以色列人的巨人。「以弱擊強」正是此一故事中的重要意涵。佛羅倫斯也希望自己像大衛一樣，擊敗強大敵人。參照當時的環境，不難理解為何他們為何會偏好大衛的故事。當時活躍於政治外交場所的馬基維里，就多次提到佛羅倫斯的軍事力量脆弱不堪，在強敵環繞下，將使這座城邦喪失自主權。大衛擊敗巨人是歐洲人耳熟能詳的故事，再搭配當代人生活的時空背景，米開朗基羅的《大衛像》因而成了佛羅倫斯共和政府宣揚國力的媒介。

米開朗基羅的《大衛像》無疑是一座相當精美的藝術品。大衛的神情專注前方，身體軸線與頭成九十度，左腳微彎，重心放在右腳，右手自然放下，左手向上彎曲至胸前。這尊《大衛像》描繪的是將要攻擊巨人的前一刻，沒有戰勝後的激情，只有毫無畏懼的自信感。今天我們會從以上種種欣賞《大衛像》，不再視其為一件政治宣傳品，是因為它被創造的年代距離我們太遙遠而無法體會。每一件文藝復興藝術品背後都有屬於他們的故事，一一述說那個時候的人是如何看重藝術品的宣傳功能。在現代媒體（如報紙、雜誌、廣播、電視）真正發展成熟前，藝術品就是最重要的宣傳媒介之一。

羅馬聖彼得大教堂：文藝復興教宗的重大建設

如果想認識文藝復興時期的基督宗教，重建聖彼得大教堂的故事是相當重要的案例。現今所見的聖彼得大教堂建於十六世紀初，以取代原先殘破不堪的舊教堂。教宗儒略二世決定不再整修，而是計畫全部拆掉，原地重建一座全新的大教堂。這項計畫由當代著名建築師布拉曼特（Bramante）負責。

布拉曼特一開始想說服教宗接受違背歷史傳統的集中式平面布局。整座教堂的東西南北軸線等長，建築輪廓幾乎呈正方形，正中央還有一個巨大的穹頂。但基於傳統，也基於宗教因素與實用性，最後否決他的提案。因此在一五〇六年放下第一塊基石時，採用的是巴西利卡式布局，也就是從入口到祭壇有一條長長的走道，整體平面布局為不等長的拉丁十字型。因建設工程過於浩大，以致於在儒略二世死去當時，整棟教堂還有許多地方尚未拆完。

聖彼得大教堂的重建工程由後續歷任教宗接手。繼儒略二世之後，教宗良十世也很熱中於重建工程。他派遣最信賴的建築師，包括散加洛（Giuliano da Sangallo）、喬康多，以及拉斐爾等人負責。並要求盡量擴大教堂面積，以彰顯當時教會的富有。西元一五二七年，羅馬遭神聖羅馬帝國軍隊攻陷，教堂的建設工程停擺了好一陣子，直到保祿三世命令米開朗基羅接手後才再度動工。文藝復興時代的藝術家可不是一群和樂融融的團體，米開朗基羅對布拉曼特素來沒有好感，但他認同接受布拉曼特的設計理念，也以集中式平面布局為設計基礎。比起前幾任教宗，保祿三世在這方面的態度更加開放，放手讓米開朗基羅依照他的設計重建教堂。自此之後直到十六世紀末葉，聖彼得大教堂總算是依照米開朗基羅的設計重建完成。最後在十七世紀，為了因應當時的環境氛圍，在米開朗基羅的基礎上加蓋一座迴廊、正門及廣場後，才真正完成所有建設，變成今日所見樣貌。

聖彼得大教堂是由多位教宗及藝術家共同努力的成果，但這不是藝術與宗教合作的唯一的特例。許多文藝復興時期的藝文成就，幾乎隨處可見基督宗教的影子。當時雖逐漸以人為中心思考，但這和基督宗教信仰沒有必然衝突，基督宗教在當時仍是一股強大的社會力量，並積極吸收人文主義者和藝術家的研究成果。許多藝術家更同時是虔誠的信徒，米開朗基羅是再明顯不過的例子了，教會人士（例如教宗）更是文藝復興時期的主要贊助者。文藝復興時期的世俗精神確實越來越強大，但這並不意味者基督宗教就此失去活力，淹沒於歷史之中；相反的，基督宗教仍是當代社會中一股強大力量，對於促進文藝復興的發展頗有貢獻。

挑戰教宗：世俗王權的崛起

某種程度上來說，近代之前的歐洲史也可說是一段政教衝突史。自從基督宗教合法並成為羅馬帝國的國教後，教宗與世俗統治者的明爭暗鬥從未停歇。教宗希望各地世俗統治者能順從他的宗教權威，任何行事方針以他為依歸。而世俗統治者則希望除非有利於自身的政治目的，否則教宗別插手統治事務。雙方曖昧又模糊不清的關係，在中世紀歐洲創造不少歷史故事，像是教宗為他人加冕為神聖羅馬帝國的皇帝，或是帝國皇帝在大雪紛飛的季節裡，徒步前往教宗住所尋求赦免。又或者是激勵君王不辭辛勞往東方前進，只為在那裡建立地上天國。中世紀的教宗利用他們的宗教權威，以及世俗君王較不穩定的統治基礎，暫且能在政教衝突中佔上風，但文藝復興教宗卻沒那麼順利地延續中世紀教宗的權威。

在十五世紀末之前，文藝復興教宗將他們的注意力集中在義大利的政局。當時北有米蘭、佛羅倫斯、威尼斯，南有那不勒斯王國，每個國家都在向教宗博取最大的政治利益。因為先前曾發生大分裂重創教宗聲望，加上許多教宗又將教職當作家庭事業經營，越趨世俗化的結果，就是引來越多人的批評。教宗發現宗教聲望難以服人時，就越想利用立見成效的世俗手法解決，因此陷入惡性循環。在十五世紀末，法國國王查理八世（Charles VIII）率兵進入義大利，試圖君臨這處肥沃的土地。法王在英法百年戰爭中，藉機強化自己權力、財富，其實力之強大，教宗根本難以單獨抗衡。為了力抗法王，教宗與皇帝麥西米連一世（Maximilian I）結盟。這一發展日後將吸引越來越多的世俗君王進入義大利，教宗不久即發現，比起義大利國家，這些君王更不容易妥協，更貪婪地要求教宗讓渡許多權力，更糟糕的是，教宗缺乏足夠的實力抵抗。文藝復興教宗也曾出現如儒略二世這般真正敢於抵抗且成功的教宗，但除他之外，再無第二位。

自十五世紀末起，教宗國的外交陷入越來越被動的局勢。教宗面臨時而與法國結盟，時而與之為敵的困境。因美洲財富逐漸強大的西班牙也將勢力觸角伸入義大利，頗有稱霸全義大利的態勢。最後教宗終因自己的軟弱付出慘痛代價。法國與神聖羅馬帝國在義大利的衝突，迫使教宗克勉七世（Clement VII）選邊站。教宗決定與法國結盟的後果，就是引來帝國軍隊。帝國軍隊最後在一五二七年攻陷羅馬，教宗幾乎無能為力。這項發展也預告了，接下來幾世紀，教宗將不再是國際政治局勢中的要角，世俗王權的地位逐步發展到遠超過教宗所能控制的程度。

一五二七年攻陷羅馬：重創文藝復興重鎮

為了制衡強大世俗君王，文藝復興教宗不時與某個主要敵人的敵人結盟，但這項長久以來的外交政策，在一五二七年為羅馬帶來莫大浩劫。在一五二五年的二月二十四日，精力充沛的法王法蘭西一世（Francis I），在義大利的帕維亞（Pavia）與神聖羅馬帝國的皇帝，出身自哈布斯堡家族的查理五世（Charles V）一戰，法軍以慘敗收場，國王被俘擄，自英法百年戰爭結束以來，法國從未遭遇如此慘敗，這場戰爭宣告哈布斯堡家族在義大利的霸權地位已無人能挑戰。當時的教宗克勉七世見狀，趕快和獲釋不久的法王結盟，還把米蘭和威尼斯也拉進這個同盟，希望以此制衡查理五世。然而與法國結盟並未如教宗所想像的帶來安穩局勢，查理五世的軍隊不斷南下，一步步進逼羅馬。

面對同盟國的危機，法國、米蘭和威尼斯只派出微不足道的資源，將羅馬城的命運交給敵方軍隊。自從帕維亞一役後，帝國軍隊花了近一年時間抵達羅馬。當他們到達羅馬，已是一五二七年的五月。教宗也知道問題的嚴重性，在此之前趕緊強化防禦能力。同一年的五月六日早晨，帝國軍隊發動攻擊。

教宗之所以在當時國際社會享有影響力，是因為他的宗教聲望、財富，他們手中握有的軍力，無論質量都遠不如這次來犯的軍隊。教宗發現他的軍隊和城牆無力抵抗進犯來敵時，隨即逃到他最堅固的堡壘聖天使堡。不久後，帝國軍隊攻破羅馬的城牆。躲在聖天使堡內的教宗軍，除了偶爾以大砲回擊外，只能無力地躲在聖天使堡內，看敵軍大肆劫掠羅馬。藏有大量財寶的教堂、修道院和宮殿無一倖免。帝國軍隊裡有許多人是路德教派，對羅馬城的破壞更是肆無忌憚，為破壞而破壞的事屢見不鮮。許多羅馬城居民無論身分地位為何，都遭受帝國軍隊的虐待，幸運存活下來的，就成為他們勒索贖金的人質。當時的著名學者卡渥就因遭刑求而重傷不治，他的死，象徵武力對羅馬文藝復興最嚴重的打擊。

大約一個月後教宗投降，以大筆贖金換取自由。他面對一個滿目瘡痍，人口銳減的大城市，曾聚集在此的藝術家、學者、商人、朝聖者四散各地，重要作品如拉斐爾的繪畫遭到無情摧殘。面對如此重創，教宗無心也無力繼續聖彼得大教堂的重建工程。

基督教人文主義：反思基督宗教

文藝復興不是義大利獨有現象，同時在阿爾卑斯山以北，也有研究古代典籍的文藝復興運動在蓬勃發展。大約從一四五〇年代起，一群專精於語言學、文學或拉丁文、希臘文的人文學者興起，他們受雇於富有的領主和都市商人，為他們撰寫所需的法律文件及文學作品，又或者是以教書、寫書維生。許多有志改善出生環境的人，常會選擇這樣的生活。日後引發宗教改革的路德（Luther）早年也曾接受與此相似的生活，而他的父親也想要他成為能賺錢的律師。但眾所皆知的，路德最後讓他的父親失望了。

這批接受人文主義教育的知識分子，就像他們在義大利的同好一樣，擅長考證各種古籍。但不同的是，他們更重視《聖經》或基督教早期的作品，對宗教的反思也更為強烈。因為在情感上，他們比起義大利，與古典文化的連結較淡薄。而在現實上，要求宗教改革的呼聲也盛行許多。這並不意味義大利文藝復興缺乏宗教方面的反思，如人文主義學者瓦拉（Lorenzo Valla）就曾批評過《君士坦丁的貢獻》為虛構作品，根據該文件所言，教宗在羅馬及其周遭土地的統治權，為古羅馬皇帝君士坦丁所贈予，過往幾世紀的教宗就以此宣稱教宗國政權的合法性。但討論基督宗教的人文主義活動，仍以北方文藝復興為主。

在結合人文主義與基督宗教的北方文藝復興中，最有名的學者莫過於伊拉斯謨斯（Erasmus）。他在一四六六年出生於荷蘭。伊拉斯謨斯從小接觸拉丁文與古典文學，因家庭變故進入修道院學習。成年後的伊拉斯謨斯，以教書、寫作為生，其名聲漸漸流傳，並將研究範圍擴及至基督教神學。在一五〇六年，他終於到義大利遊覽他嚮往許久的古典文化。不久後出版名為《愚人頌》的小冊子，極盡所能地諷刺當時教會的腐敗。在接下來的幾年，伊拉斯謨斯持續遊歷歐洲各地，發表研究成果。聲望如日中天的伊拉斯謨斯，更在一五一八年任職未來皇帝查理五世的教育顧問。之後幾年他邁入學術生涯的高峰，利用人文主義上的高度學養，在他監督下，陸續出版探討基督教教父和神學的作品。

但伊拉斯謨斯的聲望為他的晚年生活帶來不少困擾。自一五一七年教宗和路德的衝突日漸劇烈，雙方都要求伊拉斯謨斯支持他們，伊拉斯謨斯百般推遲雙方的要求，最後惹來兩方的罵名。他曾向教宗訴苦，「過去我所有的聲望，現在都化為怨恨。……（某人）說我和路德一鼻孔出氣，因為我沒有反對他。」新教陣營一開始視伊拉斯謨斯為宗教改革的啟發者，但對他日後的消極態度大為不滿，認為在最需要他起身的時候，卻不見蹤影。伊拉斯謨斯去世後，他的著作被列入禁書清單，在那時，新舊教陣營的衝突邁向難以和解的高鋒，這是生性愛好和平的伊拉斯謨斯最不樂見的場景。在他所處的年代，中庸之道被激烈的敵我之分取代。

鄂圖曼帝國與蒙兀兒帝國：近代世界史上的伊斯蘭世界

近代史上，伊斯蘭世界曾出現兩個強大的帝國，分別是位於東半部的帖木兒帝國，以及位於西半部的鄂圖曼土耳其帝國。在相當長的一段時間內，這兩大帝國在伊斯蘭世界創造出不下於前人的繁榮盛世，使伊斯蘭文明的內涵更豐富多元。

十四世紀下半葉，一位名叫帖木兒（Timur）的蒙古貴族以成吉思汗的後裔自居，在中亞地區打造一個融合伊斯蘭、突厥與蒙古文化的龐大帝國。帖木兒發跡於撒馬爾罕（Samarkand），後來的幾十年間，屢次發動軍事征服行動。十五世紀初已控制波斯、兩河流域地區，還計畫出兵征服中國，盛極一時的帖木兒帝國頗有復興蒙古帝國的態勢。但在西元一四〇五年，野心勃勃的帖木兒在東征中國前病逝，他的繼承人未能像成吉思汗的子孫一樣繼續開拓勢力範圍，整個帝國逐步衰退。

帖木兒帝國滅亡後，其中一派後繼者轉往印度大陸，建立另一個強大的帝國：蒙兀兒帝國。蒙兀兒帝國在十六中葉開始邁向鼎盛時期，不僅領地擴及全印度大陸，國內的經濟、文化活動也極為繁榮，歐洲來的冒險家也不敢隨意侵犯。著名的泰姬瑪哈陵可說是蒙兀兒帝國極盛一時的最佳見證者。直至十八世紀，帝國開始走下坡，最終被英國東印度公司控制、取代。

對歐洲人而言，最直接相關的伊斯蘭國家當屬鄂圖曼土耳其帝國，曾帶給他們相當大的壓力。鄂圖曼帝國起源於安那托利亞高原，他們利用蒙古西征重創周遭國家時，積極擴張領地。當蒙古人的攻勢減緩時，君士坦丁堡的周遭盡是鄂圖曼人的勢力範圍。十四世紀末期，鄂圖曼人進攻君士坦丁堡未果，不久後，他們大敗於新興的帖木兒帝國，在亞洲的領地幾乎喪失殆盡。鄂圖曼的統治者苦心經營在歐洲的殘餘領地，終於在一四五三年攻占君士坦丁堡。此一事件震撼歐洲，象徵鄂圖曼帝國走出先前的重擊，將一躍而為伊斯蘭世界的大國。接下來的一世紀，鄂圖曼帝國迅速擴張，不只控制伊斯蘭世界中的敘利亞、兩河流域，埃及，還攻佔整個巴爾幹半島，就連全匈牙利都在他們的統治下。

控制匈牙利後，鄂圖曼帝國的下一個目標是奧地利。在過往很長一段時間裡，奧地利的統治者專心在歐陸霸權地位的競爭上，鄂圖曼帝國的崛起迫使他們將注意力轉向東方，雙方屢屢爆發各大小戰役。西元一六八三年，鄂圖曼帝國動員十餘萬人攻打維也納。聲勢浩大的鄂圖曼軍最後不敵波蘭、奧地利及日耳曼諸侯組成的歐洲聯軍。歐洲聯軍趁勝追擊，占領匈牙利，鄂圖曼帝國在歐洲的擴張遭遇前所未見的挫敗。自此之後，鄂圖曼帝國轉入守成時期。

梅迪奇家族：研究義大利文藝復興的經典案例

西元一五二五年五月，馬基維里從佛羅倫斯動身前往羅馬，準備面見教宗克勉七世，呈上由他贊助才得以寫成的《佛羅倫斯史》（*Istorie Fiorentine*）。這本書共分成八卷，第四卷開始講述十五世紀的佛羅倫斯。馬基維里很巧妙地只寫到一四九二年，也就是羅倫佐死去的那一年，完全忽略讓梅迪奇家族難堪的皮埃羅。他會這麼安排，很有可能是顧慮到同為梅迪奇家族出身的克勉七世。教宗相當滿意《佛羅倫斯史》，賜予他大筆資金。馬基維里雖受人委託，但他沒讓這本書流於單純諂媚的頌辭，以最現實的角度分析所見所聞。透過這本書，後人能更直接觀看梅迪奇統治下的佛羅倫斯。

根據《佛羅倫斯史》所言，佛羅倫斯長年因黨派鬥爭而紛亂不休，唯一有能力協調各方的，只有梅迪奇家族。他在評論科西莫的一生時，提到因為他的慷慨大方，使這座城市許多居民度過難關，城市也出現許多體面的公共建築。但他盡量避免讓人覺得他是在誇耀財富，因為「他深知經常炫耀講排場會招人妒，富而不誇則易於受人喜愛」。馬基維里接著讚嘆，無怪乎科西莫能在動盪的佛羅倫斯「掌握政權長達三十年之久」。至於人稱「偉大的」羅倫佐，馬基維里說他雖然揮霍大筆家族資金，對佛羅倫斯的文化活動仍有莫大貢獻，吸引許多藝術家和文學家定居佛羅倫斯，因此使得「佛羅倫斯極其繁榮昌盛」。

持平而論，馬基維里頗能精確抓出佛羅倫斯、文藝復興和梅迪奇家族三者間的關係。他雖然花了相當篇幅描述政治史，卻也清楚勾勒出以銀行業發跡的梅迪奇家族，如何運用金錢控制政治，贊助藝文活動。馬基維里的作品提示一個研究文藝復興的重要議題：梅迪奇家族在佛羅倫斯的統治。這也是到目前為止，眾多西方學者仍在努力的方向。

文藝復興的起源當然不能僅歸因於梅迪奇家族。如商業興起、都市發展、人文主義教育等，以上種種共同營造出培養文藝復興所需的資金與環境，以及回饋資方需求的生產創造力。強調梅迪奇的重要性並非獨尊其影響力，而是因為作為一個歷史案例太過經典，不可能完全對其視而不見。觀察許多推動文藝復興發展的藝術家及人文學者之生平，便不難發現梅迪奇對他們的重要性。

認識人文主義：一段西方文明的社會文化史

要精確指出文藝復興人文主義的起源並不是一件容易的事。人文主義式研究方法在文藝復興之前就已開始。例如對古典著作的愛好，在漫長的中世紀也是相當常見的情況。最關鍵的差別在於，文藝復興的社會、文化環境培養出後人所熟悉的人文主義精神。因為牽涉甚廣，可從許多角度解釋文藝復興人文主義的起源。

在文藝復興史的領域中，布克哈特可說是最著名的學者之一。他一反十九世紀史學聚焦在在政治及宗教史的態度，更專注在社會文化史的研究。西元一八六〇年出版的《義大利文藝復興時代的文化》，是他最有名的研究成果。在這本書中，布克哈特不僅關注藝術發展，也研究在文藝復興時期相當重要的人文主義。從布克哈特的著作可知，可能是政治家需要有人寫案例辯護，也可能是對古代文學的高度興趣，又或著是某個因財富得勢的商人（如梅迪奇家族）出於喜好，也出於政治宣傳上的需求，支持人文主義的發展。簡言之，有太多案例可以看出，人文主義的發展和文藝復興社會文化密不可分。

從出版當時到現代，《義大利文藝復興時代的文化》已成書一百多年。在這段時間內，關於文藝復興人文主義的研究成果無論質量都有長足發展。以現代眼光來看，布克哈特的部分內容實在是過於簡單，但這無損本書的價值，布克哈特的論調至今仍是不少學者的基本共識。從社會文化背景出發的研究方法，也不斷啟發後來的學者投身於相關研究當中。

就如同分析人文主義的起源，要評估其後續發展業絕非易事。因為人文主義起初比較像是一種方法學，日後再與不同領域的知識結合，發展出一套難以三言兩語可道盡的文化脈絡，不斷往下追溯，將拉出一長串的西方社會文化史。也是因為這般複雜的後續樣貌，致使難以真正對人文主義追本溯源。可較為確定的是，人文主義者的研究方法與理念擴大歐洲人觀察萬物的角度，並使他們在面對未來的發展能有更多省思，面對過往權威時保持懷疑的精神，帶著更有自信的態度省思人類的潛力，其影響將滲透整個西方社會。認識人文主義的起源絕不能輕忽其社會背景，分析後續的影響也是如此。

考古的意義：認識與利用過去

西元一五一五年，奉命考察羅馬城古蹟的拉斐爾寫了一封信給教宗良十世，向教宗報告初步調查成果。說明他如何看待羅馬城古蹟的現況。信的一開始強調這些建築是他的學習典範，「現今我已大量研究這些古代雄偉建築，我絲毫不敢懈怠地小心翼翼觀察並測量它們。我閱讀那個時代的最棒作者，並和他們所描繪的建築比較，因此我可以說我終於掌握一些古代建築的知識。」

接著話鋒一轉，他感慨地說起這些古蹟至今為止遭受的破壞，質問當今羅馬的輝煌成就，有多少是建立在破壞古代遺跡的行為上。最後他呼籲良十世，應該採取行動，想辦法保護這些古蹟，「宗座，別讓他們在你的考量下消失，快保存所剩不多，可彰顯古代榮耀與義大利名聲的古蹟吧。」

拉斐爾的信可分成兩個面向觀察，首先是他對古典古蹟的重視。眾多素描手稿顯示，羅馬城的古蹟始終是眾多藝術家的學習典範，拉斐爾高度重視古蹟的態度並非特例。「認識過去」是考古的積極面向，眾多文藝復興藝術家不斷在作品中大量運用古典元素，例如柱子、山牆、穹頂或對稱宏偉的外觀。即便文藝復興時代已過，古典元素早已是西方大量使用的重要元素，如巴黎的凱旋門，美國的國會大廈。

這封信的另一個面向涉及到古蹟維護與政治運作。正如拉斐爾所言，許多古蹟都正遭遇極大破壞。這和教宗脫離不了關係，因為有許多開發、挖掘都是在教宗示意或授權下進行，不少雕像或建築就當作石灰原料或建材而消失於歷史中。在過去有許多學者提到這點時，一面倒地批評教宗破壞古蹟的罪行，不過以藝術史為主要研究的學者卡莫（David Karmon）最近試著提出不同觀點。他在《永恆之城的遺跡：文藝復興羅馬的古蹟與保存》（*The Ruin of the Eternal City: Antiquity and Preservation in Renaissance Rome*）認為文藝復興教宗當然也注意到古蹟保存問題，但一來不可能要求他們馬上達到現代古蹟維護標準，二來大肆重建羅馬不得不面對破壞古蹟的難題，僅以現代標準批評教宗，相當容易忽略教宗也曾做過維護古蹟的努力。同樣相當值得注意的是，維護古蹟不僅事關文化、藝術，也和政治息息相關。卡莫再次從當時的時空背景著手，指出同時代羅馬城內的自治團體也在爭取古蹟維護工作，說明「主導古蹟維護和研究」與「掌握羅馬城統治權」密切相關。藉由這封信，拉斐爾暗示教宗研究過去不僅有利於藝術研究，也是獲得政治主導權的手段。

拉斐爾的信突顯出文藝復興當時不會單純為考古而考古。在考古活動的背後也兼具許多動機。不僅考古如此，當時的許多文化活動皆是如此。深入認識當時的社會環境，往往能找到更深層的意涵。

通才的意義：開拓人類的可能性

西元一四九九年，米開朗基羅完成了使他名聲響遍羅馬的代表作《聖殤像》。這件作品有許多值得細細品味、觀察的地方。其中之一為聖母胸前的皮帶刻有米開朗基羅的署名，他希望讓觀者知道這件藝術作品的作者是他。標示創作者姓名在現代世界可說是司空見慣的事情，在中世紀歐洲卻相當少見。會在作品上署名的作法一直到文藝復興時期才漸漸流傳開來，其意味者一個重要歷史發展：追求現世名聲。

許多人視文藝復興為現代社會的起源其來有自，重視人的現世生活方式即為其中之一。與中世紀相比，文藝復興時代對人類的觀點有幾項特別重要的不同之處：相信人的潛能，學習不同知識，磨練自我德性與心靈，並留下可流傳於世的代表作或豐功偉業。因為以上種種變化，鼓勵了文藝復興通才的出現。如今學習知識不再只是為了宗教目的，使自己成為一個更優秀的人也是重要目標。文藝復興時期的名作家佩脫拉克曾在一封寫給薄伽丘的信中，讚嘆古羅馬人勤於追求知識的態度。同一封信還特別強調，研究文學能豐富他的生活，使心靈更睿智，更重要的是，可讓自己比其他人更加優秀，「虔誠的無知並不能與熟悉文學之人富有啟示的虔誠處於同一平面。」

同樣為文藝復興通才的阿爾貝提，在他的《論家庭》提及青年教育時，鼓勵人們盡可能貪婪地學習一切知識，「年輕人啊，勤於學習。盡你所能地學習值得記住的過往知識。試著了解所有交予你的有用事物。盡可能地餵養你的心靈，認識以美德陶冶心靈的樂趣。」

儘管他在接下來的段落獨尊文學、歷史著作，但他以其一生說明，值得學習的知識絕不僅於此。他在各領域的傑出表現，更讓他的名聲永傳於世，不像許多中世紀藝術家那樣永遠無人知曉他們的生平。

達文西、米開朗基羅和拉斐爾等當代藝術家之所以能留名於世，或許是因為他們有異於常人的天分，但他們對於各類知識、技能的追求，才是使他們屢屢創造出傑作，且後世特別推崇的關鍵。他們努力觀察人體骨骼、肌肉脈動，再研究如何用畫筆與顏料，或是槌子與大理石（青銅）表現出來。為了設計建築，他們必須熟知幾何學、物理學，甚至是哲學和神學。

文藝復興的通才突顯出人類大幅躍進的自信。當追求知識與名聲已是一股不但可被允許，甚至是鼓勵的趨勢時，不僅將滿足自我，甚至還能對人類社會留下正面貢獻。

達文西與馬基維里的共通性：積極於現世生活

在研究古典時代時，文藝復興的人們不再只滿足於單方面接受前人意見，他們會依照自己的生活經驗，融合出一套新的理念，並試圖影響現實世界。當時許多曾受人文主義影響的藝術家都有這樣的傾向。藝術品的功能越來越多，且更與現世生活有所關聯。達文西的維特魯威人就是因此而誕生。以此為原則，他還曾思考過該如何建造更完美、良善的建築。

文藝復興藝術家除了熟稔藝術創作技巧外，也掌握許多古典學識，同時積極參與現世生活。阿爾貝提在設想建築設計圖時，也對青年教育發表意見，他認為青年人應當嚴讀李維（Livy）、色諾芬（Xenophon）、荷馬（Homer）和維吉爾（Vergilius）等人的作品，學習他們的用字遣詞，提升德性，使自己在眾公民中受人敬愛。阿爾貝提的理論相當具有出世意義，接受教育不再是為了自己，也是為了參與公共生活。換言之，文藝復興不只鼓勵通才，更要求應對社會有所貢獻。儘管可能著重的原則，以及表現手法不盡相同，但不再只迷戀上帝之國的現世精神是他們的最大的共同點。

自幼接受人文主義訓練的馬基維里雖不是藝術家，也對自己所生活的世界感觸良多。他見證佛羅倫斯在梅迪奇家族統治下的繁榮，以及在法國大軍面前的不堪一擊，還有接下來長達十餘年的動盪不安。懷才不遇失去工作時，除了寫下《君王論》，還完成另一本重要著作：《李維羅馬史疏義》（*Discorsi sopra la prima deca di Tito Livio*），以古（羅馬共和國）論今，闡述他所觀察到的政治現況。馬基維里在這本書的開頭，顯露出文藝復興時代的知識分子具有的「創新性」和「公共性」。他提到，「與生俱來的一股慾望，肆無忌憚地驅策我去從事我相信將對每一個人帶來利益的那些事，我決定走一條還沒人踩過的途徑。」古典知識對他來講，不是單純的故事，而是能尋求和平，避免禍害的智慧泉源。接著他不斷以古羅馬為例，論述如何建造一個穩定政府。

無論是達文西或馬基維里，即便他們心繫的事物不盡相同，但其視野不曾離開自己生活的世界。他們沒有遺忘來世，但同樣重視現世生活的需求，注視著現世生活的古典作者因而成為他們最好的導師。文藝復興之所以重要，就在於他們積極吸收、改造古代知識，並大膽地持續創造新理念、思想，既適應變動中的世界，也試圖改善現世生活。《維特魯威人》和《李維羅馬史疏義》都是此一大趨勢下的產物。

教宗重建羅馬的動機：反思文藝復興

文藝復興教宗與現代教宗大不相同。現在的教宗受眾人景仰，處處以禮相待；文藝復興教宗卻生活在爾虞我詐，不時兵戎相見的政治環境中，隨時有眾多的人想掠取教宗的財產與權力。只要外交事務處理不當，難保不會引來世俗君主的不滿，輕則顏面盡失，重則危及生命安全。文藝復興教宗必須想辦法鞏固自身的聲望地位，有必要時還得披甲上陣。當然也有比較和平的方法：贊助有才能的學者和藝術家。透過各項藝文成果，文藝復興教宗宣揚他們傳承自摩西、聖彼得，或是古羅馬皇帝的偉大權利。這一點上，他們擁有文藝復興時代的其中一項特色：努力研究過去，並使之為現代所用。仔細觀察教宗在羅馬的軟硬體建設，都可見到教宗試圖利用這些成果為自己，甚至為整個教會辯護的思維蘊含其中。

西方史家早已注意到教宗再造羅馬時的企圖。長久以來關注近現代歐洲文化和社會史的史汀格（Charles L. Stinger），在其代表作《文藝復興在羅馬》（*The Renaissance in Rome*）中考察文藝復興羅馬的諸多藝文成果，比較與教宗有關的歷史傳統、神學理論後，認為文藝復興教宗不是單純的藝文愛好著。教宗需要這些受贊助者，共同營造出教宗是位慷慨、大氣，並繼承諸多傳統權力的偉大統治者。例如重建聖彼得大教堂的動機，是為了展示他傳承自使徒彼得的權力地位。另一位以研究文藝復興出名的學者帕特里奇（Loren Patridge），在《文藝復興羅馬的藝術，一四〇〇至一六〇〇年間》（*The Art of Renaissance Rome, 1400-1600*）詳細考查多項藝術作品，探討箇中意涵。也認為將古代案例套用在自己身上，藉此宣示教宗身分的偉大崇高，即為教宗重建羅馬的動機。

文藝復興在羅馬的發展至少有兩個值得深思的歷史意義。如同上述研究成果所提示，文藝復興不只發生在佛羅倫斯，因為這是一場跨城市，或是跨國家的文化活動。佛羅倫斯雖然在文藝復興早期相當重要，但只注意佛羅倫斯無法全面認識文藝復興。當時藝術家的生平就透露這股文化活動的多元性：達文西早年在義大利創作，晚年定居法國；切里尼（Benenuti Cellini）出生義大利，曾到法國為法王服務；米開朗基羅的一生不斷在羅馬和佛羅倫斯來回奔波。其次，藝術品不是單純展示「美」的成品，其可能兼具宗教、政治意義。縱使這些意涵並未直白表現，但進一步尋找贊助者的身分背景，仍可能發現隱藏在「美感」下的意義。文藝復興不只是藝術家的年代，也是這些贊助者大肆發揮影響力的年代。下回看見文藝復興的藝術，試著去尋找創作背景，必定有更多收穫。

圖像學：觀察文藝復興藝術的其他角度

只要解讀得當，藝術品也可以是認識過往社會的絕佳管道。二十世紀初的德國著名藝術史家潘諾夫斯基（Panofsky）曾提過一個相當有趣的案例：如果今天有一群住在亞馬遜雨林中的原住民，看到達文西的《最後的晚餐》時，他們或許會把這幅畫解釋成一頓豐盛的大餐。潘諾夫斯基認為，藝術品應從他所處的時代脈絡觀察。美洲原住民的誤解，來自於他們沒有相對應的知識或經驗閱讀繪畫。今天我們面對文藝復興的藝術之所以容易有距離感，多半是因為我們缺乏融入畫作題材的經驗或知識。只要知道方法，文藝復興藝術並非遙不可及。

圖像學的出現，打破傳統藝術史研究集中在造型、美感分析的角度，提供一種觀看藝術的新觀點。十九世紀末，出身於德國銀行業家庭的瓦爾堡（Warburg）決定放棄家業，讓他弟弟繼承，這樣他才能隨心所欲地研究熱愛的藝術史。他說過，「親愛的上帝隱身於細節之中。」為了知曉細節，他的研究工作超出史料及學科的局限，任何有利認識藝術品的理論，都是他的研究對象。瓦爾堡的研究理論由潘諾夫斯基延續，他在瓦爾堡的基礎上，發展出名為圖像學（Iconography）的方法論，並在其名著《造型藝術的意義》（*Meaning of Visual Art*）中提出更完整的說明。他認為研究藝術品大致可分為以下幾個階段，首先是看懂藝術品描繪的主題，例如知道《最後的晚餐》是與基督宗教相關的故事。接著追尋此類圖像的歷史傳統，中世紀也曾出現過不少以最後的晚餐為主題的創作，這麼做的目的是為了比較出其與過往作品的異同。最後是透過各種學科研究成果，觀察這幅作品具備的時代意義，例如發現人文主義、資本主義、宗改改革、王權興起等面向。

絕大多數文藝復興藝術品都是想傳達某種想法，所以不會刻意利用一大堆難以理解的手法故作神祕。我們的不解，來自於我們對文藝復興社會所知不多。本章所提及的米開朗基羅的卡彼托林廣場，利用圖像學研究方法，其創新性及深厚人文精神顯而易見。

現今的藝術史研究，當然並不是人人都直接傳承自潘諾夫斯基，但以他為代表，不再將一件藝術品視為單純的藝術品，而是大時代氛圍下的產物。許多文藝復興的藝術品之所以屢屢成為那個時期的代表文物，固然和藝術家的名聲有關，但同時也是因為我們可以從中看到文藝復興的社會樣貌和心靈世界。更進一步來說，觀看文藝復興藝術，我們得以對那個已經消失的世界更加熟悉。

藝術品與宣傳品：文藝復興藝術品的實用功能

透過圖像學的角度，不難發現許多文藝復興藝術品往往也是具有宣傳實用性的媒體。例如一個君王騎在馬上，穿著軍裝，可以推斷他是要宣揚自己的軍事成就。聖母抱著死去的耶穌，則是要彰顯耶穌的犧牲與聖母的仁慈。然而，也有許多文藝復興藝術品的宣傳內容，往往只有身處其中，或對當時的時空環境有相當認識的人，才能知曉其深層意義。例如米開朗基羅的《大衛像》，假使不深入認識佛羅倫斯的政治環境，便難以得知它想宣傳的面向。

西方文明在上古時代就已運用視覺圖像作為宣傳工具，直到文藝復興時代，有太多例子可說明這些同樣手法未曾衰退。在〈教宗重建羅馬的動機：反思文藝復興〉一節所提到史家史汀格和帕特里奇，就對此議題提供不少有趣案例。文藝復興時代在承接這些傳統時，利用他們的研究成果，如解剖學、透視法等，以更強烈的視覺效果創造出更具渲染力的作品，雕像、建築、繪畫，甚至是整座城市都是可能的媒介。作為宣傳品，不同贊助者基於不同狀態，往往會有偏好主題，例如佛羅倫斯選擇用大衛像，因為其故事意涵能呼應政治現實。教宗偏好用聖彼得、摩西和羅馬皇帝為創作主題，也是因為有特別的政治、宗教象徵意義。

有鑑於宣傳內容與方式的多樣性，「一言以蔽之」的解釋方法很容易忽略個別案例的特殊性。為了能更深入認識藝術品所要宣傳的理念，了解其形成背景，有待於個案一一探討。就像是英國著名學者柏克（Peter Burke），在《義大利文藝復興：義大利的文化和社會》（*The Italian Renaissance: Culture and Society in Italy*）中強調，分析個別作品或藝術家的動機固然重要，但還有許多因素都要考慮到。接著他帶領讀者遊覽文藝復興社會文化與藝術創作的關係。

作為一個歷史案例，米開朗基羅的《大衛像》顯示文藝復興藝術家並非與世無爭，專心一致於藝術創作中。相反的，他們的生活與所處社會息息相關。藝術家之所以受人尊敬、重用，除了他們高明的本事外，還因為他們的作品對於現世生活有所幫助，特別是製造出贊助者所需的宣傳品，用以宣揚財富、道德、政治、宗教等。就這點來看，他們和拿筆為生的文人學者相當類似。

重建羅馬聖彼得大教堂：基督宗教在文藝復興時期的濃縮簡史

雖然文藝復興時代比起中世紀更重視現世生活，不過基督宗教、教宗與教會等，仍是強大的社會力量，重建聖彼得大教堂即為當時的顯著案例。

十五世紀末，教宗尼格老五世（Nicholas V）就曾計畫全面整修聖彼得大教堂，因為他相信視覺感受將是宣揚信仰的最好媒介，「為了創造、強化並穩定一般民眾心中的信仰，有必要讓他們的眼睛看到某些事物……如果教宗及教會的存在能藉由彷彿是上帝親手創造的雄偉建築，不滅的紀念物與證明表現出來，信仰就會如同一個傳統，在不同世代的人心中成長茁壯，全世界也將會接受並尊敬信仰。」

觀察後續教宗的種種行為，便不難看出他們不僅相信如此，還善用藝術家的長才，催生許多令人驚艷的藝術作品。在這之中，許多早已是人類歷史中的大師傑作。以重建聖彼得大教堂為例，儒略二世需要宏偉的新教堂，展現他傳承自聖彼得的權力，斥責所有膽敢冒犯他的人。良十世想以新教堂的巨大面積，展現教宗的財富。除了建築，雕刻、繪畫等也是常被使用的表現手法，米開朗基羅的《最後審判》就是其中代表。

雖然教宗對於藝術發展是相當重要支持力量，但絕不可因此斷定藝術家只是被動地接受教宗的喜好，才創造出許多宗教相關主題的藝術品。藝術家往往也是信仰虔誠的基督徒，今天在羅馬西南邊的一塊不起眼地段，有一座紀念聖彼得的小聖殿，建設者即為布拉曼特。這棟建築的平面是完美圓形，實現布拉曼特乃至於文藝復興許多藝術家的裡想：以集中式圖案表現上帝真理的理念。就像文藝復興時代的建築師帕拉迪歐（Palladio）所言，「因為只有圓形兼具簡單不變、均等、穩定且適合其目的。於是，吾人應將神廟建造為圓形……最適合說明上帝之獨一無二，無窮無盡，始終如一與公平正義。」

藝術家雖然嚮往古典文化，重視現世生活，但不代表他們是反基督者。相反的，他們的研究成果及藝術作品，往往包含濃厚的宗教信仰。因此教會人士，特別是教宗也深知文藝復興藝術家在信仰上的幫助，相當程度接納他們的創作。然而，儒略二世和布拉曼特在大教堂平面圖上的衝突，也代表教會不見得能無條件接受當時的所有新事物，縱使其最終仍以基督信仰為最高原則。藝術家與天主教會在接觸過程中有融合也有衝突。只是兩者間的衝突，並未大到使教會全面排斥文藝復興，教會反倒從中收惠甚多，成為文藝復興的重要推動者。

文藝復興之後的教宗：歐洲文化的要角

如果說中世紀是教權逐漸高漲的年代，那麼文藝復興就是教權逐漸衰退的年代。在文藝復興當時，縱使有像儒略二世那樣，敢於正面對抗法王且得勝的教宗，就整體趨勢來看，教權低落也是不爭的事實。包括要求教宗改革，世俗君王掌握實權，或是地理大發現都是相關大方向歷史背景。近因包括歷任教宗的錯誤政策，以及世俗統治者想在義大利建立霸權等。

要清楚認識教宗權衰弱的過程及後續發展並不容易，一來是因為歷任教宗何其眾多，二來則是他們的廣泛影響力，將不可避免地涉及到許多面向。德國史家蘭克（Ranke）的《教宗史》（*History of the Popes*）是這個領域的經典之作。不過蘭克的論述重心放在政治方面，關於社會、文化方面的論述比重減少許多。

在蘭克之後，西方史學界出現另一部相當重要的著作——路德維（Ludwig von Pastor）的《教宗史》（*History of the Popes*）。路德維生於一八五四年，在求學期間接受相當充足的史學訓練。十七歲那年，他的老師送他兩本日後對他影響重大的書，分別是布克哈特的《義大利文藝復興時代的文化》和蘭克的《教宗史》，激發他日後寫出結合這兩種寫作方向的《教宗史》。一八八三年，他成功說服教宗開放梵蒂岡的檔案室，以便他取得許多重要的一手資料。在這一點上，他比蘭克有更多機會親近教宗的想法，以及他們所處的大時代面貌。第一冊出版於一八八六年，最後一冊則在一九三〇年出版，內容起自十四世紀初，結束於十八世紀末。路德維除了一一講解歷代教宗的政治局勢外，也像布克哈特一樣，試著分析他們的時代之社會、文化樣貌，使讀者能以更全面多元的面向認識教宗。這些書出版時就大受歡迎，直到今日依舊是許多學者的重要參考資料。

藉由路德維的著作，讀者可發現教宗雖難以抵抗世俗政權，他們依舊在歐洲社會中扮演重要角色，特別是和某位支持他的國家（西班牙長久以來一直扮演這個角色）合作時，教宗也能在各大小國際事務發表意見。例如抑止土耳其海軍擴張，協助組織攻打英國的西班牙無敵艦隊，甚至是要伽利略別在日心論上發表意見。藝術文化上，他們是主要贊助者，許多巴洛克藝術家紛紛在羅馬留下傳世之作，例如貝尼尼（Bernini）的聖彼得大教堂廣場。在文藝復興之後的三個世紀，因為教宗的建設，羅馬始終是重要的藝文重鎮。文藝復興時代的諸多發展削弱教宗的權勢地位，卻從未完全消除他們的影響力。

劫掠羅馬：文藝復興的終結？

對文藝復興時代的人而言，神聖羅馬帝國軍隊在一五二七年攻陷羅馬是新聞大事，畢竟這座城市是藝術、文化及經濟重鎮，又是教宗的住所。以往世俗政權挑戰雖屢屢挑戰教宗，但真正派兵攻陷羅馬，又在裡頭大肆劫掠，甚至向教宗要脅贖金，這還是近幾個世紀以來頭一遭。事發之後，就有人思索為何會發生這種事。例如一位樞機主教認為這是上帝施以的懲罰。接著他開始反省當今教會還能做的事情，改革為首要之務，「如果這些嚴懲可以再一次帶領我們走向更上軌道的習俗與法治，也許我們遭受的苦難算不上最嚴厲的。……但在我們面前有一條革新自己的路在前面，這是任何武力都無法把我們拉開的路。我們必須注意所有言行舉止，在主內尋找教會真正的光輝與我們自身真正的偉大與力量。」

以現在的眼光來看，還有很多原因可解釋羅馬何以會被攻陷。遠因如政教衝突，近因是克勉七世在外交上的錯誤。而且如同上述樞機主教所言，帝國軍隊撤離後，教宗並不能因此放鬆，新教勢力在日耳曼地區迅速擴張，教會內部也有許多人要求教宗改革。約莫十年後，以特倫托大公會議為起點，天主教會發起天主教改革。

不過一五二七年的事件是否能作為文藝復興的終點，還需更多的討論。斷言文藝復興何時結束從來就不是容易的事情，端看立場及衡量標準，一百個歷史學家可能就有一百個考量標準。布克哈特曾說：「即使保祿三世在位時想重新恢復良十世當年歡樂、十里洋場般的羅馬，也已經無法如願了。」就如他所言，羅馬城及天主教會內部的氛圍有所改變，但沒大到完全和文藝復興的精神脫節。上文提到的史家史汀格，在《文藝復興在羅馬》以大量例子說明，之後的教宗仍大量運用文藝復興時代的宣傳手法及文化元素。諸多案例說明西元一五二七年後，曾一度四散的藝術家再度回到羅馬，使之迅速發展為文化、藝術重鎮。

天主教會積極改革的心態，並未在瞬間取代文藝復興。文藝復興式的精神仍存活下來，並發展成不同樣貌持續影響近現代歐洲文化。這是一個逐步轉換的過程，而非非黑即白的差異。文藝復興畢竟不是一個歷史事件，不像一戰、二戰有明確的終結年代，文藝復興是我們對一個歷史趨勢的稱呼，假使真要加上一個事件作為終結點，很大程度上是一種基於方便性的考量。

第六章

宗教改革與天主教改革：
基督教世界的第二次大分裂

至少從十四世紀開始，質疑教會現況，呼籲教宗推行改革的意見未曾停歇。文藝復興時代人文主義者的呼籲或諷刺，更加深許多人對當今教宗及教會的不滿，伊拉斯謨斯的《愚人頌》就是當時廣為流傳的經典之作。終於在十六世紀初，馬丁路德因為對販賣贖罪券一事提出質疑，隨即在日耳曼地區發起聲勢浩大的宗教改革。

馬丁路德以及在他之後的喀爾文，皆否定教宗及教會有助於世人得救，他們相信個人對上帝的信念才是最根本要件。因為他們的理念，歐洲大半地區脫離與天主教會的聯繫。教宗在一開始根本沒有認真看待馬丁路德的批評，只把他當作一個好發議論的修士，直到支持路德的人多到難以控制時，才意識到事情的嚴重性。皇帝查理五世也認為路德引發的爭論必須盡快解決，他與諸侯之間的競爭態勢，如今因為大批諸侯轉信新教而更加嚴重。無論是面對新興的鄂圖曼土耳其帝國，或是西邊的法國，皇帝都必須確保帝國諸侯效忠於他。一五三〇年代曾一度兵戎相見的皇帝和教宗，因為馬丁路德的出現決定攜手合作，形成舊教陣營中的主要勢力。他們除了出兵攻打新教勢力外，還召開特倫托大公會議。

特倫托大公會議是近代西方史上最重要的一次大公會議，除了否定新教外，還制定一些改革教會的方向，許多後來的改革方案都奠基在此之上。天主教會在「反宗教改革」的同時，也因這場會議正式進入「天主教改革」時期。耶穌會是天主教改革的重要力量，他們堅定地支持天主教會與教宗，不只在歐洲，還在世界各地傳教，使天主教會的分布範圍比起以往有過之而無不及。

難以調和的宗教衝突，使不少地區或國家陷入動盪不安的局勢中。例如法國，原先的政治衝突因為天主教會與喀爾文教派的對立更加嚴重，陷入曠日費時的內戰，直到頒布《南特詔令》後，才正式為內戰畫下句點。

因為宗教的不寬容，日耳曼地區受害最深，大小衝突不斷，最後更引爆當時規模最大的宗教戰爭：三十年戰爭。自從查理五世無力消滅新教勢力後，帝國內部的宗教衝突轉趨穩定。歷任皇帝認清事實，不再像查理五世一樣試圖撲滅新教。不過在十七世紀初，帝國境內的波西米亞王國發生宗教衝突，卻因各國各自考量，演變成以日耳曼為戰場的國際大混戰。在這場戰爭之後，歐洲的宗教狂熱才逐漸冷卻下去。

大分裂：十六世紀宗教改革前的宗教問題

西元一三七七年，教宗額我略十一世（Gregory XI）決定將教廷遷回羅馬，此一舉動將引發教會內部的一大糾紛。在此之前受迫於法國方面的壓力，教宗將教廷遷至法國境內的亞維農。就法理上這麼做不太恰當，因為教宗也是「羅馬城主教」，不少人呼籲教宗應返回羅馬。遷回羅馬的隔年，額我略十一世過世，按照傳統，由樞機主教選出新教宗烏爾邦六世（Urban VI），但這位教宗統治手段過於嚴厲，引起部分樞機主教的不滿。他們在亞維農選出另一位教宗，教會自此陷入中世紀以來的另一次大分裂。中世紀早期的東西教會大分裂之所以出現，多少是因為東西方已存有既定的神學爭論，且各自擁有極富聲望地位的宗教領袖。但這一次的大分裂，更像是各派別將教宗一職當作爭權奪勢的手段。

在大分裂前，一個教會只有一個宗教領袖。如今，一個教會出現兩個宗教領袖，歐洲各地的統治者開始選邊站。法國當然是擁戴亞維農教宗，義大利大部分地區支持義大利出身的烏爾邦六世，素來與法國交惡的英國也支持他。其餘各國基於政治或宗教理由紛紛選邊站。但同時出現兩位教宗可說是宗教界的一大醜聞，畢竟教宗不同於一般世俗君王，其身兼引導人類上天堂的重責大任。接下來的十餘年間，兩邊各自選出自己的教宗，完全沒有妥協跡象。

長期的宗教糾紛促使不少人想盡辦法解決，他們最後訴諸教會解決糾紛的傳統：召開大公會議。西元一四〇九年，在比薩的大公會議選出第三位教宗，名為歷山五世（Alexander V）。比薩會議有很遠大的理想，但他們的影響力未大到足以解決現有衝突，反倒增加問題的嚴重性。因為新教宗根本無法取得多數人支持，如今整個歐洲共有三個教宗同時存在。時間又拖了五年，另一場大公會在康士坦斯舉行。這場會議不急著選出新教宗，而是先接連否決現有三位教宗的合法性後，再選出一位終於能讓大多數人承認的新教宗瑪爾定五世（Martin V）。雖在接下來的一段時間內，仍有人宣稱自己才是合法教宗，但瑪爾定五世，以及自他之後繼位的教宗，才是歐洲大多數人承認的合法教宗，基督宗教的大分裂總算告一段落。

大分裂雖然結束，但後續影響一直都在。教會威信重挫，眾人見識到教會內部過度世俗化，熱中於爭權奪利，呼籲教會改革的聲浪更盛，但教宗的消極應對反倒更激發眾人不滿。更重要的是，世俗君王見識到教宗的虛弱，再配合領地內想改革教會的聲浪，更大膽地干涉教會運作，試圖使王權凌駕於教權之上。

馬丁路德：反對天主教會的改革方案

十六世紀早期，羅馬教宗正努力重建聖彼得大教堂，但他們沒有足夠的金錢。教宗雖然有來自全歐洲的稅收和捐獻，卻為了維持大量開銷，如戰爭、外交、贊助藝術、私人花費等，常面臨經濟上的困境。如今又為了重建大教堂，必須想辦法開闢財源，於是良十世決定販賣贖罪券。贖罪券在此之前就已出現，其理論依據是，上帝雖赦免你的罪，但過錯依然存在，人死後必須在煉獄（非地獄）彌補自己的過錯才能上天堂，善功的目的就是為了消除過錯。偉大的聖人生前留下大量善功，死後這些善功當然轉交教會管理，並開放民眾購買。當時的一位僧侶就曾這麼宣傳他在販售的贖罪券，「要知道，這些證件上刻印著基督受難所顯示的所有美德……憑著它，你不是把錯而是把神聖和不朽的靈魂安全並無虞地帶到天國。」

教會的贖罪券有許多人買單，但也有人相當不滿，路德（Luther）便是其中一位。路德在一四八三年生於日耳曼的艾斯萊本（Eisleben），自幼接受拉丁文訓練，年紀稍大時就到大學學習辯證法、修辭等。大約是在大學期間，開始接觸伊拉斯謨斯的作品，認識到當代人文主義者對教會的批評。在違背父親意願下，他在一五〇五年進入修道院，之後的十餘年間，修士生涯使路德長時間沉浸在研究神學及《聖經》中，並認真思索當今教會是否過度偏離《聖經》的精神。教會開始在日耳曼販賣贖罪券後，他於一五一七年發表《九十五條論綱》，公開質疑贖罪券的功效，以及販賣它的教會是否有缺失。

路德發表《九十五條論綱》原先只是想引起討論，但後續發展卻激烈到他和天主教會永久決裂。《九十五條論綱》隨即引發熱烈討論，教會方面以其最強硬的態度否定路德的觀點。為了捍衛立場，路德強調「因信稱義」的神學理論，也就是說，只要藉由信仰得到上帝的正義，便能開啟通往天堂的大門，直指當時教宗及教會是破壞基督宗教精神的邪惡來源，無助於世人得救。因信稱義將是日後路德教派的中心思想，也是促使其與天主教會之間無法妥協的關鍵。

神聖羅馬帝國皇帝查理五世知道這場宗教衝突後，召開帝國會議研究路德的觀點合不合理。不少諸侯長久以來就不滿教會在日耳曼當地的貪婪行為，相當支持路德的觀點。另一方面，查理五世本人是虔誠的天主教徒，他不希望領地內出現異端，更何況他的另一塊領地西班牙更是狂熱的天主教國家，絕對無法接受可忍受異端的統治者，因此他對路德的態度也不太友善。面對質疑，路德無畏地說：「我相信聖經及理性……我的心臣服於上帝的話語之中，我不能也不會棄絕一切，因為違背良知即不正確也不安全。上帝佑我，阿門。」最後，查理五世決定驅逐路德。然而，無論是教宗或皇帝的反對，都無法逆轉路德的理論早已散布至今日耳曼，甚至是北歐一帶的事實，其影響之大，將永遠改變歐洲的宗教版圖。

查理五世：失敗的帝國皇帝

在十六世紀歐洲，最強大的君王當屬神聖羅馬皇帝查理五世。如果還要加上他在美洲的殖民地，他的領地之大鮮少有其他歐洲君王可超越。查理五世可說是宗教改革時期最重要的統治者，他的晚年，象徵一個宗教統一的歐洲將不復見，就連他的帝國也隨之崩解。

查理五世生於一五〇〇年，來自哈布斯堡家族。他的家族因為不斷與歐陸各大家族聯姻，勢力龐大。隨著他的父母親、祖父去世，他一一繼承這些領地。十六歲那年，他成為西班牙的統治者，十九歲成為神聖羅馬帝國的皇帝（直屬領地集中在奧地利）。西班牙與奧地利是他最主要領地，歐洲各地還散布其它領地，所以他除了是皇帝、國王外，還有一大堆公爵、伯爵的頭銜。

年輕的查理五世馬上投入國力到處作戰。屢屢戰勝死對頭法國，將哈布斯堡家族在義大利的勢力範圍推至巔峰，就連羅馬教宗也不得不敬畏他三分。在東地中海，查理五世順利阻擋鄂圖曼土耳其帝國的攻勢。在大西洋的另一端，他的探險者接連征服龐大的美洲帝國，幾乎將整個中南美洲納入西班牙的勢力範圍。查理五世的對外征戰看似順利，但神聖羅馬帝國內部局勢，因路德公開質疑教會，逐漸走向難以控制的程度。查理五世一開始想以皇帝權威鎮壓路德和他的支持者，但帝國內的大諸侯執意保護路德，甚至組成軍事聯盟。本來就四分五裂的神聖羅馬帝國，因路德的出現更形鬆散。身為虔誠天主教徒的查理五世，不可能容忍此一局勢繼續下去。

西元一五四五年，在查理五世的多次催促下，教宗終於在特倫托舉行大公會議。同年，他決定出兵攻打帝國內部的新教諸侯。他在隔年與教宗簽訂同盟條約，他負責出兵，教宗負責出錢。一開始的戰局對查理五世相當有利，如果戰役獲勝，不僅能重振皇帝威信，還能壓制新教勢力。然而，此時他永久的對手法國再次出兵攻打他，使之無法盡全力應付帝國境內的戰爭。遭遇內外夾擊的查理五世最後無力再戰，於西元一五五五年《奧古斯堡和約》（Peace of Augsburg），各地諸侯可自由決定是否信仰路德教派，無異於承認其合法化。

經歷重挫的查理五世不久後決定退位，將龐大的領地分給他的弟弟費迪南（Ferdinand）和兒子腓力（Philip）。前者分到奧地利和散布在帝國境內的領地，後者分到西班牙和尼德蘭（今天的荷蘭和比利時），從此哈布斯堡家族分為兩個支系。查理五世退位後在西班牙的修道院度過晚年。西元一五五八年，這位曾經是全歐陸最強大的統治者，帶者無法統一帝國境內宗教與政治的不干，死於病痛之中。

特倫托會議：天主教改革的起源

基督宗教自發展初期，鮮少有儀式或神學見解是毫無爭議的。每當面臨此情形，總會召開大公會議討論解決。西元一五一七年，也就是路德公開《九十五條論綱》當年，第五次拉特蘭大公會議剛結束。雖然這場會議標榜改革，但毫無成效，宗教衝突越演越烈，最後造成基督宗教的另一次大分裂。

西元一五四五年的十二月十三日，教宗在北義大利的特倫托召開宗教改革當時的第一場大公會議，為天主教的未來發展提供重要準則。路德引發的反教會局勢已發展成難以再用幾道敕令解決時，教宗才認知到需要召開新大公會議以解決糾紛。皇帝查理五世支持召開大公會議，因為在歐洲東南邊，土耳其人正虎視眈眈，他的臣民卻還因宗教問題爭吵不休。教宗與皇帝這兩位要角雖然都有意願，召開會議的過程卻沒那麼順利，許多問題一再拖延會議舉行，包括會議地點、法國與查理五世的戰爭等。拖了七、八年後，終於在一五四五年正式召開會議。

特倫托會議歷時十九年，在西元一五六三年才結束。這中間其實還因為突發的政治、戰爭衝突造成會議中斷，也經歷不少重要歷史事件，例如查理五世統一帝國信仰的戰爭失敗，原本就很鬆散的龐大帝國因宗教問題更顯混亂。會議結束當時的教宗庇護四世（Pius IV）頒布一道敕令，強硬要求所有神職人員都應接受會議內容作為行事準則，並使其廣為各地信徒知曉。庇護四世的敕令，預告接下來幾位教宗將以特倫托會議的內容和精神推廣天主教改革（Catholic Reformation），並找機會打擊新教勢力。

天主教改革有成功也有失敗。庇護五世（Pius V）組織一批海軍，成功重挫土耳其海軍。自從土耳其帝國崛起以來，基督徒還未曾獲取如此重大戰果。而西斯篤五世（Sixtus V）順利將法國留在天主教會的懷抱中。但與法國隔海相望的英國，在亨利八世（Henry VIII）和他女兒伊莉莎白一世（Elizabeth I）帶領下，永久脫離天主教會，北歐及大半日耳曼地區也如此。

耶穌會：天主教改革的前鋒

在天主教改革的過程上，有兩大重要力量支撐，一是特倫托會議，另一是耶穌會（Society of Jesus）。前者提供天主教會重要行事方針，後者以其驚人活力與智識，在歐洲甚至世界各地傳教，致使天主教信仰的分布範圍反而更加廣闊。

耶穌會的歷史要從一位名為羅耀拉（Ignatitus Loyola）的西班牙人說起。他生於一四九一年，早年從軍，二十歲那年身受重傷退伍。休養期間閱讀許多聖人故事，對他們犧牲奉獻的舉動感動不已。隔年，他到山洞靜默靈修，此一經驗更加深他為宗教服務的熱誠。後來他定居法國，與幾位志同道合的好友組成一個團體，也就是耶穌會的前身，過著清貧又樂善好施的虔誠生活。

對耶穌會而言最重要的發展在西元一五四〇年，當年教宗保祿三世正在考慮是否承認耶穌會為合法宗教團體。審查過後，教宗認可他們的存在，耶穌會正式成立，而羅耀拉則是第一任團長。羅耀拉一直到西元一五五六年去世之前一直領導著耶穌會，原先只有寥寥數人的耶穌會，在當時已有一千五百多人，可說是天主教會內相當活躍的宗教團體。

耶穌會與歐洲傳統修會截然不同，前者富有行動力，是天主教改革時期最活躍的團體。羅耀拉把耶穌會當作軍隊組織、指揮，但他們依靠的是知識與操守，與異端和異教戰鬥是重要職責。為了達成嚴峻任務，所有成員都須接受嚴格的信仰、心靈、知識訓練，如此才能成為眾人榜樣。也因此，耶穌會相當積極建立學校，並培養出不少學養豐富的教士，例如十七世紀的著名學者契爾學（Kircher）。這些修士在歐洲境內奮鬥，宗教衝突越是激烈的地方越能看到他們的身影，力圖使當地統治者留在天主教會。他們還搭上地理大發現時期的船隻，前往世界各地傳教，美洲、非洲，日本，以及中國都有他們的身影，不少人因他們而開始信仰天主教。這些耶穌會修士不僅輸出歐洲文化，還將異國文化帶回歐洲，搭起近代歐洲與世界各地交流的管道。例如湯若望（Johann Adam Schall von Bell）、利瑪竇（Matteo Ricci）及南懷仁（Ferdinand Verbiest），他們利用自己的科學知識進入中國宮廷和文人圈，將許多中國重要典籍傳回歐洲。而中國的知識分子學習歐洲來的幾何學、天文學，開啟東西交流史上的重要一頁。

在接下來的兩個世紀裡，宗教改革的衝突逐漸和緩，但耶穌會依然相當活躍地散布知識與信仰，直到今日仍是如此。

教宗西斯篤五世：天主教改革的典範

時值十六世紀末葉，西班牙因為從海外獲得大量財富，一躍成為全歐洲最繁盛的國家。當時的英、法兩國由於政治、宗教問題而動盪不安，神聖羅馬帝國皇帝無力管理不聽話的日耳曼諸侯，整個歐洲看來無人足以和西王腓力（Philip II）為敵。然而，曾有人膽敢在公開場合向西班牙外交使節大喊，「少管閒事，我可不是西班牙的附屬！」這個人就是教宗西斯篤五世。

西斯篤五世是天主教改革時期的著名教宗。他的俗名為斐利伽（Felice Peretti），生於一五二四年。自幼就進入修道院學習，年長一點後前往羅馬磨練。在羅馬期間，他的優異表現與虔誠信仰贏得不少人的認同。接下來他的神職人員生涯平步青雲，從神父、主教到樞機主教，迅速進入教會決策核心圈，可以對他朝思暮想的天主教改革有更多貢獻。但不久之後，素來與他關係不佳的樞機主教被選為額我略十三世（Gregory XIII），遭到刻意冷落，還減少收入來源。此後十餘年間，他都在位於羅馬郊區的別墅中靜靜生活。

西元一五八五年，六十餘歲的西斯篤五世面臨人生中一大轉折。他接到額我略十三世的死訊，在隨後的選舉中成為新任教宗。當時流傳一則故事，說他老態龍鍾地進入選舉會場。各派人馬心懷鬼胎，不願接受其他人選，又不想讓僵局持續下去，看看杵著拐杖的斐利伽，唯一的共識是先選他為教宗以度過現況。當西斯篤五世得知自己當選，馬上甩開拐杖，中氣十足地下達命令。這段故事很有戲劇張力，但終究只是一則故事，而非史實。唯一符合史實的，就是他在當選教宗後，雷厲風行地下達許多命令。

西斯篤五世最重視的仍然是天主教改革與撲滅新教勢力。他下令規範神職人員的道德和知識訓練，要求所有教區負責人定期到羅馬向他回報。他和腓力二世的關係亦敵亦友。因為他需要西班牙的軍隊攻打新教，就如同他曾贊助西班牙攻打英國，但非常不喜歡腓力二世介入教宗的決策；另一方面，腓力二世長久以來都相信，天主教事務的運作，應當由他而非教宗主導。正當西斯篤五世想盡辦法以和平手段將法國拉回天主教陣營時，腓力二世催促教宗趕快讓他帶兵進入法國。受不了西班牙使節一再催促，終於忍不住要西王別多管閒事。不久之後，曾一度支持新教的法王，重返天主教陣營。

西元一五九〇年，西斯篤五世去世。他的一生似乎有用不完的精力，努力推動天主教改革，改善教會內的行政、治安、財政等問題，並試圖回歸特倫托會議的精神，由教宗管轄天主教事務的運作。西斯篤五世當然有所失敗，例如日耳曼的宗教衝突未解，信奉英國國教的伊莉莎白一世仍安穩地坐在王位上。但他的一生，展現了在那個時期，一位心繫天主教改革的教宗所能盡力做的事情。

喀爾文教派與聖巴托洛姆大屠殺：因宗教而分裂的法國

西元一五五九年，瑞士的日內瓦當局派出三十二名傳教士到法國傳播喀爾文（Calvin）的宗教改革理論。西元一五六二年，雖不完全是那三十二名傳教士的功勞，但法國國內的喀爾文教派（他們稱自己為歸正派〔the Reformed〕，非喀爾文信徒稱他們是胡格諾〔Huguenot〕）總人數可能已達百分之二十左右。勢力強大到令信仰天主教的法國王室感到不安。

繼馬丁路德之後，喀爾文是第二位影響歐洲宗教甚鉅的人物。他在一五〇九年生於法國，早年學習法律，日後才將職志轉到宗教方面。喀爾文在早年就已見識到法國境內要求改革的聲浪，伊拉斯謨斯及馬丁路德的言行更在法國引起激烈爭論，他受到影響也加入改革陣營。支持改革者對天主教的批評最後激烈到難被法國王室容許，迫使喀爾文逃到國外，他的下半生主要是在瑞士日內瓦度過，將理念轉化為行動力強大的宗教改革活動。喀爾文相信，全知全能的上帝早已決定我們是否獲得救贖，做好事的目的不是為了善功，而是為了使上帝高興。雖然未來的命運早已決定，但對上帝的信心應永遠大於對人的信心。努力信奉上帝，實現其意志，或是遵循喀爾文提出的修行路線，都是被上帝選中的證明。喀爾文的理論迅速傳遍西歐的英、法、荷等地。

許多法國貴族隨即接受傳入法國的喀爾文教派，那瓦拉的亨利（Henry of Navarre）是其中最重要的人物。西元一五六二年，法國國王亨利二世（Henry II）去世，只留下一個有爭議的幼子當作繼承人。喀爾文教派的強硬不可妥協性，以及法國國內的政治競爭，馬上在新舊教陣營間爆發內戰。這場戰爭從一開始就很難有結果，因為雙方都沒有能力一勞永逸地消滅對方。直到一五七二年，作為和平示好的象徵，那瓦拉的亨利決定迎娶法王的妹妹。在八月二十四日早晨，剛好是聖巴托羅姆節（St. Bartholomews Day），法國王室群起屠殺準備參加婚禮的喀爾文教派要角，屠殺後來擴散至全法國。史家長久以來就對死傷人數的多寡爭論不休，數千人到數萬人都有可能。無論如何，這項屠殺並未使法國的內戰停歇，幸運逃過一劫的亨利繼續領導軍隊對抗法國王室。

法國內戰一直持續到西元一五八九年。當時亨利的所有競爭者相繼去世，他繼位為法王亨利四世（Henry IV），開啟波旁王朝（House of Bourbon）。新教徒繼位為法王令教宗大感不妥，但他沒有以武力攻打，而是利用外交手段，勸服亨利四世重受新洗為天主教徒。亨利四世或許接受教宗勸服，也更有可能是考慮到法國畢竟是以天主教徒為主的國家，而改信天主教。同時，他也沒忘記國內有眾多喀爾文教派信徒，頒布《南特詔令》使其權力合法化。至此為止，因宗教而爆發內戰達三十年之久的法國終於恢復和平。

英國宗教改革：從亨利八世到無敵艦隊

西元一五二一年，英王亨利八世寫出一本名為《為七聖事辯護》（*The Defence of the Seven Sacraments*）的書籍，內容反批路德對教會傳統儀式的批評。這本書出版不久後小有名氣，多次再版，教宗良十世還賜予亨利八世「信仰守護者」（Defender of the Faith）的稱號。但在十餘年後，這位「信仰守護者」反而帶領英國邁向宗教改革的道路前進。

事件的起因是亨利八世要求教宗宣布他與妻子凱撒琳（Catherine）的婚姻無效。身為國王，亨利八世想要趕快有一名男性子嗣繼承王位。雖然他已經有一位女兒，但從未設想讓女性繼位，日後會有英女王的出現是不得已的妥協。他要求教宗宣布現在婚姻無效，以利他迎娶新皇后。這項要求讓教宗十分尷尬，因為他和凱撒琳的婚姻就是由教會促成。二來凱撒琳的姪子查理五世對義大利有絕對的掌握權，教宗不可能為了亨利八世的婚姻，甘願冒犯義大利的主宰者。面對教宗的拖延，不耐煩的亨利八世乾脆召集會議，推行一連串法案使他成為英國教會的領袖，而所有的教會財產也充公於其名下。當然他也和情婦結婚，生下未來的伊莉莎白一世。有趣的是，除了最高領袖改變外，亨利八世沒有更動太多內容，英國國教仍保有濃厚的天主教會內涵。

西元一五四七年，亨利八世的兒子愛德華六世（Edward VI）繼位為王。新國王自幼接觸清教徒（也就是英國國內的喀爾文教派），較積極於清除國教內的天主教成分，推行神職人員可結婚，用英文作為儀式用語等政策。愛德華六世並不長命，在統治六年後去世，王位由他的姊姊瑪麗一世（Mary I）繼承。立場與愛德華六世截然不同的她用強硬手段想恢復天主教，大肆處決不服從的人，因而被冠上「血腥瑪麗」的稱號。瑪麗的統治也不長久，在西元一五六八年由她的妹妹伊莉莎白一世繼位。新國王走回父親及弟弟的道路，重建英國國教派。她很聰明地同時接納天主教、路德及喀爾文教派的教義精神，盡可能地減少國內的宗教衝突。從她開始，英國的宗教局勢才稍緩下來。

西元一五八七年，西班牙國王腓力二世與教宗合作，組織一批龐大的艦隊，其聲勢之大，當代歐洲未曾見聞。出乎眾人預料，西班牙這位歐洲霸主，竟輸給英國看似弱不禁風的艦隊。英國保持獨立，英國國教得以在不列顛島上持續扎根發展。

三十年戰爭：國家利益至上

查理五世在西元一五五五年簽訂奧古斯堡和約後，路德教派合法化，可在各領主的同意下於其領地內自由傳教。加上陸續幾位皇帝的宗教政策相當寬容大方，日耳曼地區此後的六十年間大致處於和平狀態。雖然宗教衝突偶有所聞（路德與喀爾文，或路德與天主教之間），但比起同時代的法國可說是和平許多。

西元一六一七年，皇帝指派他的弟弟，同時也是熱誠的天主教徒費迪南二世（Ferdinand II）為波西米亞國王。新波西米亞國王違背之前帝國皇帝曾給予的信仰自由特權，強行推動天主教，禁止新教。隔年，憤怒的波西米亞新教徒將國王的代表丟出窗外表示不滿後，選出自己的國王，並組織軍隊反抗。這場原先只發生在波西米亞王國內的宗教騷動，最後在各種因素下，演變為一場曠日費時，幾乎摧毀整個日耳曼地區的三十年戰爭（1618-1648）。

三十年戰爭就像英法百年戰爭一樣，並非從一六一八年一直持續到一六四八年，中間也有歇息、停戰。但一來為時不長，二來每一次的停戰，總會引發另一場戰爭。戰爭剛爆發，以皇帝及西班牙為首的天主教聯盟擊潰新教軍隊。費迪南二世得以如他所願，將波西米亞改造為天主教國家。與此同時，歐洲各國卻是戒慎恐懼地看著獲勝的費迪南二世，特別是他不久後又繼承哥哥的皇帝頭銜。日耳曼境內的各大小諸侯，無論新舊教都不希望如查理五世一樣強大的帝國皇帝再次出現。北歐國家則害怕他們在波羅的海的勢力範圍遭受威脅。英國如同在過去各大小戰爭一樣，總想要在屢次戰爭中尋找有利於自身的發展。法國雖然是天主教國家，自始至終一直是哈布斯堡家族的頭號競爭者，最不希望看到費迪南二世獲勝。而荷蘭為了抵抗西班牙以爭取獨立，加入了這場原本與他們無干的戰爭。一輪又一輪的戰爭在日耳曼地區上演，大約分兩大集團：神聖羅馬帝國與西班牙，對上法、英、荷、瑞典。三十年戰爭培養出不少戰爭英雄，例如瑞典國王古斯塔夫二世（Gustavus II Adolf）或帝國將領華倫斯坦（Wallenstein），但一直缺乏讓對方承認失敗的決定性戰役。

直到一六四八年，精疲力盡的交戰雙方同意結束這場戰爭，簽訂西伐利亞和約（Peace of Westphalia），再次確認宗教自由的精神。自這場戰爭後，歐洲各國走向不同發展，最明顯的是西班牙霸權衰弱，法國則邁向歐洲一流強國。

大公會議：教宗的雙面刃

教宗雖名為聖彼得的傳人，教會的管理者，但他的實質權威卻沒有因此理所當然地從天而降。強勢的中世紀教宗，其實是一步步建構起來的成果。另一方面教宗卻也由於過度世俗化而遭人詬病。在十四世紀的教會大分裂當時，有識之士之所以支持召開大公會議，除了想選出新教宗，也希望以此為起點，思索教會改革方案。

解決大分裂的康士坦斯會議同時宣布，會議權限在教宗之上，教宗應聽從其決議。其次，教宗應定期召開會議。但教宗站穩腳步後，根本不理會康士坦斯會議的決議，更有教宗頒布敕令，正式否定會議有權約束教宗。教宗的想法很單純：他們不太想要一場大改革，就算是，也需要在教宗控制下。

西元一五一一年，教宗儒略二世和法王在爭吵不休時，後者在比薩召開大公會議，試圖架空教宗權力。法王的做法有其合理性，因為儒略二世在十年前宣示，會迅速召開推動改革的會議。為了反制法王，儒略二世只得在隔年由他召開第五次拉特蘭大公會議。會議一開始先否決比薩會議的合法性，「我們譴責比薩會議，它所有的決議無意義且空泛。」並且「否決所有由異端主教支持的決議」。事實上，決定誰為真實、正確會議的不是討論過程，而是外在政治局勢。西元一五一三年，法王戰敗，比薩會議不久後也自行解散。隔年，拉特蘭會議稱呼教宗為上帝在人世間的代表，具有至高無上的權力。儒略二世死後這場會議持續下去，內容涉及到教會內部的改革，以及如何壓制異端及維護教會權益等。西元一五一三年的三月十六日，拉特蘭會議公開表示他們解決不少需要改革的事項，已可圓滿落幕。

宗教改革雖受獲於馬丁路德的啟發甚多，但從更宏觀的角度來看，其實是由許多歷史背景累積而成。包括要求教會改革，質疑教宗過度掌握世俗權力，以及政權以宗教手段介入教會運作等，以上種種都曾經由大公會議的形式表現出來。文藝復興教宗也知道大公會議可能帶來的挑戰，總是試圖將改革主導權掌握在自己手中，為了達到這項目的，曾威脅他們的大公會議也是可運用手段。就像第五次拉特蘭大公會議一樣，教宗依然延續中世紀的作法，強勢地由上而下主導各項事務。

因為仍有許多不足之處，第五次拉特蘭大公會議並無法帶動徹底的改革。當新教勢力大到難以控制時，再次召開大公會議改革弊端更有其必要性。即便如此，教宗仍小心翼翼地觀察這場會議，以防有危教宗地位的決議出現。

伊拉斯謨斯與馬丁路德：人文主義者與宗教改革

對新教而言，伊拉斯謨斯空有理想卻缺乏行動力；對舊教而言，伊拉斯謨斯的改革思想過於極端，難以容忍。困在兩者之間的伊拉斯謨斯最後飽受批評。當時曾有人說，路德只不過是把伊拉斯謨斯生下來的蛋孵化，伊拉斯謨斯或許帶有無奈的心情回應「我生的是雞蛋，他孵卵出的卻是一隻野雞！」

伊拉斯謨斯專心研究古代基督徒的思想及生活，覺得當今教會充斥各種弊端，古代基督徒的安貧樂道，才是更值得追求的典範，如何改革教會弊端可說是他這輩子不斷思索的議題。西元一五一一年，伊拉斯謨斯寫出對後世影響甚鉅的《愚人頌》（*The Praise of Folly*）。這本書道出許多人所見的宗教亂象而極受歡迎，多次再版，早年的路德也很有可能從中獲取不少啟發。伊拉斯謨斯在《愚人頌》先批評只著重善功，而忽略信仰真義的亂象，「最可笑的，另有些人，深信每天吟聖詠中的詩七首，就可以升到天堂被收留……，他們以為唸了這七首詩，就智勝魔鬼，其實是自己受騙被欺了。」更嚴重的是，教會人士只會用沒有意義的辯證法故弄玄虛，遇到質疑就怒目以對。整個教會拘泥於禮節儀式上，而不問基督宗教的精神，伊拉斯謨斯以基督的口吻說出，「我在福音裡，不用寓言比喻，對你們明白曉諭，我的天父的天國不是為那些藉刻苦、祈禱，或禁食而準備的，卻是為那些人們篤於信仰及博愛之職責，而表現其功德的。」伊拉斯謨斯也不忘批評主教與教宗，說他們只顧稅收，忽略了照顧信徒的本分。教宗更是為了被稱為「聖彼得遺產」的土地、稅收不惜動用軍隊，以至於戰爭幾乎成了他們的事業。

在《愚人頌》中，伊拉斯謨斯以其豐富學養，對比當今教會與基督宗教精神的差異。由此不難理解何以路德曾視他為精神領袖，而天主教會不斷攻擊他。縱使《愚人頌》如他所言不過是空閒時的發想，但也可說是基督教人文主義者對教會最悲痛的批評。他不願承認路德的主張是他的想法，不過他確實指引路德孵化出一隻撼動全歐洲的野雞。伊拉斯謨斯終究只是一個改革者，而非如路德般的革命者。他希望的是在教宗領導下的內部改革，當他得知路德與教宗決裂時，也為之歎息。

人文主義對歐洲文明影響甚鉅，帶動宗教改革的浪潮也是其中之一。因為回顧經典，許多學者例如伊拉斯謨斯，思索出當今教會的問題及改革方案。他不曾希望引發宗教分裂與大規模戰爭。他的溫和態度與理想，在衝突漸劇烈的時代中卻顯得過於畏縮。

馬丁路德的成功：訴諸政治與宗教

在馬丁路德之前，已有不少人起身反對、質疑教會及教宗的種種作為。在日耳曼境內最有名的當屬胡斯（Hus），繼他之後，人文主義者伊拉斯謨斯更以幽默筆法諷刺教宗。路德的成功，不僅僅是得益於印刷術出現，使他可以大量傳播改革理念，還因為他有效地挑起日耳曼地區對教會的不滿，因而獲得大量支持者，特別是長久以來不滿於教會的日耳曼諸侯。對他們而言，路德的理念是他們得以擺脫教會與教宗的最好機會。

訴諸政治與宗教上的不滿，是路德得以成功的關鍵。使路德開始廣為人知的是他在一五一七年公布的《九十五條論綱》，其內容比較像是神學提問，希望大家思考看看贖罪券的合理性，而不是徹底批評、否定教會與教宗。他最重要，同時也是與教會決裂的神學理論散見於其他著作中，特別是《致日耳曼基督教貴族書》（*To the Christian Nobility of the German Nation concering the Improvement of the Christian Estate*）、《教會的巴比倫之囚》（*The Babylonian Capacity of the Church*）、《基督徒的自由》（*The Liberty of the Christian*）這三本最為重要。在第一本書中，路德提到過往日耳曼地區任由羅馬教宗剝削的歷史，呼籲日耳曼貴族應起身支持宗教改革理念。第二本書否定教宗的權威，更認定許多儀式根本虛偽不實。在最後一本書裡他主張只要信基督便能獲得救贖，言外之意再次否定教會儀式之功用。這三本書共同組成路德神學理論最核心的部分。

因為教會的強硬態度逼使路德不斷思索，上述三本著作便因此一一誕生。最後路德和教會雙方都發現，他們想堅守的底線差異過大，以致於根本不可能有相互妥協的空間。教宗發現到這點後，正式將路德處以絕罰。當路德收到相關文件時，當眾燒毀，以此表現他早已不服從在教宗權威之下。

接下來的十餘年間，路德依舊為宗教改革而努力，批評教會的用詞比起以往更加激烈，例如他在逝世前幾年所完成的《反對魔鬼所建立的羅馬教廷》（*Against the Papacy at Rome, founded by the Devil*）。路德在一五四六年病逝，直到死前仍心繫宗教改革。

路德指出基督宗教信仰的另一樣貌，成功地獲得許多人支持，迫使天主教會內部推行改革。但那時候的歐洲還沒有宗教寬容的概念，儀式中該用哪種麵包都有可能引發內亂和暴動，宗教狂熱再加上各種政治衝突，將使歐洲許多地區陷入極為動盪不安的局勢中。

查理五世的退位宣言：重建大一統帝國的理想破碎

在十六世紀中葉，神聖羅馬帝國皇帝查理五世在歐陸的事業一一受挫，其中又以簽署《奧古斯堡和約》最具代表性。內容承認帝國諸侯擁有信奉路德教派的自由，就連其他自治權也因戰勝皇帝獲得保障。

查理五世繼承的本來就是一個相當鬆散的帝國，國內諸侯掌握相當自治權，就連帝位都必須依靠選舉而來。縱使美洲挹注再多的財富給查理五世，連年爭戰也使他的財庫難以支撐統一帝國政治和宗教的宏偉夢想。就連查理五世最大的金主，日耳曼的富格爾銀行都催促他趕快還債，就足以看出來這位皇帝多麼困窘。灰心喪志的查理五世決定退位，在西元一五五五年，他如此告誡繼承人，「我沒有野心統治大量王國，而是力求保證日耳曼的幸福，做好準備防衛法蘭德斯，讓我們的軍隊獻身於保衛基督教抵禦土耳其，致力於拓展基督宗教。雖然我有這樣的熱情，但是無法如我希望的那樣表現自己，原因是路德異端和德國其他改革者引起的麻煩，鄰近諸侯的仇恨和忌妒將人們拖入了殘酷的戰爭……首要注意鄰近地區派別的影響。一旦他們在你們中間，就將其扼殺在胚胎中，以免他們廣泛傳播並徹底推翻你的國家，以免陷入最可怕的災難。」

雖然困窘，查理五世依然是宗教改革早期最有影響力的統治者之一。查理五世的軍隊曾一度攻陷羅馬，但他的龐大領地，屢屢戰勝法國的軍事實力，以及最重要的，堅定不移的宗教熱誠，使教宗視他為推行天主教改革的重要盟友。雙方在一五四六年的盟約中提到，「日耳曼地區長久以來付出極大代價，面臨沉重傷害及全面毀滅的危機，所有的解決之道都沒有成效，特倫托會議已經召開，但這項解決管道現今被新教和斯馬卡迪克聯盟（Schmalkaldic League）拒絕。」同盟條約具備與特倫托會議同樣精神：撲滅新教勢力。扣除與法國的競爭外，撲滅新教絕對是查理五世最熱中的志業，簽訂《奧古斯堡和約》無異於是對他的一大打擊。

《奧古斯堡和約》終結神聖羅馬帝國再次統一的最後希望。在查理五世之後，哈布斯堡家族分成西班牙與奧地利兩大支系，未曾再結合在一起。奧地利支系持續把持皇帝頭銜，卻從未有能力統一帝國。路德的不滿並非針對神聖羅馬帝國的體制，但宗教改革和帝國諸侯的密切關係，讓歐洲境內最後一個冠有「羅馬帝國」之名的政體實質崩解。最後由拿破崙（Napoleon）正式解散這個已存在千年之久的帝國。

特倫托會議的精神：兼具改革與反改革

除了借用軍隊、外交力量撲滅新教外，教宗也試圖藉由改革，使更多人願意留在天主教會，這也就是所謂的「天主教改革」。換言之，在宗教改革當時，教會內部同時具備改革自身的積極態度。西元一五四五年，教宗保祿三世在義大利北部的特倫托召開大公會議，為後來的反宗教改革及天主教改革活動提供重要準則。直至二十世紀前，可說是對天主教會影響最劇烈的會議。

在特倫托會議一開始，保祿三世就公開宣示這場會議的意義何在，「我們認為基督宗教的純正，以及確保重要神聖事務的希望，也就是上帝的羊群只有一個牧羊人以及在一個柵欄中是必要的，基督徒的統一幾乎被分裂團體、宗教糾紛與異端斯裂。同時我們希望抵抗暴力狡猾的異教（土耳其），以保障基督教世界的共同利益。」

換言之，「再次統一教會」即為天主教會的重要目標。飽受新教批評的教會神學及各項儀式，即為會議的討論焦點之一。例如路德完全否認聖經以外的傳統，而特倫托會議強調，《聖經》絕非基督宗教神學的唯一來源，「毫無疑問的，真理與規範都可在成文的書籍和不成文的傳統中見到，後者來自使徒聽從耶穌的講述，或是來自於使徒與聖靈的口述，傳授給我們。」

另一方面，推動改革也是特倫托會議的重要工作。會議論及到教會內部的諸多弊端，如神職人員缺乏教育、素質低落，或是長期不在所屬教區服務等。特倫托會議結束後的連續幾任教宗，多半在會議奠定的改革方向上，整頓教會內部的問題。如保祿五世（Paul V）訂定出規範教會禮儀的手冊。而西斯篤五世除要求神職人員的素質外，也積極改善羅馬城的生活品質，使教宗所屬教區內（也就是羅馬城）居民享有更好生活品質。不少心繫天主教改革的神職人員，也在教宗的大力支持下，協助改革活動。

自從路德等人引發宗教改革後，天主教方面既以反宗教改革，又以天主教改革面對各項難題，特倫托會議的條文，充分顯現此一特徵。如果只過度拘泥在所謂的「反宗教改革」，很容易將天主教會誤會成一味反對，不思改變的頑固團體。天主教會之所以仍然是世界上的重要宗教團體，絕不是只靠否決他人就能辦到。

耶穌會的宗教精神：重振信仰與道德

對耶穌會士而言，耶穌會會憲及《神操》（*The Spiritual Exercises*）是主要行事準則，同時也是他們能在天主教改革擔任前鋒的重要因素。耶穌會會憲由羅耀拉於一五四〇年寫成。當時他必須藉由章程向教宗表明，耶穌會是一個忠於教會改革及教宗的新團體。會憲開宗明義提到，「為上帝及他的代理人教宗服務」是最優先任務，務必要認真執行教宗指派的每一項任務。像是內文提到，「無論現在或今後的羅馬教宗，下達拯救靈魂或散播信仰，或是任何他派我們前往某個省分的命令後，讓我們竭力完成，完全沒有任何理由拖延。無論是送我們到土耳其，或是到任何異教居住的土地，也就是印度人，或是到任何異端或分裂教會者，或是到信仰者之中。」

而《神操》是羅耀拉在正式成立耶穌會之前的作品，其內容關係到身為一個基督徒應有的認知及心靈訓練，是訓練耶穌會士的重要手冊。內文相當重視各項宗教戒律，遵守教宗暨教會的指導和要求也被列為重要項目。

耶穌會如此效忠於教宗及教會的做法，並不能將他們簡單地定位為「守舊分子」，或以同樣角度如此看待與他們習習相關的天主教改革。在天主教改革表面下，還有更深層的宗教理念。以研究天主教改革見長的史家奧林（John C. Olin）在他的論文〈天主教改革〉（*The Catholic Reformation*）（收錄在《文藝復興及宗教改革的意義》〔*The Meaning of Renaissance and Reformation*〕當中，對此有很精闢的見解。他認為，如果只用「反宗教改革」詮釋天主教會當下的反應是相當偏頗的觀點，因為教會確實在不丟棄現有制度及教義的前提上，尋找重回基督宗教初始精神的改革方法。而這就是包括伊拉斯謨斯及羅耀拉在內，眾多仍留在舊教體系中並支持改革者的心態。也因此，天主教改革相當重視神職人員的素質培養，期許他們能成為眾多信徒的領導者。簡言之，完全反對宗教改革絕不是天主教會的唯一反應。

從奧林的觀點出發省思耶穌會將發現，他們的行事準則其實是將天主教改革的精神發揮到最大程度。他們尊重教宗、傳統儀式等，是因為他們相信這些事物背後都有相對應的神聖力量支持。回頭敬重他們的權威，正是重新認識信仰的機會。就這一點來看，天主教會方面也因自我期許革新信仰，培養出不下於新教的宗教熱誠與自信。支持耶穌會勇於反擊新教，投身於當代科學研究，甚至向廣大的新世界傳播信仰。

教宗西斯篤五世的城市改革：天主教改革的另一個面向

眾多天主教改革時期的教宗之中，西斯篤五世是重要代表人物。他不只獻身於改革，還依改革精神重整羅馬城市樣貌。西元一五九〇年，他發表一篇公告，提到羅馬是基督宗教信仰的中心，人世間最神聖崇高的城市，居住在此的居民都應享有最舒適的生活。因此他積極建設羅馬，使之不僅更加舒適，也更能突顯教會的偉大和上帝的神聖。如他所言，他在位的五年間積極在羅馬推動各項建設，如水道、道路、教堂、方尖碑等，對羅馬的影響是十六世紀教宗之最。

在宗教改革前，教宗便已陸續在羅馬推動各項大小建設。他們希望兼具實用性與宗教性的公共設施，能宣傳教宗既照顧眾人生活，又宣揚信仰的形象。教宗當然偶爾會赤裸裸地宣傳具政治意涵的事物，但他們也注意到，以「公共利益」為出發點，更能博取眾人好感；積極建設羅馬，早已是教宗的一項重要文化傳統。隨後教宗正因宗教改革而忙得焦頭爛額時，仍不忘建設羅馬。持續發揚上述傳統更能回擊新教批評「教宗根本無助於眾人信仰以取得救贖」的論點。換言之，改革羅馬城，就如攻打新教，或是改造神職人員素質等，都是天主教改革的其中一部分。

西斯篤五世深知天主教改革不能只靠刀劍，也知道教宗必須為改革的典範，所以他用盡全力支援天主教改革，最具體的事項之一就是改造羅馬城。當時一位曾與他合作，名叫豐塔納（Domenico Fontana）的建築師留下《教宗西斯篤五世的梵蒂岡方尖碑遷移工程及其他建設》（*Della transportatione dell'obelisco Vaticano e delle fabriche di Sisto V*）一書，詳實記載教宗的心態與企圖。特別是在教宗下令遷移方尖碑時提到，「（教宗）第一年就費盡所能鎮壓並消除偶像崇拜的回憶……使它遠離不榮耀的偶像崇拜……將之放在最神聖的十字架之下。」除了這個較具代表性的建設外，西斯篤五世還建設有益於開發東半部羅馬的水道和道路，盡可能地從事教宗所能提供的公共建設。豐塔納的著作，使讀者見識到天主教改革時期的教宗還能做到的其他努力。

雖有些許發展不盡教宗之意，例如英國、日耳曼多數地區、北歐等，已永久是新教的勢力範圍，但他們仍留下許多不會消失的歷史影響，例如改造羅馬城。以更多元的角度觀看天主教改革，才能更全面認識其在人類歷史上的重要性。

《南特詔令》：以政治手段解決宗教衝突

在簽署《南特詔令》後，法王亨利四世勵精圖治，重建因長久內戰而滿目瘡痍的國家。在他統治下，法國的農業、工業開始復甦，同時走上西班牙的道路，往美洲發展。亨利四世在一六一〇年被激進的天主教徒刺殺身亡，留下一個開始復原、成長的法國。在三十年戰爭期間，法國還有餘力參與戰爭。戰後局勢的改變，宣告法國在接下來的一百五十年間，將成為歐陸首屈一指的強盛大國。也因為亨利四世的努力，法國王室在法國人心中享有極高聲望，日後他的繼承者路易十三與路易十四之所能順利地強化王室力量，與此不無關係。

以亨利四世統治之下的法國為例可知，雖然宗教改革冠以「宗教」之名，但政治人物在這之中的重要性絕不可忽略。單靠「喀爾文教派傳入法國」此一歷史事件，無法完整解釋法國發生內戰的原因，因為在雙方陣營中，參雜不少法國的貴族或地方勢力。聖巴托羅姆大屠殺確實具備宗教情緒，但統一國內政治同為重要動機。

西方歷史研究的重要著作《新編劍橋近代世界史》（*The New Cambridge Modern History*）的作者之一，著名史家艾爾頓（G. R. Elton）在該部作品第二卷談到，研究宗教改革不能過度注重宗教面向上的發展，因為，「這一特定位置留給了世俗野心的表演。一句話，只有在世俗權力（君主或地方官員）支持它的地方，宗教改革才能維持自身，而在世俗權威決定鎮壓它的地方，則不可能生存。」

這也就是為何當時的宗教信仰總是與政治環境息息相關。他更斷言，沒有政治力量的支持，就沒有宗教改革，「宗教改革的成功超過了早期或類似運動的夢想，主要並不是因為時機已成熟，而是因為它找到了世俗力量的支持。」

艾爾頓的觀點，也可用來解釋法國內戰得以弭平的關鍵。亨利四世以其國王身分，頒布許可喀爾文教派繼續在法國合法生活的《南特詔令》，同一詔令也要求彌補天主教方面的損失，且從今而後，不得再有人以過往衝突再掀波瀾。可以想見的是，新舊教方面對《南特詔令》可能都有不滿。但這份詔令給了法國人民保證，國家機器將不再強迫民眾的宗教自由。《南特詔令》確實達到亨利四世希望的效果，法國自此重新發展，再度成為歐洲大國。宗教改革在法國引發的混亂，最終仍由政治手段解決。

英國宗教改革的特色：王權至上

如果說在宗教改革時期，天主教及新教（路德教派和喀爾文教派）分別為光譜兩端，那麼英國國教就在這兩端之間。如同許多史家一再強調，政治力量是宗教改革浪潮中不可忽視的力量（請參考本章「《南特詔令》：以政治手段解決宗教衝突」），英國也是如此。

在宗教改革初期，亨利八世不完全認同路德的神學。但就像路德曾激發喀爾文一樣，也向亨利八世示範教會不一定非得在教宗管理之下，如許多日耳曼諸侯實際上所做的。在面對婚姻問題時，亨利八世原先想求助教宗，不耐久候的他在國會支持下，頒布《至尊法案》（Acts of

Supremacy），逐步建立英國國教的基礎。《至尊法案》賦與國王「英國教會的最高領導者」（supreme head of the church of England）此一頭銜，規定國王及他的王位繼承人，都將是英國國教的最上位者及所有神學問題的解釋者。此一原則確立後，亨利八世與他的情婦結婚，並在接下來的多次法案中，漸漸將新教教義引入英國。

在許多時候，比起新舊教義之爭，亨利八世更重視眾人是否願意信奉國教。他的宗教改革仍相當程度保有天主教成分，使得英國國教在教義方面比起許多支持新教的國家都有更大彈性。亨利八世無法接受的反而是不信奉國教的人，如與他亦師亦友的摩爾（Thomas Moor），就因此被判處死刑。宗教信念在許多時候跟政治表態密切相關，如史家艾爾頓在《新編劍橋近代世界史》第二卷曾這麼說，「只要世俗政權的成員包含著宗教組織的成員，宗教分歧就相當於政治不滿甚至背叛。所以政府整齊，統治者的宗教也就是他國家的宗教。英國是將此一原則付諸行動的極端例子，官方迅速地從亨利時期沒有教皇的天主教……轉移到具英國色彩的伊麗莎白的新教。」

「國王為英國教會的最高領袖」也是伊莉莎白的宗教政策，宣示國王為教會「最高統治者」（supreme govenor），比起過往更著重於宣示統治權力的擴張。

英國國王順應宗教改革的時勢，在改造英國教會與教義時，一併將王權行使範圍順理成章地擴大到教會土地上，發展出與天主教、路德教派和喀爾文教派不同的基督宗教。英國的例子突顯出宗教改革當時的多元樣貌，單純的新、舊教之分，很容易讓人忽略不同地方、不同統治者在不同目的下的宗教策略。除英國外，亨利四世的法國雖是天主教國家，但他們接受喀爾文信徒的合法地位，也是某種改造過的宗教樣貌。

三十年戰爭之後：歐洲政治和宗教的關係

結束三十年戰爭的《西伐利亞和約》有幾個重要歷史意義。首先，再次確認《奧古斯堡和約》的精神，各諸侯國的宗教自由不受皇帝干涉，且適用範圍擴及到喀爾文教派。舊教如果還想統一歐洲的宗教信仰將顯得困難重重，甚至不切實際。其次，各諸侯國獲得更大自治權。第三，部分國家因此崛起，法國獲得大量帝國領地，國界大幅往東，荷蘭從西班牙統治下正式獨立，而布蘭登堡侯國在此戰役中大幅擴大勢力範圍。這些國家將在接下來的兩個世紀扮演要角。

三十年戰爭除了導致國際局勢的改變，對日耳曼也造成難以輕忽的慘劇。三十年戰爭當時的德國作家漢斯（Hans Jokob Christoffel von Grimmelshausen），描繪出他在這場戰爭的見聞，其最大破壞來自於交戰雙方的士兵，「軍人在安置馬匹後最先做的事情，是每個人去執行各自的任務，也就是毀滅與破壞。」這些士兵毫不留情地掠奪他們所能看見的財物，見到手無寸鐵的平民百姓便以施暴為樂。許多城市、鄉村在戰爭中多次被掠奪，有些地方的人口數更比戰前減少百分之六十以上。

因為三十年戰爭的巨大影響，許多西方史家也很重視場戰爭，想找出使這場戰爭如此曠日費時的原因。德國學者佛里德里西（Carl J. Friedrich）在《巴洛克時代》（*The Age of the Baroque*）認為，「如果不完全贊同世俗和宗教問題之間有著緊密的聯繫，就不可能理解三十年戰爭。……願意參戰的各統治者，或多或少都包含某種程度的宗教熱情。」

但就如同現今許多學者一樣，佛里德里西也承認，世俗性目的也在鼓舞這場戰爭持續下去。

另一位德國學者霍爾波恩（Hajo Holborn）在《日耳曼近代史：宗教改革》（*A History of Modern Germany: The Reformation*）提到，日耳曼皇帝與諸侯間的宗教衝突，為這場大戰爭提供充足背景，不過「宗教似乎越來越被利用來為世俗利益為動機的行為進行辯護」。關於霍爾波恩的看法，支持荷、英、瑞的日耳曼天主教諸侯，以及法國是人盡皆知的案例。他們以其自身利益對抗天主教同胞（西班牙、奧地利），甚至在戰後繼續毫不留情地打擊他們。

如果歐洲曾因新、舊教之分而成為兩個陣營，那麼三十年戰爭可說是這段時期的終結點。如上述兩位德國史家所言，宗教固然是重要考量，世俗性目的也佔有重要成分。基督宗教與歐洲文明依舊密切相關，且宗教寬容的時代仍未到來，三十年戰爭後，因宗教而起的衝突仍不時出現。但新舊教之別的重要性，已不如國家利益崇高。比起宗教信仰，各國統治者更在意如何運用國家機器獲取國家利益。

第七章

地理大發現：全球化網路成形

地理大發現開創出現代世界熟悉的全球化。在此之前，歐亞大陸與美洲大陸之間基本上沒有穩定的交通往來。在此之後，歐洲人的船隻不僅屢屢造訪美洲，航向世界各地，船上載者眾多探險家、商人、軍人或移民者，開啟歐洲人探索世界、認識世界，並進而征服世界的序曲。

第一批向海外探險的歐洲國家為葡、西兩國。從十五世紀開始，葡萄牙人先是沿著非洲西岸南下，繞過好望角後繼續往東，途經東非、阿拉伯、印度，活動範圍一度到達中國和日本。而西班牙人則在開拓往東亞的航線時，意外遇見美洲大陸。除去巴西由葡萄牙人佔領外，幾乎整個中南美洲都是西班牙人的殖民地。

除宗教、好奇心外，「商業利益」是誘使葡、西兩國積極向外發展的主要因素。葡萄牙人發現通往東亞的航路後，以武力掌控沿路上多處貿易據點與市場，壟斷東方奢侈品貿易。西班牙人雖未能發現通往東亞的便捷航線，卻在中南美洲也發現價值不斐的豐富銀礦，以及可種植眾多經濟作物的肥沃土地，提供西班牙在歐洲建立霸權所需的資金。

繼葡萄牙與西班牙之後，同為大西洋沿岸的國家荷蘭、英國與法國等，也相繼派遣船隻探索廣大世界。他們或是進入先行者還未掌控的區域，或是爭奪殖民地及貿易據點。荷蘭以武力奪取葡萄牙在印度洋及東南亞的貿易據點，並將西班牙人趕出台灣，試圖獨佔對日本與中國的貿易管道。法國與英國則有大批冒險家、商人往西班牙勢力所不及的北美洲出發，接連建立廣大的殖民地。

世界各地及或國家，都以其特殊產物或分工模式，加入前所未見的全球化世界。非洲有奴隸、黃金，美洲有白銀、糖、咖啡，東南亞有香料，中國則有陶瓷、茶葉等。因外來物種而影響到原有文化的故事也正悄悄上演。美洲的許多原產物種，如番茄、巧克力、香菸等先前在歐洲聞所未聞的事物，融入歐洲文化中。像是馬、甘蔗、咖啡等，也在美洲大陸落地生根。

廣大的世界與接踵而來的新事物，不斷讓歐洲人驚呼連連，並產生更旺盛的好奇心。《世界誌》或奇品收藏室這一類事物的出現，反映出歐洲人想要以更有系統的體系認識廣大新世界。即便內容有許多錯誤，都無法否定歐洲人著實以極大好奇心，看待在他們眼前展開的新世界。

葡、西的航海事業：大航海時代的先驅

時值十五世紀上半葉，英、法百年戰仍在進行中，神聖羅馬帝國皇帝想盡辦法強化他的權威，西班牙人正在與南方的摩爾人作戰，位居歐洲西南角落的葡萄亞已開始派艦隊探索非洲。在接下來的幾十年間，葡萄牙水手獲得王室贊助，沿著西非大陸沿岸不斷往南。終於在一四八八年，他們抵達非洲大陸最南端，找到一條通往東方的航路。西元一四九七年，法國國王和神聖羅馬皇帝還想著如何在義大利建立霸權時，達伽瑪率領葡萄牙艦隊，繞過東非和阿拉伯半島，並繼續朝東前進，最終抵達印度，開拓出直接串連歐亞兩大洲的貿易航線。在此之前，歐亞貿易路線必須穿越困難重重的陸路，才能將貨物轉送到歐洲人手上。好幾個世紀以來，歐洲人都必須付出靠著這條脆弱的管道認識富饒的東亞。葡萄牙人雖找到往東亞的航路，但他們馬上發現，穆斯林商人早已壟斷印度洋到東南亞一帶的貿易。歐洲的航海技術和火砲結合在一起，幫助葡萄牙人一擊敗穆斯林勢力，漸漸在重要路線上建立據點，壟斷貿易活動。終於在一五一一年，他們抵達中國，開啟歐洲與中國文明直接交流的歷史。

正當葡萄牙往東尋找航海路線時，熱那亞出身的哥倫布（Columbus）在經歷多年努力後，終於說服西班牙統治者贊助他跨越大西洋，尋找直接前往中國的航線。現代人都知道大西洋上還

有美洲大陸，但哥倫布不知道。他於一四九二年發現美洲外圍的小島時，還以為是中國沿岸島嶼。直至一五〇四年為止，他多次想在美洲尋找根本不在那個區域的中國。不久後，一個名叫亞美利戈（Amerigo Vespucci）的義大利人往南美洲探險，提出一個大膽的新論點：哥倫布發現的是一塊歐洲人所不知道的新大陸。西班牙統治者知道這項事實後相當失望。因為他們要的不是一塊新大陸，而是能通往中國、印度的新航路，並且像葡萄牙人那樣，載滿極具經濟價值的貨物回來。這片新大陸，有的只是一些看來天真善良，但貧窮樸實的原住民，與他們貿易根本無利可圖。放眼望去就是一大片叢林或山丘，看不出有富裕國家存在的跡象。

在一五一九年，西班牙國王接受麥哲倫（Magallen）的提議，給他五艘船，經過美洲南端繼續往西。這次總算沒有再冒出一個新大陸，他們順利繞過亞洲回到歐洲。但這次探險結果仍讓西班牙難以接受。因為現實說明，根本沒有一條可往西直達亞洲的輕鬆航線。而在不久前，西班牙才跟葡萄牙簽定條約，非洲及印度洋都是葡萄牙人的勢力範圍。西班牙的海外事業在這時看來佔了下風。

但就在麥哲倫艦隊繞行地球的同時，西班牙征服者往美洲內陸探險，他們將在那裡發現之前想都沒想過，價值比香料更高的寶藏：美洲原住民帝國的黃金和天然銀礦，這支持西班牙在十六世紀發展為歐洲一流強權。

荷、英、法的海外活動：取代葡、西的後起之輩

葡、西在發現新世界、新航路、新市場後，都想要獨占這個利益龐大的商機。曾有一段時間

確實辦到了。他們不只佔有先機，當時的歐洲大國都忙於國家內政，無暇顧及海外探險。但葡、西兩國逐漸發現，這個世界何其遼闊，憑自己根本不可能完全控制。不久後，同樣來自歐洲大西洋沿岸的荷蘭、法國和英國將成為他們的最大對手。

時序進入到十六世紀末葉，荷、英、法三國邁入政治安定期，進而將目光放到廣闊的新世界。荷蘭這塊土地曾是哈布斯堡家族的領地，因為宗教、經濟、政治衝突，他們在十六世紀中葉左右宣告獨立。從戰爭開始到正式被西班牙承認獨立，荷蘭獨立戰爭大概持續了近八十年。但早在十七世紀初期，已獲得實質獨立的荷蘭早派遣他們的艦隊探索新世界。現在的紐約，最早就是荷蘭人的殖民地。荷蘭人對印度相當感興趣，以武力奪取葡萄亞人手上的貿易據點與特權後，一路往東北亞前進，殖民台灣，進入日本，一度意外捲入清朝與鄭氏家族的區域戰爭。日本鎖國後，荷蘭人是唯一可與日本貿易的西方國家。

英國與西班牙在歐陸的衝突也擴及到大西洋海域上。一位名叫德雷克（Sir Francis Drake）的著名英國海盜，特別針對西班牙船隊，致使西班牙蒙受不小損失。日後無敵艦隊與英國海軍的一戰，海戰經驗豐富的德雷克也參與了，西班牙的戰敗更讓英國可以大膽地到處探險。在一六〇七年，一群英國人在北美東岸建立殖民地，地點是今天的維吉尼亞州。後續的幾十年間越來越多人移民北美，漸漸拓展成所謂的北美十三洲。英國也沒有忘記印度。由伊莉莎白一世授權組織的東印度公司，小心翼翼地在印度尋找經商港口，因為當時他們沒有能力對抗強大的蒙兀兒帝國及荷屬東印度公司。以強硬手段入主印度是兩、三個世紀的後話了。

歐陸傳統強權法國在亨利四世的統治下，也對廣大的北美洲深感興趣，屢屢派遣探險者前往勘查，這項政策也由他的後繼者持續推行，結果是法國占有北美洲大半區域，範圍擴及哈德遜河流域、加拿大及北美中部。印度也有法國人的身影，一同與英國人競爭這塊大陸的貿易特權。

荷、英、法這三個非大航海時代的起始國，在十七世紀努力地打破葡、西壟斷龐大世界的意圖。攤開當時的世界地圖一看，世界各地都可看到他們取代葡、西勢力範圍的蹤跡。但葡、西並未因此完全消失，兩國仍在非洲和美洲佔據大片殖民地。這些領地將是他們政治談判的籌碼，在一次又一次的戰爭中，葡、西喪失曾握有的霸主地位，而英國接連戰勝荷蘭及法國，邁向世界最大殖民國的道路邁進，打造出未來日不落帝國的雛形。

殖民美洲：西方文明的擴張

在我們所處的現代世界中，西方社會常跟歐美地區畫上等號。尤其是美國，更時常在國際社會中扮演西方文明價值的捍衛者。會有今天這樣的國際局勢，一切都得回溯到哥倫布發現美洲大陸之後。

美洲大陸雖不是哥倫布的預設目標，這意外的發現則讓西班牙短時間內累積大量財富。哥倫布及其他西班牙人發現，居住在美洲沿海或島嶼上的原住民雖沒有香料或其他可交易的奢侈品，身上卻戴有些許黃金飾品，意謂著這個地區也有取得貴金屬的可能性。西元一五一九年，一批西班牙征服者往美洲內陸前進，以數百人兵力，加上原住民的幫助，消滅龐大的阿茲特克帝國。十餘年後，另一批征服者在南美洲，幸運地消滅美洲本土的印加帝國。接手這片龐大的土地後，西班牙人將他們的語言、文化、管理制度一同帶到中南美洲。積極傳教的天主教也派出眾多傳教士到此地，當時最活躍的耶穌會也在其中。西班牙人不只管理，還與美洲原住民通婚，塑造出今日中南美洲仍有大量白種人的社會樣貌。西班牙語和葡萄牙語在中南美洲之盛行，仍是西方文化在此留下莫大影響力的證明。在十八至十九世紀的獨立風潮中，革命領袖更紛紛從啟蒙運動，或美國政府中學習政府組織與立國精神。

繼西班牙人之後，法、英在十七世紀大舉進入北美洲。法國人在國王的特許幫助下，積極以哈德遜河為中心向外擴張，在適合地點建立殖民地，以作為進一步擴張與貿易的據點。英國的殖民活動相對偏向私人性質，多半由無法接受英國國教的宗教避難者，或是想在新天地嘗試新生活的冒險者建立。他們開拓出日後將獨立為美國的十三洲殖民地。在北美，沒有像西班牙征服大片帝國的戲劇性發展。英法兩國殖民者利用原住民擴張他們的勢力，相對的，原住民也利用他們與敵對部落競爭。現在有許多電影、文學作品及動畫都在描述這段歷史過往。這些北美殖民者不斷地將歐洲文化的元素帶入此地，如西方式武器、馬匹、語言、宗教，制度，最重要的是政治思想。受啟蒙思想感召，西元一七七六年，北美十三洲起而反抗英國正式獨立，建立一個以尊重人權、自由平等，權力平衡為立國精神的共和國。這種理想在往後幾十年間傳遍中南美洲，甚至是傳回歐陸，激發後來的法國大革命。美國建立後，利用自己在經濟、武力上的優勢不斷往西開拓，以犧牲美洲原住民為前提，將西方文明更往外擴張。

直到今日，美洲多處當然還保留不少當地的傳統文化元素，但在更多時候，美洲原有文化如不是與歐洲文化融合，就是在劣勢環境下消失殆盡。雖然仍有不少差異，但從宗教、制度、語言等面向上來看，因為殖民者的腳步，美洲地區的文化比起亞洲、非洲，與歐洲文化還要密切許多。地理大發現不只開啟往亞洲的海上貿易，也開啟美洲西化的歷程。

歐洲重心的轉移：從地中海到大西洋

大航海時代雖然是由歐洲人帶動，並非所有歐洲世界都捲入此一歷史潮流中。不少歐洲地區或國家，在此波往新世界探索的過程中缺席，最明顯的例子是地中海世界。正當哥倫布、達伽瑪等人紛紛締造重要的航海事業時，義大利半島的文藝復興運動正蓬勃發展，強大的鄂圖曼土耳其帝國迅速擴張。當時序漸漸邁入十七世紀時，義大利的教宗國還在，佛羅倫斯改成托斯卡納大公國，由梅迪奇家族統治。哈布斯堡家族往東南擴張，打造後來所謂的奧匈帝國。而土耳其帝國不斷往外擴張，其領地幾乎可比擬全盛時期的東羅馬帝國，甚至曾一度圍攻維也納。從全球史的角度來看，這些歷史事件與大西洋發生的事相比，對現代世界的影響力就減弱許多。

如果說世界的重心逐漸往歐洲聚攏，那麼歐洲的重心也正逐漸從地中海轉移到大西洋沿岸。對國際秩序發展最重要的幾場戰役，都與大西洋沿岸國家息息相關。以英國為例，雖在十七至十八世紀的多次英荷戰爭中各有勝敗，但國力一路往上，先是取得荷蘭人的新阿姆斯特丹，改名為紐約。還取代荷蘭，成為在印度最強大的歐洲勢力。拜廣大的海外領地貿易，英國的首都倫敦發展為世界的經貿中心。因為前景可期的經濟誘因，英國民間社會正醞釀一股大肆改變人類世界的工業革命。而英國的死對頭法國，始終是英國在海外最大的對手，在西班牙王位繼承戰爭及七年戰爭中，將大片海外殖民地讓與英國。英國就此與西班牙並列為在美洲握有廣闊領地的歐洲強權。至於印度，英國在相繼打敗荷、法後，趁著蒙兀兒帝國的衰弱，不斷擴張在當地的勢力範圍。

生活在當時的人或許無法明確預見這些歷史事件的重要性，然而從後世眼光來看，我們所認知的現代世界，如拉丁美洲、資本主義、工業革命，全球化網絡、大英帝國等，與大西洋沿岸國家息息相關。威尼斯、佛羅倫斯、神聖羅馬帝羅國、教宗國、土耳其等地中海或歐洲內陸國家依然存在，並試圖趕上當代世界的變革。但在接下來的歷史裡，他們處在被動許多的態勢中，就連自己的未來發展可能都難以掌握。因海外貿易而富強的大西洋沿岸國家，才是真正有能力改變世界局勢的國家。地中海曾一度是歐亞非三大洲的交流中心，從十六世紀開始，大西洋漸漸取代其重要性，串連人類歷史上的第一個全球化網絡。

世界貿易網：以貿易連結全世界

我們生活在全球貿易的網絡下，「地球村」絕對不是一個抽象名詞。在台灣，我們很容易找到紐西蘭的奇異果、日本的電器、中國的工業製品、歐洲的精品、南美洲的咖啡……等物品。全球貿易網並不是自葡、西兩國的海上事業之後才從零開始。在西元元年之前，西亞文明就利用海上、陸上貿易網聯絡亞非兩洲。古羅馬的日常生活中，早已見到非洲來的奴隸、動物，亞洲來的寶石、香料等。歐亞大陸的交流管道邁入中世紀後由穆斯林掌握，歐洲人處在這個管道的末端，接受他人轉了好幾手後的貨物或資訊。雖然地形不便，又沒有便捷的獸力，美洲地區也開拓出屬於自己的貿易網。簡言之，在地理大發現前，這個世界分成兩大網絡：美洲與歐亞大陸。完全將其串連起來的是十五世紀之後的歐洲。

在征服美洲的原住民帝國後，隨後發現的豐富銀礦讓西班牙征服者大喜若狂。因為白銀不只可直接運回歐洲當貨幣使用，也可運到喜歡白銀的東亞，用以採購香料或其他奢侈品。如果沒有白銀，當時工業水平不及東亞的歐洲人，不可能有適合的商品可與亞洲商人交換，只能再把自己所剩不多的白銀一直往外送。歐洲殖民者也發現美洲很適合種植棉花、可可、香菸、糖等高經濟作物。但美洲原住民因戰爭或疾病大量減少，無人可耕種廣大土地。為了獲取足夠的農業勞力，歐洲人只好出口槍枝或各類生活必需品到非洲換取奴隸，再運送奴隸到美洲。非洲的奴隸貿易歷史悠久，早在地理大發現之前，非洲奴隸就已遍及地中海，甚至遠達印度洋及波斯灣。從十六世紀之後，非洲也有其他出口商品如黃金、象牙等，但「奴隸」這項主要商品使非洲更融入世界貿易網絡。直到一八七〇年代，從非洲出口的奴隸可能多達一千萬人。

因為歐洲人的海上貿易活動，讓世界上許多原先孤立於世的地方無論自願與否，皆相繼進入世界網絡。在此之前，或許曾有人到過美洲，但穩定且頻繁的交流從十六世紀才開始。台灣在這時也因葡萄牙人及荷蘭人的殖民，加入世界貿易網，一度是東亞地區的重要交易據點，大量的白銀、絲綢、瓷器、鹿皮等，都曾經由台灣送往世界各地。許多地方都可陸續看到異國產物，歐洲進口本來只在美洲生產的番茄、可可與香菸，美洲原產的地瓜、花生漸漸出現在中國農民的餐桌上。原產於歐亞大陸的咖啡、甘蔗、牛、馬等，紛紛在美洲大陸落地生根。歐洲人建立的海上貿易路線，也間接帶動文化交流，如啟蒙哲士一心嚮往中國皇帝，視其為君主制度的典範。而中國皇帝的宮殿裡還可見傳教士帶來的機械鐘與世界地圖。

歐洲商人與航海家開拓一個整合全世界的交流網。世界各地區交換彼此之間的物品與文化。不久後隨著技術革新，這個網絡繼續往更偏遠的地方延伸，如紐西蘭、澳洲，或遠離海洋的內陸。直至今日，鮮少有人身處在這個世界網絡外。

重商主義：以國家力量推動海上貿易

地理大發現及隨之而來的殖民地擴張，國家力量都介入其中。哥倫布、麥哲倫、達伽瑪等人所費不貲的航海事業，無一例外都有西、葡兩國王室的贊助。法英的殖民地擴張雖有一定程度的私人性質，但真正決定勝負的仍是國家軍隊。換言之，歐洲的大航海時代同時也有強大的政府組織支援。殖民地與殖民母國的工商業互動，也都在國家力量的直接影響下，稱之為「重商主義」（Mercantilism）。

重商主義是相對於自由放任主義的經濟模式，要求政府介入工商業發展，並動用國家力量使本國財富（最具體化的衡量物件為金、銀等貴金屬）不僅不會外流，還能不斷吸收他國財富。也因此，盡可能地壟斷本國及其殖民地的資源及市場，從而使國家富裕，並達成經濟自給自足、貿易順差，是十六至十八世紀的殖民強國共有的目標。在十六世紀一開始，葡、西政府及其殖民地的態度就是如此，嚴格要求所有運輸都需經由本國船隻負責，不少被稱為海盜的人其實是「重商主義」的挑戰者。

到了十八世紀，重商主義更加盛行，路易十四（Louis XIV）的財政大臣柯爾貝（Jean-Baptiste Colbert）就曾要求，為了不讓他國賺到法國的錢，如今法國建造船隻的原料、零件，都應全面採用本國製品。大約與路易十四同時代的奧地利官員霍尼克（Phillip W. von Hornick）對於重商主義有更全面性的討論。他在「國家經濟的九項基本原則」的開頭提到，國家強盛與否的標準奠基在金、銀等貴金屬，以及各種生活必需品的數量上，如何靠自己的力量使之增加並妥善利用，就是至關重要的問題，「如果一個國家的力量和強盛在於金、銀以其生存必需或適合其生存的一切物品的過剩，這些物品主要來自自己的資源而非依賴其他國家，同時還在於能夠合適地培育、使用和應用這些物品，那麼，總體的國家經濟政策必須考慮如果不依賴他人……怎樣獲得過剩、怎樣培育和享有，同時盡可能不依賴外國並節約使用本國的現金。」

他的九項基本原則大致可歸類為以下三點：第一，清楚掌握國家的人力、自然資源。第二，不應使金、銀外流。第三，只要國內技術許可，所有的加工都應在本國執行，避免他國賺走加工費。

重商主義畢竟只是一種理想狀態，在許多時候有不少執行上的困難。像西班牙的工業並不發達，所生產的物資根本不足以供應本國及殖民地所需，大量白銀不斷流入他國，致使西班牙財政一直有大量出超的問題。重商主義還存在一個更嚴重的根本問題：以國家名義剝削個人經濟利益。霍尼克提到不應向國外進口本國也能生產的商品，「即使本國的商品質量很差，價格很高也應該如此」。如此一來，假使可以用一塊錢向國外生產商購買等同質、數量的商品，卻被迫用兩塊錢購買本國商品，等於是變相補貼本國生產商。因此，在重商主義盛行的年代，私底下仍有不少打破重商主義的跨國交易。啟蒙哲士中也有人開始質疑重商主義的合理性，亞當・斯密（Adam Smith）是其中最著名人物。

《世界誌》與奇品收藏室：歐洲人的新世界觀

西元一五四四年，一本名為《世界誌》（*Cosmographia*）的書籍在日耳曼地區出版，作者為當時著名的大學教授敏斯特（Sebastian Münster）。在此之後敏斯特不斷增加新內容，使這本書越來越厚重，售價也不斷提高。雖然又重又貴，《世界誌》在十六世紀當時一直是耳曼地區最熱門，最為人所知的暢銷書。

敏斯特生於一四八八年，家庭小康，自幼接受良好教育，成年後即成為當時著名的教授，撰寫《世界誌》是他一生中最大的志業。對敏斯特，甚至是許多歐洲人而言，十五、十六世紀是個世界觀大幅開拓的時代。他們不僅大量接觸古代作家的著作，再加上地理大發現，許多驚奇事物不斷出現在歐洲人眼前，新發現多到讓當時的歐洲人忙於吸收。敏斯特不只對新世界很有興趣，還想要有系統地將它們編串在一起呈現給世人，如同《世界誌》的完整書名所言《世界誌，賽巴斯強・敏斯特所著的各國記述，包含全世界及德國各個民族、政權、城市、著名地區，以及風俗、習慣、法律制度、信仰與社交方式，並且涵蓋各國的觀點與事件，全都配上插圖與精美的地圖，令人目不暇給。由巴賽爾的亨利希・彼得利印製》。敏斯特大約從一五二〇年左右開始編寫《世界誌》，過程中大量參考古代著作，以及當代流傳的新資訊。藉由閱讀資料，這個從未離開過日耳曼的大學教授，得以遊歷世界各地。許多歐洲人也藉由閱讀他的書籍，可以更全面性地認識不同地區的風俗民情。

正當敏斯特在撰寫世界誌時，歐洲的貴族或統治者也興起一股建設「奇品收藏室」的熱潮，蒐羅來自世界各地的奇珍異寶、動植物化石或標本等，儼然是《世界誌》的實體化。例如十六世紀的幾位神聖羅馬帝國皇帝，便在宮殿內設置規模不小的奇品收藏室。這些收藏室滿足了收藏者本人，以及各地來訪參觀者對廣大世界的好奇心。雖事過境遷，這些收藏即便到現在仍具有重要參考價值。

然而，近代歐洲在認識廣大的新世界時不免產生錯誤，或是見解過於粗糙。敏斯特的《世界誌》裡提到印度有大腳人、雙頭人、狗頭人、胸臉人等，而鯨魚則被描繪成一個狀似狗頭，頭上還有兩根水管的水中生物。這些事物如果不是出於傳統文化中的想像，就是以訛傳訛的結果。

儘管有許多不足之處，《世界誌》及奇品收藏室就像現代的電視，使人能在不需親自遊歷世界的情況下，能夠得知道世界樣貌，滿足歐洲人的好奇心、知識的散布，都是這類物件在歐洲文化史上的積極面向。藉由這些，後人也可更清楚觀察好幾個世紀以前的人如何看待迅速擴張的新世界。

葡西的海外探險動機：兼具宗教與商業目標

中世紀晚期的歐洲早已積極往海上發展，葡、西兩國的海外事業不是忽然興致一來的結果，背後有其重要歷史根源。大約在十三、十四世紀時，歐洲人因為頻繁的海上貿易活動，已累積相當豐富的航海經驗與技術。他們不僅前往已知的地點尋找商機，如威尼斯在東地中海，熱那亞人前往黑海沿岸，幾個靠近歐洲的大西洋小島也陸續被人發現、殖民。

葡、西兩國的海外擴張兼具宗教、軍事、經濟和滿足好奇心等動機。葡萄亞海外探險的主要推動者是人稱航海家亨利（Henry the Navigator）的王族，他委託一位好友，同時也是編年史家的祖拉拉（Gomes Eanes de Zurara），記載當時的海外發展史，其成果即為著名的《幾內亞的發現和征服編年史》（*The Chronicle of Discovery and Conquest of Guinea*）。祖拉拉將葡萄牙人的動機歸類為以下五點：第一，葡萄牙想知道非洲的詳細情況。第二，為了經濟利益「如果那個地方碰巧有一些基督徒或者有一些避風港，航行到那裡沒有什麼危險，那麼就會有許多商品帶回王國，並能夠發現新的市場……這樣的買賣會給我們帶來很大的利益」。第三，探查伊斯蘭在非洲的勢力範圍。第四，尋找非洲是否有基督宗教君王。第五，想將基督宗教散布到非洲。哥倫布在一四九三年回到歐洲後，寫了一封信向西班牙王室報告他的成果，雖未像祖拉拉那樣有系統地提到探險目的，但可從中得知西班牙的目的與葡萄牙相去不遠，「我這麼做是為了更快博取他們（原住民）的好感……並促使他們有興趣找出、搜索並把他們大量擁有而我們急需的東西給我們。……在所有這些島嶼上，人們的面相、習慣和語言都有一些不同，但是他們都能相互理解，這樣的情況非常適合實現讓這些人皈依基督神勝信仰的目標。」

很明顯的，葡、西兩國並非為探險而探險，他們都有相當現實的目的。早在海外擴張前，他們就對伊比利半島上的伊斯蘭國家發起多次攻擊，宗教動機深植在他們的腦海。往外探險既能探清對手實力，又能擴張基督宗教的範圍。另一方面，就如同十字軍東征一樣，不可避免地想從中獲利，香料、黃金、白銀或任何奢侈品都可以。尋找未知的航線雖然風險極高，但獲利著實驚人。在各項動機的相互驅使下，葡、西首先開啟歐洲人的大航海時代，最後發現如何將整個世界串連在一起的航線。

海外擴張：國家力量的介入

發現美洲，以及後來歐洲在全世界的擴張，處處都有國家介入的跡象。哥倫布、達伽瑪等人的事蹟，固然有一部分是個人想法使然，但在他們背後也有葡、西兩國統治者的協助。雖然費用驚人、風險又高，但積極參與海外探險的國家，確實是將海外擴張當作重要投資事業。

海外探險所費甚高，船隻、船員、物資等，都非個人可輕易負擔，所以哥倫布才會花上好幾年的時間在各王室間尋求贊助。他很幸運的，個人目標與西班牙王室的發展方向能相互配合，因而他的航海事業從一開始就帶有強烈官方色彩。西班牙在美洲的殖民地擴張，也得依賴國家組織的幫忙才能成形。自十七世紀後，荷、英、法的探險家和商人起身參與海外擴張，國家力量更是他們的重要後援。

國家力量和海外擴張及衝突之關聯，早已是西方學界關注的歷史現象，例如歐洲近代史領域中的經典作品《新編劍橋世界近代史》。十八世紀當時的君王以壯大國家，使其繁榮昌盛為治國目標，對外擴張既能增加國家聲望，也能獲得實際商業利益。因此「在英國和法國，人們的心中都把這些變化（海外貿易迅速發展）和後來稱為重商主義……的政策聯繫起來，作為國家致富的一個手段。」這也就是為什麼，英法兩國政府想拚命超越在他們之前的葡、西、荷等國。為了結合國內力量，使之集中對抗外國勢力，許多國家特許的半官方商業公司也在此時陸續成立，最有名的當屬英國東印度公司。商業競爭演變成國家戰爭的例子在當時屢見不顯，例如英法兩國在美洲的糖業生產一直存在競爭，所以「雖然英法之間的摩擦牽涉到很廣泛的政治問題，但在西印度群島的經濟競爭某種程度上對於這種摩擦起了一定作用，最後導致英、法間的一連串戰爭」。

以上種種都有助於認識後來的許多歷史發展。奧地利王位繼承戰爭、七年戰爭、中英鴉片戰爭等，都可見到商業拓展與國家力量的密切關係。當時歐洲列強的大型戰爭，總是不可避免地參雜海外商業、殖民地、工業競爭等因素。因為國家的支持，西方商人才能介入傳統勢力強大的地區，迅速發展。而曾經強大的中國明清王朝對此興趣缺缺，任由他們的商人在海外獨自奮鬥，最後致使可能的拓展機會漸漸喪失。

美洲西方化：西方文明的優勢背景

只有數百人的西班牙征服者，能打敗數萬人的美洲原住民大軍，甚至佔領比母國還要大上好幾倍的領地，可說是人類歷史上少見的懸殊戰役。歐洲何德何能可遠渡重洋征服美洲，而不是美洲反過來征服歐洲，一直是歷史學家探討的問題。近年來，生物學者賈德・戴蒙（Jared Diamond）的《槍炮，鋼鐵與病菌：人類社會的命運》（*Guns, Germs and Steel: The Fates of Human Societies*），有助於從更宏觀的角度回答這個問題。

在前言裡，戴蒙提到他在新幾內亞認識一位黑人朋友，他問戴蒙，「為什麼是白人製造出那麼多貨物，再運出這裡？為什麼我們黑人沒搞出過什麼名堂？」戴蒙的《槍炮，鋼鐵與病菌：人類社會的命運》就是為了回答這個問題而寫。他在本書中提出很多例子強調，歐亞大陸雖橫跨許多經度，卻處於同一緯度中，差異不大的氣候有利於動、植物交流。地形也比較完整，有助於文化交流，也更容易出現國家組織。各項發明更因不同文化、國家間的競爭不斷成長。另外，歐亞大陸很幸運地，有許多可馴化的動、植物，使他們能有更穩定的物質基礎，以上種種，都是美洲、大洋洲、非洲相對缺乏的條件。

戴蒙當然也注意到十六世紀歐洲征服美洲的決定性時刻。他強調遠因有生物上的差異，以馬為例，提供歐洲人珍貴的獸力來源，美洲沒有類似動物，在很長一段時間裡都還依賴人力。疾病是更致命的生物性差異：密集、複雜的歐亞世界，有更多機會培養出美洲住民無法抵抗的細菌。技術也是兩者間最顯著的差異。在同一時間，歐洲已進入鐵器時代，有優異的航海技術及複雜國家組織，這些是地理破碎、缺乏適當物種的美洲較為弱勢的部分。戴蒙在結尾處就這麼說：「各大洲上的族群，有截然不同的大歷史，原因不在人，而在環境。」換言之，生態環境上的不平等，使歐洲人有更多征服美洲的優勢。同時戴蒙也沒忘記歐亞大陸另一端的中國。他承認就各方面來看，中國擁有不下於歐洲大陸的自然環境，在世界歷史上，確實也扮演重要角色。歐洲各國的相互競爭促成地理大發現，有強大中央政權的中國，卻在統治者的意志下，關閉與世界溝通的大門。

戴蒙的觀點有助於在歷史學的領域外，深思促成歐洲人征服美洲的原因為何。人終究是大自然的一部分，認識人與大自然的關係，更能認識影響人類歷史的可能因素。但研究環境，並不代表任何歷史事件都是必定結果，人的作為也一同參與歷史演變，如中國與歐洲的差異。更重要的是，就如同戴蒙所強調，環境差異並不能用來將現今社會的不平等合理化，而是知道不平等的起因後，針對根源下手。從積極角度來看，歷史學的功用也是如此。

大西洋世界的興起：近現代世界體系的雛型

我們所生活的世界有一套世界體系，在這之中，西歐、北美等大西洋沿岸地區，握有世界上最多的資本與最先進技術。世界上的其他地方多半是這些先進國家的技術輸出國及原料提供國。這種以大西洋世界為中心的世界體系，可回溯至地理大發現的時代。

談到世界體系的理論，華勒斯坦（Wallerstein）的《近代世界體系》（*The Modern World-System*）是經典之作。華勒斯坦生於美國，於一九五〇至六〇年的大學時期研究社會學，很長一段時間關注近代非洲的發展與殖民地歷史，相關經驗激發他以更宏觀的角度思索現代世界體系的成形過程。

華勒斯坦基本上認為，在十五、十六世紀以前，世界各地區，如地中海、中國、印度、紅海、西伯利亞及中亞等，同時存在許多屬於各自的世界體系，但僅有以西北歐為中心的世界體系「踏上了使它得以超過其他世界的資本主義發展路程」。華勒斯坦用很多歷史事實強調，資本主義的成長、國家力量協助、市場增加和工商業技術成長等，促使以大西洋沿岸為中心的西方世界體系開始擴張，將舊有世界體系吸收進來。無法適應、轉型的地區或國家，則變成邊陲或半邊陲地帶，從中決定了在產業分工及利益分配上，他們始終處於弱勢的局面。在十七世紀最明顯的表現即為葡、西、北義大利等，都因英法崛起逐漸沒落，資本不斷流出，工商業也逐漸喪失活力。隨著技術革新，還加入美國，西方世界體系持續擴張，終於在十八至十九世紀，將印度、俄羅斯、非洲和鄂圖曼帝國都包含在內。最後，「其速度正如我們所知，隨之加快了，到十九世紀末和二十世紀初最終包括了全球。」

正如華勒斯坦所言，以大西洋為中心的西方世界體系，曾在相當長的一段時間內，都不是地球上唯一的體系。但他們積極向外的冒險精神，不斷改變與鄰近地區的關係，先是將歐洲重心從地中海轉移到大西洋。在地中海內的傳統勢力，都不敵新型態的工商模式與世界樣貌，縱使握有強大軍力，整體成長速度卻越來越落後於西歐國家。地中海世界的沒落，預告接下來兩三個世紀其他地區的發展。在二戰之後，國際秩序重新洗牌，但大西洋沿岸的國家，仍是當今世界體系中最核心的成員。

日漸緊密的人類世界：以全球化的角度看大航海時代

「全球化」是二十一世紀所具備的特徵之一。以地球為單位，無論間接或直接，無論自願與否，每天有數十億人類透過各式各樣的通訊設備和交通工具，彼此交流互動。全球化的過程，也是人類大歷史的其中一個面向。自有人類以來，我們的祖先就已開始向全球化的方向邁開腳步。

西方學界從未忽略全球化的歷史。特別是在現代，全球化與地方化的衝突越演越烈，認識全球化的歷史更顯重要。長期專注於世界史研究的史家麥克尼爾（Willam H. McNeill），與其子合著《文明之網：無國界的人類進化史》（*The Human Web: A Bird's-Eye of World History*）一書，深入淺出地向讀者介紹人類的全球化過程及其影響。他們先從上古時代說起，提到人類演化出越來越複雜、豐富的溝通模式與組織，作為全球化的開頭。接下來的幾十個世紀，強大的城市或官僚國家崛起，發展出更緊密的聯絡之網。世界各地區文明，如中國、印度、地中海、美洲大陸等都是如此。

麥克尼爾提到，建構世界網絡的最重要發展在十五世紀末葉發生，特別是所謂的地理大發現。自此開始，「世界上的人類日漸形成單一的共同體」。其中最有歷史象徵意義的則是哥倫布在一四九二年發現美洲大陸，「哥倫布的遠航，是消弭無知與孤立十分關鍵的一步。這次遠航融合了整個世界，形成一個地球村，將世界帶向現代化。」

世界貿易網就是地理大發現引發的後續影響，全世界都因其獨特的貿易品加入全球化世界，文化、生物交流也趁此趨勢逐步展開。在這股新潮流中，能適應的國家將成為未來的勝利者，而無法應對的國家，將面對動盪不安的環境。也因此，麥克尼爾在《文明之網：無國界的人類進化史》的後半部，特別以「文明之網的壓力：一八九〇年以後的世界」這一題目考察全球化世界對人類的衝擊與挑戰，如貧富不均、傳染病，傳統文化破壞與環境汙染。

哥倫布發現新美洲大陸，加速人類在歷經數百個世代持續在做的事情：拓展與他人的連結。哥倫布的故事不僅是西洋史的一部分，更是人類史中的重要轉折。他不是第一位發現美洲大陸的人，但確實是從他開始，開啟全球化最關鍵的一步。無論好壞，當今幾乎所有人類的生活，都籠罩在全球化的影響之下。

亞當斯密：對重商主義的質疑

在近代西方史上，亞當・斯密的《國富論》（*An Inquiry into the Nature and Causes of the Wealth of Nations*）是批評重商主義的經典之作。亞當斯密在一七二三年生於蘇格蘭，接受相當完整的大學教育。早年專注在道德哲學研究，後來也注意到啟蒙思潮。歷經十餘年的研究後，《國富論》在一七七六年出版，隨即讓亞當斯密的聲名大噪。這本書也是亞當斯密最重要的著作，開創以「自由放任」為中心思想的古典經濟學，對近代歐洲的發展影響重大。

《國富論》共分為五大篇，其中第四篇專門討論當時流行的重商主義。第一章名為「商業主義或重商主義」，反駁重商主義以金銀累積量為國家財富標準的理論。因為他認為，金銀等貴金屬不過只是交易、衡量價格的媒介，而非財富，真正的財富是各種貨物。沒有貨物可供交易，貴金屬本身根本無利可圖。因此，沒有必要刻意囤積貴金屬。更何況，無論國家如何禁絕，貴金屬總是會流向更有價值的地方。在名為「論限制從外國輸入國內能生產的貨物」的第二章中，他提到最著名的辭彙「看不見的手」（invisible hand）。這一章強調國家應放手使個人追求利益，雖然不是為了社會利益，但其結果總會與社會利益相契合，因為他們會將資本盡可能投資在國內事業，進而促使國內經濟發展。亞當斯密相信，「他（商人）所盤算的只是他自己的利益。在這場合，像在其他許多場合一樣，他受著一只看不見的手的指導，去盡力達到一個並非他本意想要達到的目的。也並不因為事非出於本意，就對社會有害。他追求自己的利益，往往使他能比真正出於本意的情況下更有效地促進社會的利益。」

構築在此精神上，亞當斯密在第四篇的第七章「關於重商主義的結」中，批評重商主義違反英國的自由精神。不平等地保障部分製造商的利益，犧牲消費者購買更廉價，品質更好的外國商品之機會，以致於本末倒置，忘了經濟發展的根本在於促進消費，而非刺激生產。在《國富論》出版後，英國並未馬上成為自由放任的國家。但在往後的幾十年間，受自由主義精神的刺激，英國漸漸發展為十九世紀歐洲最自由放任的經濟體系。以國家力量推動經濟發展的想法對於一些新興國家，如美國、德國仍深具魅力，不過他們仍只在一定限度上接受亞當斯密的原則。無論各國接受程度為何，他的理論在世界經濟體系逐漸成形的當時，提供另一種相當重要的思考模式。直到現在，許多國家的經濟政策其實仍將亞當斯密的精神考量在內。

歐洲與海外文明：近代初期全球化下的文化交流

《世界誌》或奇品收藏室這一類的東西，說明地理大發現不只有貿易、軍事的擴張，還有大規模的文化交流。歐洲人開始體認到，在海外還有許多有待認識的奇聞軼事。他們接觸到新文化後，並不只是將其當作奇妙的異國文化便拋諸腦後。許多新文化元素流入歐洲，比起過往都還要繁榮的全球文化交流就此上演。

英國漢學家卜正民（Timothy Brook），利用他的漢學知識與研究物質文化的經驗，在二〇〇七年出版《維梅爾的帽子：從一幅畫看十七世紀全球貿易》（*Vermeer's Hat: The Seventeenth Century and the Down of the Global World*），以十七世紀荷蘭畫家維梅爾（Vermeer）的畫作，觀察當代全球貿易下的文化交流。維梅爾有一幅約畫於一六五七年，名為〈在敞開的窗邊讀信的少婦〉的畫。前景有一張桌子，鋪著土耳其地毯，桌上方放置一盆水果。仔細觀察可發現，裝水果的瓷器來自中國。在十七世紀，歐洲已掌握通往中國的海上航線，而中國也如他們原先設想的，有數不盡的貨物可供交易，瓷器即為其中一項大宗。卜正民提到，歐洲原先只有品質低劣的陶器，所以顏色鮮艷、造型精美多變的瓷器在歐洲大受歡迎，頓時成為歐洲人的裝飾品與餐具，甚至是展現擁有者跟上流行的象徵。許多荷蘭人雖對中國的實際狀況一知半解，甚至是毫無所知，但中國文化早就滲透到荷蘭人的日常生活中。中國也願意為了出口，改變傳統風格。當鬱金香在荷蘭大為流行，眾人爭相購買其球根時，中國工匠便大量製作繪有鬱金香圖案的瓷器。除了瓷器，還有許多物品如白銀、香菸等，搭起當代歐洲與全世界文化交流的橋梁。維梅爾的畫作處處隱藏像這樣的小細節。

卜正民在《維梅爾的帽子》的一開頭提到，十七世紀的文化交流，「不是徹底改頭換面或殊死衝突，而是協商與襲取；不是勝與敗，而是取與予；不是文化的改頭換面，而是不同文化間的互動。那是人得調整自己行為與觀念，以化解他們所碰上的文化差異。」

就如卜正民所言，盛氣凌人、自視甚高的十九世紀白人殖民者的時代尚未到來，歐洲世界面對新事物仍保有相當大的好奇心，直到十八世紀末依舊如此。因為這些新事物，更加豐富歐洲文化的內涵。直到今日，歐洲各地宮廷所收藏的中國文物，或是紫禁城裡的西洋機械鐘，都是當年文化交流的見證者。

物種交流：地理大發現的生態影響

在長達數世紀的時光中，歐亞大陸及美洲大陸之間因為隔著海洋，彼此少有直接交流，隨時間過去，逐漸發展出獨有的特殊物種。以哥倫布抵達美洲為起點，人類逐步打破這兩區塊的長久隔閡，物種交流以也開始以全球化的程度進行，對人類社會帶來深遠影響。

在今日史學界，以生態史的觀點認識歷史已是相當常見的作法，但在三、四十年前的情況卻截然不同。美國史家克羅斯比（Alfred W. Crosby）的《哥倫布大交換：一四九二年以後的生物影響和文化衝擊》（*The Columbian Exchange: biological and cultural consequence of 1492*）是史學界中最早以此角度審視人類歷史的經典之作。在三十多年前的初版前言中，他認為人類本身就是自然界的一員，重視人類與自然環境的交流互動，才能更適當地審視歷史。如今這項廣受史家接受的意見，在《哥倫布大交換》出版當時卻是飽受批評。克羅斯比在一開始甚至找不到出版社願意接手。所幸在此之後，這本書的獨特觀點吸引不少史家的注意，成為此一領域的經典之作。書中有些觀點可能已經過時，但仍能給讀者許多啟發。

粗略而言，所謂的「哥倫布大交換」包含三種物種：微生物、動物和植物。微生物引起的

「天花」是當時對美洲影響最劇烈的傳染病，也是歐洲人能順利征服美洲的關鍵因素之一。缺乏抗體的美洲原住民遇到天花病毒時毫無招架之力，人口大量死亡，政治和軍事組織相繼崩潰，使得人數上極其劣勢的歐洲人順利征服廣大領地。除了天花病毒，歐亞大陸的動物也協助了歐洲人的擴張活動，例如豬、牧牛、綿羊、馬等也一併帶往美洲，為歐洲殖民者提供生活所需的各項物資，如今這些生物依舊是美洲的重要動物。歐洲人同時帶去許多經濟作物，像是葡萄、橄欖、甘蔗、咖啡等。而物種豐富的美洲都提供歐洲許多重要的原生植物如番茄、菸草、可可，但最重要的還是玉米、馬鈴薯、甘藷、花生等作物。根據克羅斯比的看法，這些易於栽種，營養價值又高的物種，在散布到世界各地後，養活眾多人口，例如馬鈴薯在愛爾蘭、甘藷在中國，近代世界的人口大量成長與此有密切關係

跟隨在地理大發現之後的全球性物種交流，相當程度上改變了人類的生活樣貌與自然景觀。對我們人類而言，得以享受更多元豐富的飲食條件，但對大自然而言，卻相當容易造成災難。因為人類的有心或無意，許多物種被引入到非原生區域，自然界的演化速度跟不上人力介入，無法競爭的原生物種因而滅絕的故事一再上演。如今，物種交流仍進行中，如何在人類利益與自然環境之間達到平衡，也是日後人類要持續面對的問題。

參考資料

馮作民等編，《西洋全史》，台北：燕京，1976。

布林頓（Brinton Crane）、克里斯多夫（John B. Christopher）等，劉景輝譯《西洋文化史》，台北：臺灣學生出版社，1992。

富勒（J. F. C. Fuller），鈕先鍾譯，《西洋世界軍事史》，台北：麥田出版，1996。

希羅多德（Herodoti），王以鑄譯，《希羅多德歷史：希臘波斯戰爭史》，台北：臺灣商務，1997。

邢義田編譯，《古羅馬的榮光——羅馬史資料選譯》，台北：遠流，1998。

阿里安（Flavius Arrianus），李活譯，《亞歷山大遠征記》，台北：台灣商務，2001。

吉朋（Edward Gibbon），席代岳譯，《羅馬帝國衰亡史》，台北：聯經，2004-2006。

王曾才，《世界通史》，台北：三民書局，2007。

布萊斯提德（James Henry Breasted）著，夏德儀譯《追蹤古文明的腳印》，台北：麥田出版社，2007。

威廉．麥克尼爾（William H.McHeill），劉景輝、林佩蓮譯，《歐洲歷史的塑造》，台北：時報文化，2007。

J.R. 麥克尼爾（J.R. McHeill）、威廉．麥克尼爾（William H.McHeill），張俊盛、林翠芬譯，《文明之網：無國界的人類進化史》，台北：書林出版，2007。

宮崎正勝，劉惠美譯，《中東與伊斯蘭世界史圖解》，台北：商周出版，2008。

法蘭西斯．羅賓笙（Francis Robinson），黃中憲譯，《劍橋插圖伊斯蘭世界史》，台北：如果出版，2008。

蒲魯塔克（Plutarch），席代岳譯，《希臘羅馬英豪列傳》，台北：聯經，2009。

伯恩斯（Edward Mcnall Burns）、拉爾夫（Philip Lee Ralph）等著，文從蘇、谷意等譯，《世界文明史》，台北：五南出版社，2009。

赫曼．金德（Hermann Kinder）、維內．希格曼（Werner Hilgemann）等著，陳澄聲譯，《dtv世界史百科》，台北：商周出版社，2009。

吳俊才，《印度史》，台北：三民書局，2010。

波利比烏斯（Polybius），翁嘉聲譯，《羅馬帝國的崛起》，台北：廣場出版，2012。

威廉．麥克尼爾（William H.McHeill），黃煜文譯，《世界史》，台北：商周出版，2013。

翁淑玲，陳沛淇等，《用年表讀通世界歷史》，台北：商周出版，2013。

杉山正明，黃美蓉譯，《遊牧民的世界史》，新北市：廣場出版，2013。

王健安著，〈重建羅馬聖彼得大教堂平面佈局之爭議與其時代意義〉，《史學研究》，第25期（2012.7），頁1-65。

王建安，〈論16世紀羅馬波波洛廣場之三岔路口〉，《史學研究》，第26期（2013.7），頁1-76。

王任光著，《文藝復興時代的人文運動》，台北：台灣商務，1969。

卜正民著，黃中憲譯，《維梅爾的帽子：從一幅畫看17世紀全球貿易》，台北：遠流，2009。

馬基雅維里著，閻克文譯，《君主論》，台北：臺灣商務，1998。
孟德斯鳩著，婉玲譯，《羅馬盛衰原因論》，北京：商務，2007。
斯塔夫里阿諾斯著，吳象嬰，梁赤民譯，《全球通史》，上海：上海社會科學院出版社，1992。
麥可·慕雷特著，王慧芬譯，《馬丁路德》，台北：麥田，1999。
麥可·慕雷特著，林學儀譯，《喀爾文》，台北：麥田，1999。
根特著，吳夢峰譯，《不列顛內戰》，台北：麥田，1999。
李著，王瓊淑譯，《三十年戰爭》，台北：麥田，1999。
鈕康博著，黃煜文譯，《亨利八世與英國宗教改革》，台北：麥田，1999。
J. R. 麥克尼爾，威廉·麥克尼爾著，張俊盛，林翠芬譯，《文明之網：無國界的人類進化史》，台北：書林，2007。
雅各·布克哈特著，花亦芬譯注，《義大利文藝復興時代的文化：一本嘗試之作》，台北：聯經，2007。
彼得·柏克著，許綬南譯，《製作路易十四》，台北：麥田，1997。
伊拉斯莫斯著，李康譯，《論基督君主的教育》，上海：上海人民，2003。
根特·維澤著，劉興華譯，《世界誌》，台北，漫遊者文化，2008。
丹尼斯·舍爾曼著，趙立行譯，《西方文明史讀本》，上海：復旦大學，2010。
赫曼·金德等著，陳澄聲譯，《dtv世界史百科》台北：商周，2009。
昂納等著，吳介禎等譯，《世界藝術史》，新北：木馬文化，2001。
Burke, Peter. *The Italian Renaissance: Culture and Society in Italy*, Princeton: Princeton University

Press, 1999.

Coffin, J. G., Stacey, R. C. *Western Civilizations: Their History & Their Culture*, New York: W.W. Norton & Co, 2008。

Craig, A. M. eds. *The Heritage of World Civilizations*, Upper Saddle River: Pearson Prentice Hall, 2006。

Fontana, Domenico, *Della Trasportatione dell'Obelisco Vaticano et delle Fabriche di Nostro Signore Papa Sisto V*, Roma: 1590.

Karmon, David E. *The Ruin of the Eternal City: Antiquity and Preservation in Renaissance Rome*, Oxford: Oxford University Press, 2011.

國家圖書館出版品預行編目資料

用觀念讀懂世界歷史：上古至地理大發現／吳青樺、王健安著. --初版. --臺北市：商周出版：家庭傳媒城邦分公司發行, 2015.09
面； 公分. ——（縱橫歷史；012）

ISBN 978-986-272-877-2（平裝）

1. 世界史

711 104017173

用觀念讀懂世界歷史：上古至地理大發現

作　　者／吳青樺、王健安
企畫選書人／林宏濤
責任編輯／陳思帆

版　　權／翁靜如
行銷業務／李衍逸、黃崇華
總 編 輯／楊如玉
總 經 理／彭之琬
發 行 人／何飛鵬
法律顧問／台英國際商務法律事務所　羅明通律師
出　　版／商周出版　城邦文化事業股份有限公司
台北市104民生東路二段141號9樓
電話：(02) 25007008　傳真：(02)25007759
E-mail:bwp.service@cite.com.tw
發　　行／英屬蓋曼群島商家庭傳媒股份有限公司 城邦分公司
台北市中山區民生東路二段141號2樓
書虫客服服務專線：02-25007718；25007719
服務時間：週一至週五上午09:30-12:00；下午13:30-17:00
24小時傳真專線：02-25001990；25001991
劃撥帳號：19863813；戶名：書虫股份有限公司
讀者服務信箱：service@readingclub.com.tw
城邦讀書花園：www.cite.com.tw
香港發行所／城邦（香港）出版集團有限公司
香港灣仔駱克道193號東超商業中心1樓
E-mail：hkcite@biznetvigator.com
電話：(852) 25086231　傳真：(852) 25789337
馬新發行所／城邦（馬新）出版集團【Cité (M) Sdn. Bhd.】
41, Jalan Radin Anum, Bandar Baru Sri Petaling,
57000 Kuala Lumpur, Malaysia.
電話：(603) 90578822　傳真：(603) 90576622
email:cite@cite.com.my

封面設計／徐璽
排　　版／游淑萍
印　　刷／高典印刷有限公司
總 經 銷／高見文化行銷股份有限公司　電話：(02)2668-9005

城邦讀書花園
www.cite.com.tw

Printed in Taiwan

■2015年（民104）9月10日初版
■2017年（民106）9月25日初版初版2.5刷

定價／300元

 ISBN 978-986-272-877-2

104台北市民生東路二段 141 號 2 樓
英屬蓋曼群島商家庭傳媒股份有限公司　城邦分公司

請沿虛線對摺，謝謝！

商周出版

書號：BH3012	書名：用觀念讀懂世界歷史：上古至地理大發現	編碼：

請於此處用膠水黏貼

商周出版

讀者回函卡

謝謝您購買我們出版的書籍！請費心填寫此回函卡，我們將不定期寄上城邦集團最新的出版訊息。

不定期好禮相贈！
立即加入：商周出版
Facebook 粉絲團

姓名：＿＿＿＿＿＿＿＿＿＿＿＿＿＿　性別：☐男　☐女

生日：西元＿＿＿＿＿年＿＿＿＿＿月＿＿＿＿＿日

地址：＿＿＿＿＿＿＿＿＿＿＿＿＿＿＿＿＿＿＿＿

聯絡電話：＿＿＿＿＿＿＿＿＿＿　傳真：＿＿＿＿＿＿＿＿＿＿

E-mail：＿＿＿＿＿＿＿＿＿＿＿＿＿＿＿＿＿＿＿＿

學歷：☐1.小學　☐2.國中　☐3.高中　☐4.大專　☐5.研究所以上

職業：☐1.學生　☐2.軍公教　☐3.服務　☐4.金融　☐5.製造　☐6.資訊
☐7.傳播　☐8.自由業　☐9.農漁牧　☐10.家管　☐11.退休
☐12.其他＿＿＿＿＿＿＿＿＿＿＿＿＿＿＿＿

您從何種方式得知本書消息？

☐1.書店　☐2.網路　☐3.報紙　☐4.雜誌　☐5.廣播　☐6.電視
☐7.親友推薦　☐8.其他＿＿＿＿＿＿＿＿＿＿＿＿

您通常以何種方式購書？

☐1.書店　☐2.網路　☐3.傳真訂購　☐4.郵局劃撥　☐5.其他＿＿＿＿

您喜歡閱讀哪些類別的書籍？

☐1.財經商業　☐2.自然科學　☐3.歷史　☐4.法律　☐5.文學
☐6.休閒旅遊　☐7.小說　☐8.人物傳記　☐9.生活、勵志　☐10.其他

對我們的建議：＿＿＿＿＿＿＿＿＿＿＿＿＿＿＿＿＿＿＿＿
＿＿＿＿＿＿＿＿＿＿＿＿＿＿＿＿＿＿＿＿
＿＿＿＿＿＿＿＿＿＿＿＿＿＿＿＿＿＿＿＿
＿＿＿＿＿＿＿＿＿＿＿＿＿＿＿＿＿＿＿＿
＿＿＿＿＿＿＿＿＿＿＿＿＿＿＿＿＿＿＿＿

【為提供訂購、行銷、客戶管理或其他合於營業登記項目或章程所定業務之目的，城邦出版人集團（即英屬蓋曼群島商家庭傳媒（股）公司城邦分公司、城邦文化事業（股）公司），於本集團之營運期間及地區內，將以電郵、傳真、電話、簡訊、郵寄或其他公告方式利用您提供之資料（資料類別：C001、C002、C003、C011等）。利用對象除本集團外，亦可能包括相關服務的協力機構。如您有依個資法第三條或其他需服務之處，得致電本公司客服中心電話(02)25007718請求協助。相關資料如為非必要項目，不提供亦不影響您的權益。

1. C001辨識個人者：如消費者之姓名、地址、電話、電子郵件等資訊。
2. C002辨識財務者：如信用卡或轉帳帳戶資訊。
3. C003政府資料中之辨識者：如身分證字號或護照號碼（外國人）。
4. C011個人描述：如性別、國籍、出生年月日。

請於此處用膠水黏貼